Einst war uns die Erde heilig

Nigel Pennick

Einst war uns die Erde heilig

Die Lehre von den Erdkräften und Erdstrahlen

Felicitas Hübner Verlag

Aus dem Englischen übertragen von
Soni Arnoldt

Schutzumschlag: Heinz von Arx, Zürich
Herstellung: Verlagsservice Peter Hübner, Waldeck
Satz: Zero, Rheinberg
Druck und Bindung: Franz Spiegel Buch GmbH, Ostfildern
Printed in Germany

ISBN 3 88792 018 X

Inhalt

„Die Erde enstand mit Hilfe der Sonne, und man sollte sie so belassen, wie sie war ... Die Landschaft wurde ohne Grenzlinien geschaffen, und es steht dem Menschen nicht an, sie zu teilen."

Heinmoot Tooyalaket vom Nez Perce Stamm
(Nordamerika, um 1875)

„Man verkauft nicht die Erde, auf der die Menschen wandeln."

Tashunka Witko (Crazy Horse)

Vorwort

Die vorgeschichtlichen Kulturen vertraten einst allgemein die Auffassung, daß die Erde nicht bloß aus einem Brocken leblosen Gesteins bestand, der ziellos durch ein lebloses Weltall schwebte, sondern daß im Gegenteil der Planet ein lebendes Wesen mit eigener Existenzberechtigung sei. Obwohl diese Vorstellung von den Materialisten als Aberglauben abgetan wurde, ist nichtsdestotrotz mehr als ein Körnchen Wahrheit daran. Seit dem siebzehnten Jahrhundert der christlichen Zeitrechnung, als die Wissenschaft Einfluß als das einzige offiziell anerkannte Mittel zum Messen der Wirklichkeit gewann, wurden andere Anschauungen nach und nach verdrängt. Heute lehren mit wenigen Ausnahmen sämtliche Bildungssysteme auf dem ganzen Planeten diese einzige Version der Wirklichkeit. Und darüberhinaus behauptet diese Lehre im allgemeinen, daß jegliche andere Anschauungsweise dumm und / oder gefährlich und nur einen Schritt von geistiger Umnachtung entfernt sind. In den autoritären Ländern wird es tatsächlich als Geisteskrankheit angesehen, den „erwiesenen Wahrheiten“ des dialektischen Materialismus zu widersprechen.

Trotz dieser trüben Aussichten ist das Studium dieses Wissensbereiches, der übergreifend mit *Geomantie* bezeichnet wird, nie ganz ausgestorben, wie viele heutige Veröffentlichungen und Praktiken bestätigen. Jedoch ist die Ehrerbietung für die Erde, die früher mit einer „spirituellen“ oder „okkulten“ Sicht der Wirklichkeit verbunden war, abgelegt worden, und eine mechanistische Sicht hat ihren Platz eingenommen. Ob man nun eine Tatsache glauben oder sie ignorieren will, ändert nichts an der Existenz dieser Tatsache. Selbst wenn nicht eine einzige Person auf der Welt etwas, das wahr ist, glaubt, kann dies nicht seine Wirklichkeit negieren. Nicht-glauben an etwas hat jedoch gewisse Konsequenzen. Zum Beispiel macht die geheime geomantische Lehre geltend, daß die Erde einen feinstofflichen Körper besitzt, der dem aus der Akupunktur bekannten Meridian-System des menschlichen Körpers gleicht, und darüberhinaus, daß eine Störung dieses Körpers unliebsame Auswirkungen nach sich ziehen könne. Wenn also niemand an die Existenz dieses feinstofflichen Körpers glaubt, und wenn diese Ungläubigen so handeln, als ob er nicht existiere, dann werden ihre aufs Geratewohl ausgeführten Handlungen sehr wahrscheinlich Störungen verursachen, einige davon schwerwiegender Art.

Niemand kann ernstlich bezweifeln, daß die Oberfläche dieses Planeten gravierende Änderungen unter den Händen des Menschen erfahren hat. Dies trifft besonders für die vergangenen zwei Jahrhunderte zu, während derer die Industrialisation und die Auswirkungen der mechanisierten Zivilisation alles getan haben, um die uralten Strukturen der Landschaft auszulöschen. Entsprechend geomantischer Theorie müssen diese willkürlich vorgenommenen Störungen einen gravierenden Effekt gehabt haben auf die Energien (Kräfte, Ströme oder Strömungen, wie wir sie auch nennen mögen), die in und über der Erde existieren und alles beeinflussen, was mit ihnen in Berührung kommt. Praktizierende Geomanten konnten und können schädliche Energien modifizieren, ablenken oder aufheben und nutzbringende Ströme fördern oder konzentrieren. Diese Handlungen können wohl eine „magische Technologie" genannt werden. Doch Geomanten sind heute alles andere als zahlreich.

Nun mag „magische Technologie" als ein Widerspruch in sich erscheinen, dennoch benutze ich diesen Ausdruck mit gutem Grund. Im allgemeinen wird eine Handlung, die man „magisch" nennt, mit nicht-materiellen Kräften vollzogen, und nur die spärlichsten Hilfsmittel für zeremonielle Handlungen werden eingesetzt. Manche halten nicht einmal diese für notwendig. Während ich nicht beabsichtige, mich in die Kontroverse darüber einzulassen, ob ein Obermagier ohne Utensilien arbeiten kann oder nicht, muß doch darauf hingewiesen werden, daß der Wirkungskreis des Rituales oder der zeremoniellen Magie ziemlich entfernt von dem der Geomantie liegt. Geomantie ist eng verbunden mit Standort; das heißt der Ort, an dem eine Handlung ausgeführt wird, ist von größter Bedeutung. Dies gilt nicht nur für Kategorien von Standorten, sondern auch für die bestimmte individuelle Örtlichkeit, wo ein paar Meter, sogar ein paar Zentimeter den Unterschied zwischen Erfolg oder Fehlschlag eines Projektes ausmachen können. Geomantie ist magisch nur darin, daß ihr Wirkungskreis im Bereich der Energien liegt, die manche als „okkult“ ansehen mögen, und deren Manipulation durch Techniken, die orthodoxe Wissenschaftler ohne weitere Nachforschungen als Aberglaube abtun würden. Wie auch immer, die Verfahren, die von Geomanten angewendet werden, sind tausende von Jahren lang ausprobiert und getestet worden, und ihre Traditionen sind so gültig wie nur irgendeine in den Bereichen der „puren“ Magie. Geomantie ist eine „magische Technologie“, weil sie sich mit materiellen Objekten befaßt, die eine physikalische Wirkung haben, eine Wirkung, die mit so verschiedenen Instrumenten wie dem Pendel oder der Rute des Rutengängers und dem Magnetometer oder Mikrowellen-Empfänger gemessen werden kann. Die Energien, mit denen sich die Geomantie befaßt, liegen direkt im Zwischenbereich der materiellen und der nicht-materiellen Welt, und wurden als solche vom Okkultisten und vom Wissenschaftler gleichermaßen ignoriert. Glücklicherweise sind nun diese Bereiche endlich zusammengekommen und entwickeln sich gemeinsam.

Seit Urzeiten haben Menschen Zuflucht gesucht an gewissen Stätten traditioneller Heiligkeit zum Zwecke der Heilung, Meditation, Verehrung und zu magischen Handlungen. Jede neue Religion oder metaphysische Ordnung einer Region hat sich diese Plätze gewaltsam für ihre eigenen Zwecke angeeignet und dann andere ausgeschlossen. Die am weitesten verbreitete Anwendung dieses Gesetzes ist die christliche Inbesitznahme der heidnischen Heiligtümer und die nachfolgende Errichtung von Kirchen darauf. Der Islam hat später das Gleiche getan, und in jüngster Vergangenheit sind geheiligte Stätten Orte der Verehrung modernerer Doktrinen wie der der Revolution geworden. Doch welcher Glaube auch immer, der Eifer, mit dem Religionen sich solche Stätten aneignen, zeigt an, daß diese Stätten eine Kraft besitzen, die über den traditionellen Gebrauch hinausgeht, so wichtig der auch sein mag. Dies hat sich erwiesen, wenn Rutengänger die Stätten als Orte großer Aktivität von Erdenergie identifiziert haben. Und hier kommen wir zum eigentlichen Punkt — die Kontrolle über den feinstofflichen Körper der Erde, die Ley-Linien (Heilige Linien), das Erd-Gitternetz oder wie wir es auch immer bezeichnen mögen (und es existieren viele Namen für das

Phänomen) gibt dem Beherrscher des Ortes offensichtlich psychische Macht über die Menschen, die in diesem Gebiet leben. Daher die strikte Kontrolle über den Zugang zu heiligen Stätten durch die zentralisierteren der organisierten Religionen, besonders die des christlichen mittelalterlichen Europa, des kaiserlichen China und des Inkareiches in Peru.

Der Ausbruch der „wissenschaftlichen Revolution“ jedoch bewirkte eine massive Störung und Änderung der Weltanschauung der Menschen. Vorstellungen von Religion, die in Aberglauben und Wiederholung abgerutscht waren, wurden größtenteils abgelehnt, so wie auch viele andere Lehren von uraltem Wissen, sowohl unbrauchbare als auch brauchbare. Imperialistische Exkursionen von europäischen Abenteurern nach Asien, Afrika und Amerika vernichteten einheimische Kulturen. Häufig wurden die Völker und die Geomantie, die offensichtlich dort ausgeübt wurde, als „heidnisch“ abgetan, von christlichen Missionaren zusammen mit wenig wünschenswerten Bräuchen wie Menschenopfern oder Kannibalismus abgeschafft. Der ganze Prozeß vollzog sich so schnell, daß zu der Zeit, als Charles Darwin seine epocheprägende Theorie der Evolution veröffentlichte, all jene Theorien und Praktiken, die mit den geomantischen Wissenschaften verbunden waren, bereits zur abergläubischen Vergangenheit gerechnet wurden und verloren gingen, wenn sie das bis dahin nicht schon waren. „Götzenbilder“ wurden von christlichen Missionaren zusammen mit alten Schriften verbrannt; Instrumente der „magischen Technologie“ und das empirische Wissen von Jahrhunderten wurden dem Mülleimer der Geschichte übergeben. In den industrialisierten Nationen wurden mittlerweile neue Ortschaften und Städte ohne Berücksichtigung anderer Gegebenheiten, nur unter dem Gesichtspunkt der Kostengünstigkeit errichtet; Straßen und Eisenbahnlinien wurden willkürlich über die Erdoberfläche getrieben, und ökonomische Überlegungen wurden der einzige Faktor, der die Lage von Gebäuden bestimmte. Sogar das Konzept, daß manche Orte für bestimmte Aktivitäten passender sein mochten als andere, wurde vergessen, und die neue Architektur produzierte Gebäude, die in ihrer Form identisch waren, ob sie nun als Schlachthäuser, Kirchen, Leichenschauhäuser oder als Straßenbahn-Depots dienten. Selbst ihre Standorte waren austauschbar, denn mit dem Beginn des zwanzigsten Jahrhunderts war die Auflösung von geomantischem Wissen und Arbeiten nahezu vollständig.

Wenn wir an das zugrundeliegende Ethos der Geomantie glauben, wurden während dieser Periode unzählige Störungen in der Struktur des feinstofflichen Körpers der Erde verursacht. Die Landschaft, also die Formen, die aus enger Wechselwirkung zwischen natürlichen Kräften und menschlicher Aktivität entstanden waren, früher gehegt und gepflegt, wurde buchstäblich auseinandergerissen. Bei der Kolonisierung Nordamerikas im achtzehnten und neunzehnten Jahrhundert wurden die Grenzen zahlloser Gemeinden, Verwaltungsbezirke und sogar Staaten wie ein riesiges rechteckiges Gitternetz mit mathematischer Präzision ausgelegt. Wenn man mit dem Flugzeug über gewisse Teile Nordamerikas fliegt, kann man ein riesiges Schachbrett erkennen, in dem Flüsse nur wenig und Konturen gar keine Berücksichtigung finden. Erst in späteren, aufgeklärteren Zeiten wurden Konturen wieder relevant für die Belange guter Landwirtschaft. Im allgemeinen gilt das Gleiche für Landstraßen, Feldergrenzen, Waldland und die Straßen von Ortschaften und Städten: alle sind sie rechteckige Gitternetze, starr und unnachgiebig. Dennoch ist glücklicherweise sogar diese Landschaft nicht destruktiv für den menschlichen Geist, und Geomantie kann darin zum Nutzen der Menschen praktiziert werden. Trotzdem ist viel Schaden während der letzten paar hundert Jahre angerichtet worden: die ungeheure Zerstörung von Städten und Landschaft in den Kriegen dieses Jahrhunderts sind nur die jüngsten Faktoren dabei. Wo einst die Energie-Ströme der Erde nur leichte Veränderungen erfuhren, werden sie heute gewaltsam und abrupt unterbrochen. Gewaltige Ausströmungen von Energie im elektromagnetischen Spektrum fließen nun über und durch die Erde und haben weitere unbestimmbare Wirkungen auf Lebewesen einschließlich der Menschen zur Folge. Radio, Mikrowelle, magnetische und nukleare Strahlung müssen alle die feinen Energien der Erde in einer noch nicht meßbaren Weise beeinflussen. Diese wiederum wirken dann in einer unnatürlichen Weise sowohl mit der materiellen als auch der immateriellen Welt zusammen. Der menschliche Verstand und Körper und vielleicht sogar der Verstand und die Kräfte anderer Wesen könnten gravierend beeinträchtigt sein von diesen Strömungen, die ohne Bedenken oder Wissen über ihre Auswirkungen aufs Geratewohl produziert werden.

Die Situation, in der wir uns heute befinden, ist daher nicht zu vergleichen mit allem, was vorher auf Erden existierte. Früher wurden unbewohnte Gegenden in keiner Weise von menschlicher Aktivität beeinflußt, während heute ausnahmslos jeder Quadratzentimeter der Erdoberfläche in Anspruch genommen wird. Ein zeitgenössischer Magier beschrieb kürzlich große Städte als »psychische Jauchegruben«, in denen die Ausführung traditioneller ritueller Magie durch zahllose äußere Einflüsse aller Art extrem erschwert würde. Diese Beschreibung können wir auf den ganzen Planeten ausdehnen, denn es gibt nicht einen einzigen Ort mehr, wo die Auswirkungen, die ich beschrieben habe, nicht festgestellt werden können. Selbst das Magnetfeld der Erde, das in unserer Vorstellung solch unermeßliche Dimensionen und Kräfte hat, daß die Menschheit keinen Einfluß darauf haben könnte, ist durch Energie-Austrahlung von Stromleitungen, Radio-, Fernseh- und Radarwellen gestört. Der morgendliche Berufsverkehr an der Ostküste Nordamerikas kann zum Beispiel täglich durch die magnetischen Störfelder, die er über dem antarktischen Eiskontinent verursacht, festgestellt werden!

Totales Chaos herrscht nun in dem einst regulierten und verstandenen Bereich der Erdenergie, doch es ist noch nicht zu spät. Gerade heute gibt es ernsthafte Versuche, die „magische Technologie“, die dem verlorengegangenen Wissen der Vergangenheit innewohnt, wieder zu beleben, nicht um sie als Waffe zu benutzen oder um andere zu beherrschen, sondern in der Hoffnung, den feinstofflichen Körper der Erde wieder ins Gleichgewicht zu bringen. Heute liegen uns die bruchstückhaften Überbleibsel eines einst universellen Systems geomantischen Fachwissens vor, das hier als eine Ausrichtung heiliger Stätten, dort als ein zerstörter Tempel und anderswo als ein halbvergessener Brauch überlebt hat. Einige Relikte sind nur noch so rudimentär, daß Leute, die mit materialistischem Gedankengut aufgewachsen sind, selbst die Möglichkeit von vornherein ausschließen, daß solch ein System je existierte. Dennoch können wir das brauchbare Wissen zum künftigen Nutzen der Menschen erhalten, indem wir die Prinzipien der prähistorischen geheiligten Geographie untersuchen, die Verbindungen zwischen anscheinend zusammenhanglosen Bruchstücken von Information schaffen, und noch bestehende geomantische Traditionen wie das *Feng-Schui* Chinas und die *Vintana* Madagaskars analysieren. Wenn geomantische Verfahren in nur einem Land, oder einem bedeutenden Teil eines Landes, angewendet würden, wäre zumindest dieser Ort ein glücklicherer und gesünderer Wohnort. Das vorliegende Werk dient der Hoffnung, daß dieser Traum eines Tages Wirklichkeit werden möge.

I

Der feinstoffliche Körper der Erde

Der Aufstieg der Wissenschaft und ihr darauffolgender Triumph als Hauptfaktor westlichen Gedankengutes brachte viele miteinander verknüpfte Änderungen der Struktur menschlichen Bewußtseins mit sich. Dies ist in vielen Lebensbereichen sichtbar, doch die vielleicht fundamentalste Änderung hat in der unbewußten Einstellung der Menschen zu ihrem Planeten stattgefunden. Früher wurde die Erde als ein dynamisches lebendes Wesen angesehen, das von geistigen Kräften, die auf verschiedenen Ebenen einer universellen Hierarchie existierten, bewohnt war. Mit dem Einzug der wissenschaftlichen Denkweisen wurde diese Interpretation zu einer rein mechanistischen reduziert. Die Erde wurde als ein bloßes Objekt betrachtet, das wie jede andere Rohstoffquelle ausgebeutet werden konnte.

Die Mehrzahl der Wissenschaftler im neunzehnten Jahrhundert betrachteten ihre Disziplin als unumstößlich korrekt und der Vollendung nahe. Sie glaubten, daß alle Dinge alsbald bekannt oder erklärt sein würden, und daß die alten traditionellen Praktiken der Vergangenheit, uraltes Können und Volksweisheiten, die alle von Technologien wie der Dampfmaschine und elektrischer Telegrafie verdrängt worden waren, nichts weiter seien als nicht mehr zeitgemäße Relikte aus der Kindheit der Menschheit. So geschah es, daß die lückenhafte Wissenschaft des neunzehnten Jahrhunderts, die sich selbstherrlich als allwissend bezeichnete, all die uralten Wissenschaften ignorierte, weil deren zugrundeliegende Prinzipien nach dem damaligen Wissensstand nicht erklärbar waren. Eine überlieferte Kunst, die in solcher Weise abgetan wurde, war das Rutengehen oder Wasserfinden, dessen Funktionsweise so unverständlich schien, daß viele Wissenschaftler sogar davor zurückschreckten, seine Untersuchung auch nur zu erwägen. So ist es in den Augen vieler Wissenschaftler ein nicht ernstzunehmender Aberglaube geblieben. Wer jedoch immer noch darauf besteht, die alten Künste abzutun, ignoriert die Tatsache, daß Rutengehen schon lange im Brennpunkt ernsthafter Untersuchungen stand.

Bevor wir die dem Phänomen des Rutengehens zugrundeliegende Theorie diskutieren können, muß darauf hingewiesen werden, daß es zwei unterschiedliche Techniken gibt, mit denen man sich befassen muß, wenn man das Rutengehen untersucht. Diese Techniken können unterschiedliche Funktionsweisen haben, obwohl beide als „Rutengehen“ bekannt sind. Zunächst einmal gibt es das Entdecken des Unsichtbaren durch direkte Annäherung, wie es bei der Bestimmung von unterirdischem Wasser oder Mineralien geschieht, wo der Rutengänger über das Gebiet geht, in dem das Wasser oder die Mineralien vermutet werden. Die Reaktion kann leicht in wissenschaftlichen Begriffen erklärt werden, und neuere französische Untersuchungen, die Meßgeräte benutzten, haben angezeigt, daß der menschliche Körper als eine Art Empfänger fungiert.[1] Die zweite Art von Rutengehen hat nichts mit der ersten zu tun, außer daß die benutzten Instrumente, die Rute oder das Pendel, dieselben bleiben. Diese nennt man „Rutengehen aus der Entfernung“, bei der anstatt der körperlichen Anwesenheit des Rutengängers eine Karte oder Zeichnung des auszulotenden Ortes benutzt wird.

Die Erklärungen oder Theorien über die erste Art des Rutengehens, also die Wechselwirkung mit der örtlichen physikalischen Umgebung, können hier natürlich nicht zutreffen. Rutengehen aus der Entfernung oder Karten-Rutengehen kann nur als eine Form der außersinnlichen Wahrnehmung interpretiert werden, die Hilfsmittel benutzt. Daher haben wir es mit zwei grundsätzlich verschiedenen Formen des Rutengehens zu tun, von denen die eine Forschungsmethoden der Naturwissenschaft zugänglich ist, während die andere einzig und allein mit psychischen Ursachen zu verbinden ist.

Die erste Art des Rutengehens ist natürlich in wissenschaftlichen Kreisen weit besser annehmbar als die zweite, obwohl es immer noch genügend wissenschaftliche Skeptiker gibt, die behaupten, jegliches Rutengehen sei Unsinn. Dennoch haben aufgeklärtere Wissenschaftler beachtliche Mühe aufgewendet, um die Funktionsweise des Rutengehens zu erhellen. Bedeutende Rutengänger wie Vicomte Henry de France und Carl Graf von Klinckowström haben behauptet, daß Rutengehen eine physiologische Reaktion sei.[2]

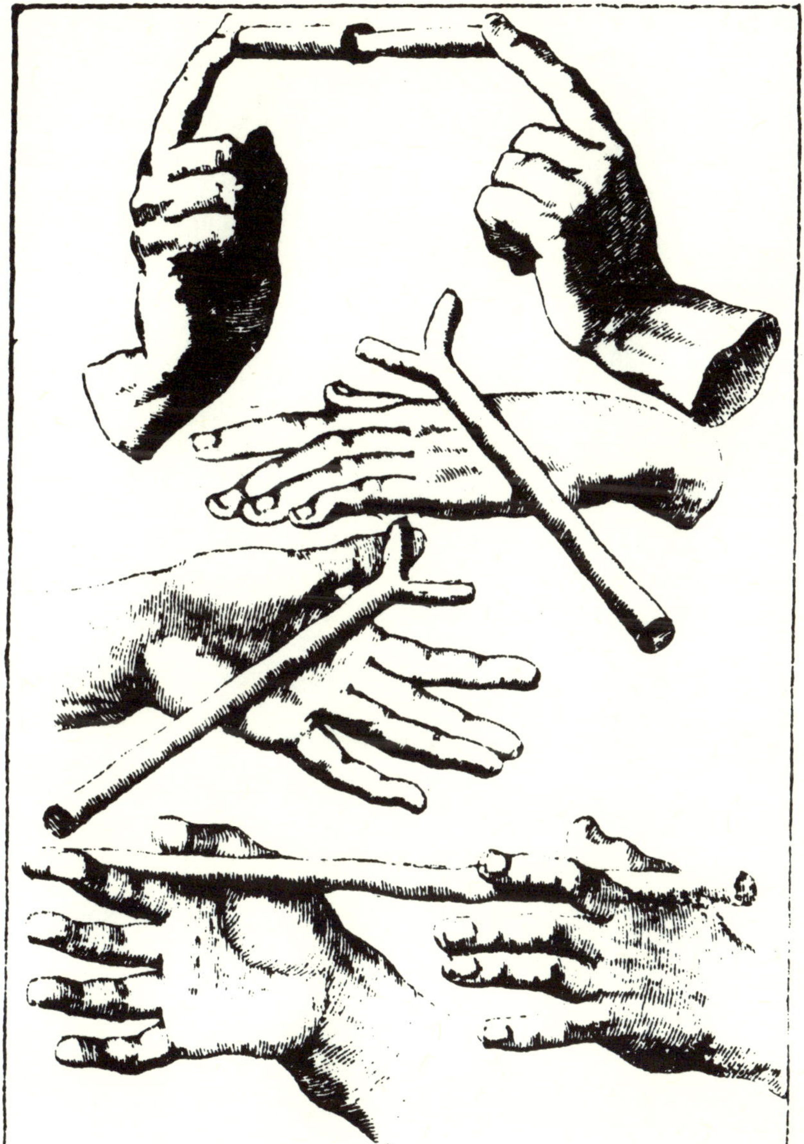

Methoden der Rutenhaltung (historischer Stich).

Graf von Klinckowström erklärt, daß die Reaktion des Rutengehens ein Resultat einer physikalischen Stimulanz im Nervensystem des Rutengängers darstellt. Er zitiert hierfür Dr. H. Haemels Theorie, daß die sichtbaren Bewegungen der ausschlagenden Rute durch leichte Bewegungen eines Systems in labiler Spannung in Gang gesetzt werden. Dieses System ist die Kombination der Rute (oder des Pendels) und der Arme, deren Muskeln sich in einem Zustand der Spannung unmerklich bewegen, wenn sie mit wechselnden Stärken eines magnetischen oder elektrostatischen Feldes in Berührung kommen. Das gesamte menschliche Nervensystem arbeitet mit elektrischer Leitfähigkeit, und die Auswirkungen des elektromagnetischen und elektrostatischen Umfeldes der Erde auf dieses System sind bisher nur unzureichend untersucht worden. Die Reaktion des Rutengehens ist jedoch eine Manifestation der menschlichen Wechselbeziehung mit der Umwelt, und sie kann von erfahrenen Rutengängern so fein „gestimmt" werden, daß es möglich ist, zwischen, sagen wir, Wechsel- und Gleichstromkabeln zu unterscheiden. Daß die Umwelt im Laufe des letzten Jahrhunderts in zunehmendem Maße mit massiven Dosen elektrischer Umweltverschmutzung überlastet wurde, kann nur mit Bestürzung festgestellt werden. Wie das Rutengehen selbst, sind auch diese Wirkungen bisher wenig untersucht worden, und werden von der Mehrheit der praktizierenden Mediziner nicht erkannt. Dies heißt natürlich nicht, daß die Auswirkungen unbedeutend wären.

Tatsächlich hat die medizinische Wissenschaft durch Versuche zum wissenschaftlichen Verständnis des Rutengehens beigetragen. Am 24. Juni 1933 wurden die Ergebnisse einer bemerkenswerten Serie von Experimenten in der *Guy's Hospital Gazette* in London veröffentlicht.[3] In einem Artikel mit dem Titel *Some Observations on So-Called Water Divining* (Einige Beobachtungen über das sogenannte Wasser-Orten) beschrieb Dr. Lintott die Ergebnisse einer Serie von Untersuchungen, die in der physiologischen Abteilung des Guy's Hospital und auch draußen „vor Ort" gemacht wurden. Die Krankenhaus-Studien konzentrierten sich auf eine speziell konstruierte Plattform, unter der Wasser in einem Rohr durchgeleitet wurde, ohne daß die Versuchspersonen es sehen konnten oder davon wußten. Kontrollversuche wurden durchgeführt, um die Gültigkeit der beobachteten Reaktionen zu testen.

Die Ergebnisse der Experimente zeigten, daß es verschiedene Grade der Sensitivität beim Feststellen von fließendem Wasser gab, während stehendes Wasser von keiner der Versuchspersonen wahrgenommen werden konnte. Die Sensitivität variierte von Person zu Person. Dies ist nicht unmöglich, wenn man unterschiedliche Fähigkeiten von Menschen in anderen Wahrnehmungsbereichen betrachtet. Lintott teilte die Versuchspersonen in drei Gruppen ein: jene, die vollständig insensitiv waren; jene, die zwar latente, aber keine ausgeprägte Sensitivität besaßen; und jene, die konstante und ausgeprägte Sensitivität zeigten. Die mittlere Gruppe wies unbeständige Ergebnisse auf, mit den besten Erfolgsquoten zu Zeiten, wenn die Versuchspersonen in einem Zustand körperlichen Wohlbefindens waren. Lintott zog dieselbe Schlußfolgerung wie von Klinckowström und die physiologische Schule der Erforscher des Rutengehens: daß die Rute als eine Art Anzeiger und als ein Hilfsmittel fungiert, um den richtigen Zustand von Muskelspannung zu erreichen, der die Feststellung einer leichten Bewegung ermöglicht. Lintott nahm an, daß drei Faktoren für das Zustandekommen des beobachteten Ergebnisses verantwortlich waren: eine anfängliche Stimulanz durch unbekannte Mechanismen, die durch das Vorhandensein von fließendem Wasser in Gang gesetzt wurden; ein Empfänger-Organ im Körper, dessen Sensitivität mit der Bewahrung des Muskeltonus verbunden war; und schließlich eine treibende Kraft, die eine leichte Änderung im Muskeltonus der Hände und Unterarme bewirkte und in der Bewegung der Rute resultierte. Lintotts Annahmen wurde von einer anderen Serie von Experimenten bestätigt, in denen der Rutengänger eine Gummibirne im Mund halten und leicht darauf beißen mußte, um den notwendigen Muskeltonus in den Kiefermuskeln zu erreichen. Die Gummibirne war mit einem Aufzeichnungsgerät verbunden, das jede Spannungsänderung als eine Kurve sichtbar machte, wenn der Rutengänger über fließendes Wasser ging. Positive Ergebnisse wurden mit den Versuchspersonen erzielt, die auch Sensitivität beim Gebrauch der Rute gezeigt hatten. Augenverbinden der Versuchspersonen beeinflußte das Ergebnis in keiner Weise, es wurde jedoch bemerkt, daß man die Versuchspersonen zu Fehlern verleiten konnte, wenn man sie während des Rutengehens ablenkte. Es wurde vermutet, daß dies die Mitwirkung der höheren Gehirnzentren an der Reaktion anzeigt, und auch für das wohlbekannte Phänomen des „sich Einstimmens“ auf eine zu ortende Substanz verantwortlich zeichnet, wie auch für das merkwürdige Phänomen des „negativen Einflusses“, bei dem die Anwesenheit eines bekannten Skeptikers die Reaktionen eines sonst erfahrenen Rutengängers ungünstig beeinflussen kann.[4]

Lintotts Erkenntnisse waren von Bedeutung, weil sie den Annahmen, die bisher in der Rutengänger-Kunde kursierten, entgegenwirkten. Viele alte Darstellungen dieser Fähigkeit behaupten mit Nachdruck, daß die Rute der aktive Teil in der Reaktion des Rutengehens sei; es wird sogar behauptet, daß das für die Rute verwendete Holz eine natürliche Affinität zum Wasser haben müsse, wie zum Beispiel Weide, Haselnuß oder Ginster.[5] In der Tradition des alten und mittelalterlichen Mystizismus bestehen einige Autoren sogar darauf, daß der Zweig oder Stab von einem bestimmten Teil des Baumes geschnitten werden sollte, mit einer bestimmten Ausrichtung und sogar zu einem festgesetzten, bestimmten Datum oder einer Mondphase. Neuere Forschungen haben ergeben, daß diese Thesen jeder Grundlage entbehren. Draht, Fischbein und sogar Plastik haben sich als ebenso wirkungsvoll erwiesen wie ihre traditionellen Gegenstücke, so sehr sogar, daß man heutzutage selten einem Rutengänger begegnet, der eine hölzerne Rute gebraucht. Rutengehen ist in dieser Hinsicht bemerkenswert, da es eine der wenigen überlieferten Wissenschaften ist, die gänzlich von ihren unnötigen und abergläubischen Elementen befreit wurde und zu einer brauchbaren Wissenschaft reduziert worden ist. Hierin liegt eine Botschaft für andere sogenannte „okkulte Wissenschaften“, die gegenwärtig unverändert aus früheren Epochen übernommen und praktiziert werden. Vielleicht sind viele davon ebenso beladen mit überflüssigen und archaischen Verfahrensweisen, die ihre Übernahme als brauchbare Systeme eher behindern als fördern. Zu diesen können wir die Astrologie und die Geomantie zählen. Die Farbe der Ruten und Proben (die Stücke des Materials, das vom Rutengänger gesucht wird) können keinen tatsächlichen physikalischen Effekt auf die Reaktion haben: sie dienen nur dazu, dem Rutengänger bei der Konzentration auf das, was er sucht, zu helfen. Dies ist die Verbindung zwischen dem Verstand des Rutengängers und der Reaktion, und verantwortlich für Erfolg oder Fehlschlag bei der Suche.

Daher mag Aberglaube den Gebrauch der Rute betreffend, der mündlich vom Meister zum Schüler übermittelt wurde, zu einer Mystifikation der Wissenschaft geführt und ihre Übernahme als eine allgemeine Praktik verhindert haben. Zum Beispiel schrieb Richard Warner 1808: „Wenn eine Rute oder ein kleines Stück davon, von der nüsse- oder früchtetragenden Art, unter den Arm geklemmt wird, wird dies die Wirkungsweise der Virgula divinatoria in Bezug auf ihr Objekt vollständig zunichte machen . . . wenn man auch nur ein Stück tierischen Fadens, wie Seide, Wolle oder Haar um die Spitze der Rute wickelt oder daran befestigt, wird dies in gleicher Weise ihre Wirkungsweise behindern."[6]

Zu Warners Zeiten hatten Rutengänger weniger widrige Umstände als heute, denn zahlreiche moderne Rutengänger haben festgestellt, daß oberirdische Stromleitungen eine unwillkommene Reaktion beim Rutengehen hervorrufen können[7]. H. Gutteridge, einer der Rutengänger, der sich mit diesem Problem befaßt hat, entwickelte die Methode, diese Wirkung abzuwenden, indem man ein kurzes Metallstück in das Jackett-Revers des Rutengängers steckt. Dies wird horizontal ausgerichtet bei einem Rutengänger, der Winkelruten benutzt, jedoch vertikal für eine V-Rute. Vor der Außerdienstnahme des Oberleitungsbusbetriebes in Bournemouth, England, machten die Verkehrsbehörden von den Diensten eines örtlichen Rutengängers Gebrauch, der das Vorkommen von unterirdischen Zubringerkabeln, die mit dem Oberleitungsbussystem verbunden waren, aufspüren konnte. Da diese Kabel Gleichstrom leiteten, während die örtlichen Elektrizitätskabel für den Hausgebrauch Wechselstrom beförderten, war es ein Leichtes für den Rutengänger, sie von einander zu unterscheiden. Dies ersparte den Verkehrsbehörden ein beträchtliches Maß an Zeit und Mühen beim Aufgraben der Straßendecken! Wenn ein Rutengänger zwischen Gleich- und Wechselstrom in einem unterirdischen Kabel unterscheiden kann, dann zeigt dies an, daß er in diesem Fall die Strahlung feststellt, die unmerklich von allen Stromleitungen ausgeht. Diese Strahlung variiert entsprechend den Phasen des Stroms, seiner Voltspannung und dem Widerstand des Kabels, und so hat jeder Kabeltyp seine eigene „Handschrift". Offensichtlich hatte der Rutengänger von Bournemouth elektrische Kabel schon mehrfach aufgespürt und ihre charakteristischen Eigenschaften verglichen. Er hatte die Unterschiede festgestellt und war somit in der Lage, zwischen den verschiedenen Stromarten zu unterscheiden, wenn dies verlangt wurde.

Diese feine Unterscheidung von verschiedenen Arten verborgener Strukturen scheint für die Geomantie von Bedeutung zu sein, denn es ist eine alte und feststehende Tradition, daß die Wünschelrute benutzt wurde, um die Standorte geheiligter Bauwerke zu bestimmen. Das Studium feststellbarer Strukturen in Zusammenhang mit alten Stätten der Verehrung ist jedoch relativ junger Herkunft. Die älteste bekannte Erwähnung findet sich in Louis Merle's Werk *Radiesthésie et Préhistoire* (Radiästhesie und Vorgeschichte), das 1933 veröffentlicht wurde.[8] Damit eröffnete sich eine ganze Skala von Möglichkeiten in Verbindung mit Erdenergien und ihrer Beziehung zu geheiligten Stätten sowie dem eigentlichen Wesen der Heiligkeit. 1935 führte Charles Diot den Trend fort, den Merle begonnen hatte, mit seinem Werk *Le Sourciers et les Monuments Mégalithiques* (Die Magier und die megalithischen Monumente)[9], was bald sein Echo fand in den Artikeln des *Journal of the British Society of Dowsers* (Journal der britischen Gesellschaft der Rutengänger).[10] Im Dezember 1935 beschrieb zum Beispiel Captain F. L. M. Boothby in einem Artikel mit dem Titel *The Religion of the Stone Age* (Die Religion des Steinzeitalters), wie er Quellen unter einem alten Hügel entdeckt hatte, den Archäologen untersuchten. Von dieser Zufallsentdeckung angeregt, untersuchte Captain Boothby andere Grabhügel und entdeckte dort dasselbe Phänomen. In seinem Artikel rief er andere Rutengänger auf, seine Entdeckungen zu bestätigen oder zu widerlegen, und viele nahmen seine Herausforderung an. Bei einer Vorlesung, die im Februar 1939 vor der Britischen Gesellschaft der Rutengänger gehalten wurde, enthüllt Reginal Allender Smith seine neuesten Entdeckungen, die er an megalithischen Grabstätten gemacht hatte.[11] Allender Smith, ein angesehener Archäologe des Britischen Museums, hatte sich erst kürzlich zur Ruhe gesetzt, und war nun in der Lage, seine Entdeckungen ohne Furcht vor beruflicher Ächtung oder Kündigung seiner Stellung zu veröffentlichen. Wie die französischen Forscher schon einige Jahre vor ihm, so fand auch Allender Smith, daß aufrechtstehende Steine direkt über der Kreuzung von zwei unterirdischen Strömen stehen, und daß Hügelgräber und Erhebungen über „Wasserknoten" errichtet waren, oder, wie Allender Smith sie nannte, „Blinde Quellen". (Blinde Quelle: ein unter Druck stehendes Wasser, das senkrecht gegen die Erdoberfläche steigt, aber nicht als offene Quelle austritt.)

Merle, Diot, Boothby und Smith hatten die Entdeckung gemacht, daß die alten Völker in irgendeiner Weise die natürlichen Energien wahrgenommen hatten, die in der Erde durch fließendes Wasser oder andere weniger zu erfassende Kräfte entstehen. Ihre rituellen Kultstätten waren mit Bedacht und Präzision über diesen Energiezentren errichtet worden, aus welchem Grund war (damals) nicht bekannt. Theorien, daß die Steine als Markierung von Wasserreservoiren für Notfälle errichtet waren, wurden bald verworfen, und man mußte nach anderen Erklärungen suchen. Doch leider, wie auch in anderen Bereichen geomantischer Forschung, fanden diese Durchbrüche statt, als der zweite Weltkrieg gerade ausbrach, und der Krieg bewirkte die Einstellung zahlreicher vielversprechender Pfade der Forschung.

Glücklicherweise gab es jedoch auch hier, wie in anderen Bereichen der Erdmysterien, andere, die später den Faden wieder aufnahmen. Hierunter befand sich ein Angestellter des Britischen Museums und Rutengänger, Guy Underwood. Er führte Rutengänger-Exkursionen zu vielen uralten heiligen Stätten durch, und kam zu den selben Schlußfolgerungen wie seine Vorgänger. Er fand Einschlüsse von unterirdischem Wasser (oder Energie) unter mehreren Kategorien von Anlagen, die traditionell von geomantischer Bedeutung waren, einschließlich Begrenzungen, Landstraßen und Straßenkreuzungen. In einer Serie von Artikeln im Journal der Britischen Gesellschaft der Rutengänger und später in seinem Buch *The Pattern of the Past* (Die Strukturen der Vergangenheit), das 1969 posthum veröffentlicht wurde, beschrieb Underwood die Vielfalt der Linien, die er unter altertümlichen Stätten entdeckt hatte.[12] Noch während er seine Untersuchungen fortführte, bestätigten andere Rutengänger seine Entdeckungen: daß Ströme unter den Bauplätzen von Hochaltären in Kirchen hindurchlaufen oder sich kreuzen, und daß andere wichtige Gegenstände wie zum Beispiel Taufsteine, Kanzelstufen oder Türschwellen über „Kuppeln" steigenden unterirdischen Wassers erbaut sind, oder „Blinden Quellen", wie Allender Smith sie nannte. Seine Theorie bestätigten auch W. H. Lamb und Muriel Langdon sowie viele andere Rutengänger. Doch obwohl die Beobachtung absolute Gültigkeit besitzt, ist die Ursache der Energiezentren oder „Blinden Quellen" rätselhaft geblieben. Wegen der bahnbrechenden Art der Entdeckung dauerte es nicht lange, bis Fragen über die Herkunft des Phänomens gestellt wurden. Existierte die „Blinde Quelle" vor der Errichtung des Grabhügels, aufrechten Steines oder der Kirche, oder brachten die Bauwerke selbst diese Wirkung hervor? Was war zuerst vorhanden, das Phänomen oder das Bauwerk? Und war die Wahrheit irgendwo in der Mitte zu suchen, waren die Bauwerke an Stellen errichtet, wo sie das Phänomen günstig beeinflussen würden? Und was immer das Phänomen verursachte, war es in sich für die Funktion des Ortes als geheiligtes Objekt von Bedeutung?

Ich glaube, daß bestimmte Bauwerke das Phänomen hervorrufen können, obwohl das natürlich nicht die Möglichkeit eines vorherigen Daseins ausschließt. Meine eigenen Experimente mit Rutengehen im Churchill College in Cambridge, England, sind in dieser Hinsicht von Interesse. Churchill College ist eine moderne Gründung, anders als viele der alten Lehrstätten der Stadt. Der erste Direktor der Hochschule, die 1962 gegründet wurde, bekannte sich offen zum Atheismus. Da das College ursprünglich eine wissenschaftliche Ausrichtung haben sollte, wurde eine christliche Kapelle, wie es sie anderswo gab, als Anachronismus erachtet. So wurde auch im ursprünglichen Bauplan keine Kapelle vorgesehen. Trotz der atheistischen Ausrichtung von Churchill College, das zum Gedächtnis an Sir Winston Churchill errichtet wurde, waren christliche Mitglieder des College der Auffassung, daß diese radikale Abkehr von der Tradition revidiert werden müsse, und so wurde ein privater Spendenfonds ins Leben gerufen. Auf diese Weise wurde die alte klösterliche Tradition von Cambridge wieder hergestellt, indem einige hundert Meter von den Hauptgebäuden entfernt eine freistehende Kapelle errichtet und eingeweiht wurde. Leider war die Kapelle nicht geomantisch geplant worden, obwohl der Altar vage nach Osten ausgerichtet ist. Weiterhin wies das Rutengehen beachtliche Ergebnisse außerhalb der Kapelle auf, doch der Innenraum erscheint energetisch leblos. Das heißt, nur wenn eine Messe oder Kommunion gehalten wurde, konnte man die Energiestrukturen, die mit alten Kirchen in Verbindung gebracht werden, feststellen. Offensichtlich lädt die psychische Energie, die durch das Sakrament frei wird, das Gebäude auf. Die alten Geomanten, in den »okkulten Künsten« geübt, waren Meister dieses Wissens, und wählten solche Standorte für Kirchen, an denen sich bereits bestehende Energiestrukturen mit den Strukturen, die durch den Vollzug des Rituals entstanden, vereinten und sie verstärkten.[13]

Es scheint, daß viele Strukturen, die von Rutengängern in Zusammenhang mit geheiligten Stätten festgestellt werden, durch den Verstand hervorgerufen werden können. Doch die subjektive Art der Reaktion beim Rutengehen macht jegliches Bestimmen der Herkunft des Signals zur schwierigen Aufgabe. Die eindeutigen Energien, die durch Rutengehen feststellbar sind, sind klar definiert: erfahrene Rutengänger können zwischen verschiedenen Mineralarten, Wasser, Öl, unterirdischen Stromkabeln und anderem unterscheiden. Es ist sogar möglich, daß sie andere Arten von Signalen wahrnehmen, sich dessen jedoch nicht bewußt sind, weil sie nicht danach Ausschau halten. Hier spielen das gesuchte Material und der negative Einfluß eine Rolle, denn Erwartung ist offensichtlich ein wichtiger Faktor beim Rutengehen. Die Charakteristik der Energien, die entlang der Ley-Linien oder tellurischen Linien fließen, gehört dazu. Die englischen Rutengänger Tom Graves und Colin Bloy haben oft berichtet, daß sie diese Energielinien in Zusammenhang mit modernen Konstruktionen wie Mikrowellen-Funktürmen und Atomkraftwerken festgestellt haben. Dennoch ist die allgemeine Auffassung in der Erdmysterien-Forschung, daß das Vorkommen dieser Linien an solchen Orten Zufall sei. Colin Bloy hat sogar erklärt, daß seiner Überzeugung nach diese feststellbaren Energien durch den menschlichen Verstand erzeugt werden, da Stätten wie Kernkraftwerke „moderne Altäre" seien und somit die Zentren des modernen Bewußtseins, vergleichbar den geheiligten Altären des Altertums.[14] Da sie im Brennpunkt menschlich-emotionalen Interesses stünden, so argumentiert er, würden Energiephänomene spontan an solchen Stätten entstehen. Keiner dieser Erforscher der Erdmysterien hat jemals erwogen, daß die immense Strahlung, die an diesen Stätten produziert wird und von ihnen ausströmt, als solche gemessen wird. Denn genauso wie Stromkabel oder Radioübertragungen alle möglichen unerwünschten und unerwarteten Oberwellen aussenden, so können diese Zentren unvorstellbarer Energie unerwünschte elektrische Störungen im Frequenzbereich der Erdenergien aussenden. Stätten wie Steinkreise, deren Steine sich als Regler von Erdenergien erwiesen haben, sind offensichtlich vorzügliche Kandidaten für den Empfang und das Auftreten von elektrischen Störeffekten. Die bizarre und verwirrende Vielfalt von Energien, die von der modernen Ausrüstung während Paul Dévéreux's *Dragon Project* bei den Rollright-Steinen in England entdeckt wurde — Mikrowellen, Ultraschall, Magnetismus, Strahlung — kann sowohl ein Produkt der elektrischen Störfelder als auch der Wechselbeziehung der Steine mit tellurischen Strömen sein.

In seinem bemerkenswerten Buch *Needles of Stone* (Nadeln aus Stein) hat Tom Graves dieses Problem berührt.[15] Er fand eine bestimmte Art tellurischer Energielinien, den „Overground" (wörtlich: über dem Boden, oberirdisch), der in geraden Linien verläuft und alte sakrale Stätten wie zum Beispiel aufrechtstehende Steine verbindet. Graves fand heraus, daß diese oberirdischen Linien sich teilten, wenn sie auf oberirdische Stromleitungen trafen, speziell solchen, die zwischen Masten verlaufen und hohe Spannung leiten. Ein Teil der tellurischen Energie nimmt denselben Weg weiter wie vorher, während ein anderer Teil entlang der Stromleitung abgelenkt wird. Graves stellte auch fest, daß die Strommengen, die von den Netzkabeln aus den tellurischen Linien abgezogen werden, aus keinem ersichtlichen Grund variieren, und daß ein Teil der tellurischen Energie an jeder Biegung der Mastenleitung verlorengeht und eine neue tellurische Linie mit niedrigerer Stromkraft bildet. Er zitiert den Fall der Gegend um Yarnley bei Glastonbury in England, wo eine dichte Reihe von Stromleitungen eine große Anzahl von Störungen in den tellurischen Linien verursacht. Es entsteht ein chaotisches Gewebe von durcheinanderlaufenden Linien, die, wie Graves es ausdrückt, zur falschen Zeit am falschen Ort und wahrscheinlich aus der falschen Richtung ankommen. Dies ist ein ernsthaftes Problem, das sowohl moderne geomantische Forscher als auch Praktiker vor viele Fragen stellt. Ich werde die sich aus dieser Arbeit ergebenden Fragen in Kapitel 6 wieder aufgreifen.

Der Nachweis feststellbarer Energien an alten sakralen Stätten hilft uns, die vielen verschiedenen Formen solcher Stätten zu verstehen, denn jede Kategorie kann als ein Akkumulator oder eine Quelle dieser Energien angesehen werden. Und diese Energien können unter den entsprechenden Umständen inneren Frieden, religiöse Erfahrung oder Heilung bewirken. In altertümlichen Begriffen gesagt: jede Stätte besaß ihren persönlichen Geist, oder ihren Anteil am universellen Geist.

Die frühesten geweihten Stätten waren wahrscheinlich Wasserquellen. Für ein Agrar- oder Nomadenvolk ist die Entdeckung einer nicht versiegenden Wasserquelle von äußerster Wichtigkeit. Wenn eine solche Quelle einmal entdeckt worden ist, muß sie energisch vor Verschmutzung, Unzugänglichkeiten oder dem Austrocknen bewahrt werden. Zweifellos muß die Kunst, Wasser zu finden, eine der ersten Techniken der Menschheit gewesen sein, denn in der Lage zu sein, die Anzeichen für das Vorkommen von Wasser zu erkennen, hat unmittelbare Bedeutung für das Überleben. Diese Fähigkeit muß jedem, der sie besaß, einen Vorteil gegenüber seinen Mitmenschen eingeräumt haben, und wir lesen in vielen Mythologien, wie der Gründer einer Nation oder Religion die Lage seines Volkes erleichterte, indem er Wasser fand. Und in vielen Religionen findet man das Motiv des „Wassers des Lebens" wieder. Dieses Motiv stammt meistens aus einer späteren Stufe der menschlichen Entwicklung, denn die Entdeckung von Wasser durch den gründenden Helden wird gewöhnlich mit Hilfe der Rute bewerkstelligt, die, in der Tradition, den Felsen schlägt, aus dem dann ein Strom klaren Wassers fließt. Dies ist natürlich angewandtes Rutengehen, der kahle Felsen steht für die scheinbar dürre Erde, die durch die göttliche Weisheit des Helden verwandelt wird. Symbolisch stellt dies das Eingreifen menschlichen Wissens in die Erde dar, die aus einer Öde in einen Garten verwandelt wird — das Gegenteil moderner Technologie.

Der alte Glaube versuchte, die unsichtbaren „Bewohner" von Quellen und Brunnen grünstig zu stimmen, und viele Rituale, die dies wieder wachrufen, werden noch heute praktiziert. Diesem Glaubenssystem zufolge beinhaltete die Inbesitznahme des Wassers aus einer Quelle die Notwendigkeit, die Schutzgeister dort versöhnlich zu stimmen oder zu verpflichten, damit sie das Privileg nicht verweigerten. Daraus haben Verehrung und Opfergaben an den Quellen ihren Ursprung, und in einigen Fällen entfalteten sich die Stätten zu aufeinanderfolgenden Heiligtümern in höheren Entwicklungsstufen bis hin zu dem Punkt, an dem ihre Hauptfunktion die eines Brunnens überlagerte oder verdrängte. Die Kathedrale von Glasgow in Schottland ist ein hervorragendes Beispiel hierfür. Der ursprünglich geweihte Platz, der Heilige Brunnen des Sankt Mungo, fast in der Krypta vergessen, ist heute noch zu finden.[16]

Flußquellen waren prädestiniert als bedeutende Zentren der Verehrung. An der Quelle der Seine in Frankreich wurde zum Beispiel die Verkörperung des Flusses, die Göttin Sequana, verehrt. Bei ihrem Heiligtum, einem Komplex von Gebäuden, die um die Quelle herum errichtet waren, wurden zahlreiche Votivgaben ausgegraben. Diese stammten von Pilgern, die das Heiligtum besuchten, so wie es in unseren Zeiten Andächtige in Lourdes tun, die eine Heilung ihrer Leiden ersuchen. Ein ähnliches Heiligtum existierte bei den heißen Quellen von Bath in England, wo der Schrein des Sul überquoll mit Votivtafeln, Amuletten und Münzen, die von hoffnungsvollen Gläubigen gestiftet wurden.

Die Verbindung zwischen Quellen und der Fruchtbarkeit der Erde ist offensichtlich, dennoch können wir in mystischen Schriften eine tiefere Bedeutung entdecken, die noch jenseits der offensichtlichen Rolle der Quellen als Wasserversorgung liegt, eine Bedeutung, die die Rolle der Quellen bei der Gesunderhaltung des feinstofflichen Körpers der Erde andeutet. Unter den zahlreichen Legenden und Sagen, die sich mit der Geschichte von König Artus und der Suche nach dem Heiligen Gral befassen, befindet sich ein Traktat mit dem Titel *The Elucidation* (Die Aufklärung). Darin finden wir die Sage *The Destruction (or Wasting) of the Land of Logres* (Die Zerstörung (oder Verwüstung) des Landes Logres).[17] Laut dem Verfasser lebten einst an gewissen *puis* (Quellen) Jungfrauen, die müde Reisende oder Jäger mit Speise und Trank labten. Man mußte nur zu einer der *puis* gehen und seinen Wunsch kundtun, und unverzüglich wurden Speisen in einer Schüssel aufgetragen. Eines Tages tat ein böser König namens Amangons einer der Jungfrauen Gewalt an und stahl ihre

Kapelle als Teil einer Brücke bei St. Ives, England.

goldene Schüssel. Sofort waren die *puis* verlassen, und das ganze Land, das einst fruchtbar und ertragreich gewesen war, wurde zur Wüste. König Artus' Ritter nahmen die Pflicht auf sich, die Stätten dieser *puis* wiederzuentdecken und ihre Schutzjungfrauen zu behüten. Sie flehten Gott an, die *puis* wieder fließen zu lassen und so die Landschaft wieder zu beleben, doch vergebens. Das Land blieb öde, und nichts konnte sprießen, denn der einzige Weg, die *puis* wiederherzustellen, war, den Heiligen Gral zu entdecken — einen Stein, der himmlische Energien in ein nun gestörtes System lenken konnte.

Es gibt verschiedene Versionen dieser Geschichte. Eine weitere kann man in der Legende *Sir Gawain and the Green Knight* (Sir Gawain und der Grüne Ritter) finden.[18]

Die *puis* sind offenbar identisch mit den Quellen und „Blinden Quellen", die geweihte Stätten anzeigen. Das Plazieren eines Steines an einer wichtigen Stelle im System der Erdenergien konnte dazu beitragen, ein gestörtes System wieder ins Gleichgewicht zu bringen, besonders wenn der Stein eine spezielle Kraft besaß, die er entweder in sich hatte oder die in der Vorstellung der Gläubigen existierte. Dem Festhalten der alten Sagen an der Verbindung zwischen dem Instandhalten der Unversehrtheit der alten geweihten Stätten und der Fruchtbarkeit des Landes muß mehr zugrundeliegen als bloßer Aberglaube oder Wunschdenken. Einige haben darauf hingewiesen, daß dies lediglich ein Symbol für die Notwendigkeit sei, die soziale Ordnung aufrechtzuerhalten, um die Lebensfähigkeit des ökonomischen Systems zu erhalten. Doch in geomantischer Praxis geht es um mehr als bloßes ökonomisches oder soziales Management. Da ist zunächst die grundsätzliche Annahme, daß die geheiligten Stätten aus dem Altertum alle in einer Art Netzwerk verbunden sind, dessen Unversehrtheit für die Erhaltung der Fruchtbarkeit unentbehrlich ist. Denn eines zu zerstören, wie es der mythische König Amangons tat, heißt nicht nur dem System Schaden zufügen, sondern alles zu zerstören. Somit unterliegen die feinen Verbindungen, die die Teile des feinstofflichen Körpers der Erde miteinander verknüpfen, wenn wir bei dieser Umschreibung bleiben, anderen Gesetzen als die Teile eines Netzwerkes, das auch weiterhin funktionieren kann, wenn ein Teilstück beschädigt ist. Das Netzwerk der Erde ist bereits schwer beschädigt, doch für den Materialisten, und das ist der durchschnittliche Bürger mit westlicher Bildung, ist die Erde nichts anderes als eine zufällige Zusammenwürfelung von geologischen Formationen, die zwar nach festgelegten, aber dennoch willkürlichen Gesetzen zusammengestellt sind. Die Vorstellung von einem feinstofflichen Körper, nicht zu reden von einem, der nunmehr schwer beschädigt ist und sofortige Beachtung braucht, wird als Phantasie abgetan. Und so wird es auch weiterhin geschehen, bis die Analyse von möglichen Erdenergien diese in eine neue Perspektive als funktionelle Wirklichkeit statt Aberglauben rückt. So bruchstückhaft und unvollständig die Information auch sein mag, so gibt es doch viele Fäden, die die anscheinend auseinanderklaffenden Beobachtungen und Traditionen, die mit den feinen Energien in der Erde in Zusammenhang gebracht werden, verbinden. Viele hiervon sind alte Bräuche und Beobachtungen, deren Funktionsweise nicht der Untersuchung wert erachtet wurde, da kein zugrundeliegendes Ethos oder Muster wahrgenommen werden konnte. Der heutige Wissensstand hat jedoch den Punkt erreicht, wo eine Neueinschätzung dieser Informationsschätze notwendig ist. Das früher als „Aberglauben" angesehene Rutengehen hat sich als praktikable Realität herausgestellt, mit einer Funktionsweise, die in Begriffen der modernen Wissenschaft verständlich ist.[19] Im nächsten Kapitel werde ich mich mit einem oft mißachteten und wenig verstandenen Thema beschäftigen — der Divination, einem Thema, das zunächst ohne Verbindung zu den Erdenergien erscheinen mag, das jedoch von grundlegender Bedeutung für ihre Erforschung ist.

II
Divination und das Göttliche

Obwohl heutzutage Brettspiele nur als interessanter Zeitvertreib angesehen werden, sind sie in ihrem Ursprung untrennbar verbunden mit Divination, Astrologie und Geomantie. Die Gestaltung der Bretter, auf denen die Spiele ausgetragen werden, verrät oft diesen magischen Ursprung. In einigen Fällen sind sie identisch mit den sakralen Bauplänen von Tempeln oder heiligen Städten. Das heute bekannteste und am weitesten verbreitete Brettspiel, Schach, hat astronomischen Ursprung und ist divinatorisch angelegt. Da Astronomie und Astrologie im Altertum dieselbe Wissenschaft waren, kann der Symbolgehalt, der dem Schach innewohnt, in beiden Disziplinen interpretiert werden. Mit dem Niedergang der Astrologie und der magischen Sichtweise des Kosmos wurde Schach dann zur reinen intellektuellen Herausforderung, und der ihm innewohnende kosmische Kampf wurde zum unbewußten Archetyp reduziert, der in jedem Kampfspiel enthalten ist.

Im alten China wurde Schach *Siang k'i* genannt, was übersetzt „das astronomische Spiel“ oder „das Figurenspiel“ heißt. In seiner frühesten Form wurde dem Schach durch den Gebrauch von Würfeln eine Zufallskomponente verliehen, eine Praxis, die in einigen persischen und arabischen Quellen erwähnt wird. Zum Beispiel beschreibt der *Chatrang-namak* ein Spiel mit 30 „Figuren“: 15 weiß als Abbild des Tages und 15 schwarz als Abbild der Nacht“. In diesem Spiel, so hieß es, war die Bewegung jedes Spielsteines „dem Abbild der Bewegungen der Konstellationen und dem Abbild der Veränderungen am Firmament nachempfunden“.

In mystischen Begriffen ist die Bedeutung des Schach wohlbekannt. Als eine genaue Allegorie des Zustandes und Schicksals der Menschen war es die symbolische Grundlage für zahlreiche Legenden und Geschichten. Der islamischen Mythologie zufolge wurde das Spiel von einem indischen Philosophen mit Namen Qaflan erfunden. Er entwarf das Spiel mit der gezielten Absicht, die Beziehung des Menschen zu seiner Umwelt und seinem Schicksal zu symbolisieren. Eine spätere Abwandlung stammt aus der Zeit, als das „Spiel" tatsächlich eine Form der Divination darstellte mit der Absicht, die Zukunft des Fragenden zu bestimmen. In dieser Hinsicht war es „göttlich".

Eher als die „Figuren" gibt uns das Brett den Schlüssel zu der astronomischen Grundlage des Schach. Es wurde angenommen, daß ein möglicher Ursprung des karierten Schachbrettes (welches in geomantischer und sakraler geometrischer Hinsicht der interessanteste Aspekt ist) in dem alten Brauch liegt, den Jahres-Zyklus und seine Unterteilung im rechteckigen Format darzustellen.[1] Dieses Format hielt sich bis ins achtzehnte Jahrhundert in der europäischen Astrologie für die Darstellung von Horoskopen.[2] C. P. S. Menon glaubte, daß das Schachbrett sich aus einer Art symbolischer Planisphäre entwickelt haben könnte, auf welcher die Bewegung der „sieben Planeten" dargestellt wurde, indem man die entsprechenden Figuren auf ihren zugeordneten Quadraten auf dem Brett bewegte. Menon nahm weiterhin an, daß der merkwürdige „Rösselsprung" wahrscheinlich seinen Ursprung in der Bewegung von Körpern „um die Ecke" der rechteckigen Planisphäre in ihren himmlischen Umlaufbahnen hatte.

Symbolisch und in geometrischer Hinsicht hat das Schachbrett bemerkenswerte Eigenschaften. Im Indien zur Zeit der Veden war solch ein Schachbrett mit 8 mal 8 Quadraten bereits wohlbekannt unter dem Namen *Ashṭapāda*, ein Name, der die 8 Unterteilungen auf jeder Seite des Rechteckes beschreibt. Die 64 Quadrate des Schachbrettes sind natürlich von einem einfachen Gitternetz abgeleitet, und Bretter dieser Art werden noch heute für einige andere Spiele benutzt. Dieses Gitternetz hat interessante Eigenschaften in Bezug auf die Geomantie, denn es scheint von der frühesten und einfachsten Form der Landvermessung abzustammen, und stimmt überdies mit den modernsten Forschungen über die Erdenergien überein. Dies wird von einigen islamischen Überlieferungen belegt. Um das Jahr 912 n. Chr. schrieb Hamza al-Isfahani über die Erbauung der Stadt Jundu-Shapur durch den sassanidischen König Shahpur (240-270 n. Chr.) folgendes: „Der Plan der Stadt war nach der Art eines Schachbrettes angelegt: er war unterteilt von acht mal acht Straßen."[3] Ein späterer persischer Kommentar merkte an, daß „die

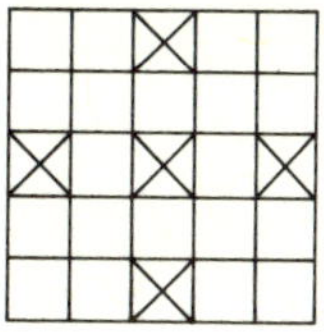

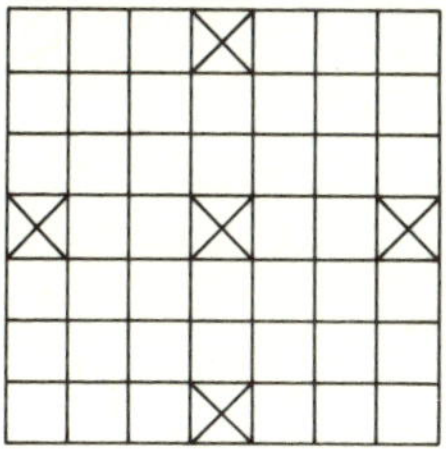

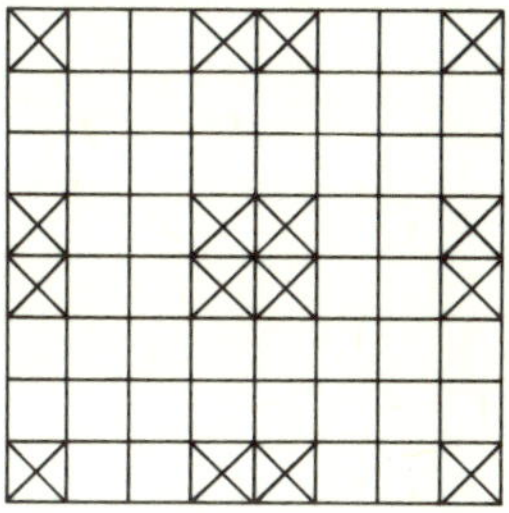

Sadurangam *Ashṭa-Kashte* *Ashṭapāda*
Indische Brettspiele, aus denen Stadtgrundrisse entwickelt wurden

Zeichnung diese Anlage aufwies, doch war das Schach zu jener Zeit noch nicht erfunden worden". Die Stadt Nishapur in Khurasan war in derselben Weise angelegt. Der spätere islamische Geograph Mustawfi (1340 n. Chr.) stellte fest: „Wie berichtet wurde, war in den Tagen von Chosroes die alten Stadt Nishapur ursprünglich nach dem Plan eines Schachbrettes mit 8 Quadraten zu jeder Seite angelegt worden".[4] In seinem Werk *Lotus de la bonne Loi* (Lotus des guten Gesetzes), veröffentlicht 1854 in Paris, zitiert der Autor Burnouf eine Passage aus einem Werk eines nordasiatischen Buddhisten, in dem die Welt selbst als „die Erde, auf der Ashṭapādas aus goldenen Schnüren gefertigt sind", beschrieben wird.[5] Hieraus können wir entnehmen, daß das Schachbrett tatsächlich von der Erdvermessung herstammt — die wörtliche Bedeutung des Begriffs *Geometrie.*

Ein weiterer interessanter Zusammenhang existiert in der Terminologie von Astrologie und Schach. In der astrologischen Terminologie sind „Häuser" und „Felder" geläufig, um Gebiete oder Zeiteinheiten zu beschreiben; ebenso in der alten Literatur, in der jeder quadratische Abschnitt auf einem Spielbrett ein „Haus" genannt wurde, modern das arabische *bait*, das französische *case* und das italienische *casa*, im technischen Sinn eines Schachbrettes. Das ganze Brett wurde manchmal mit Begriffen aus der Architektur bezeichnet, denn im alten Indien trug es den Namen *Koshthika* oder *Koshthagara*, was Lagerhaus oder Kornspeicher bedeutet. Und hier haben wir den

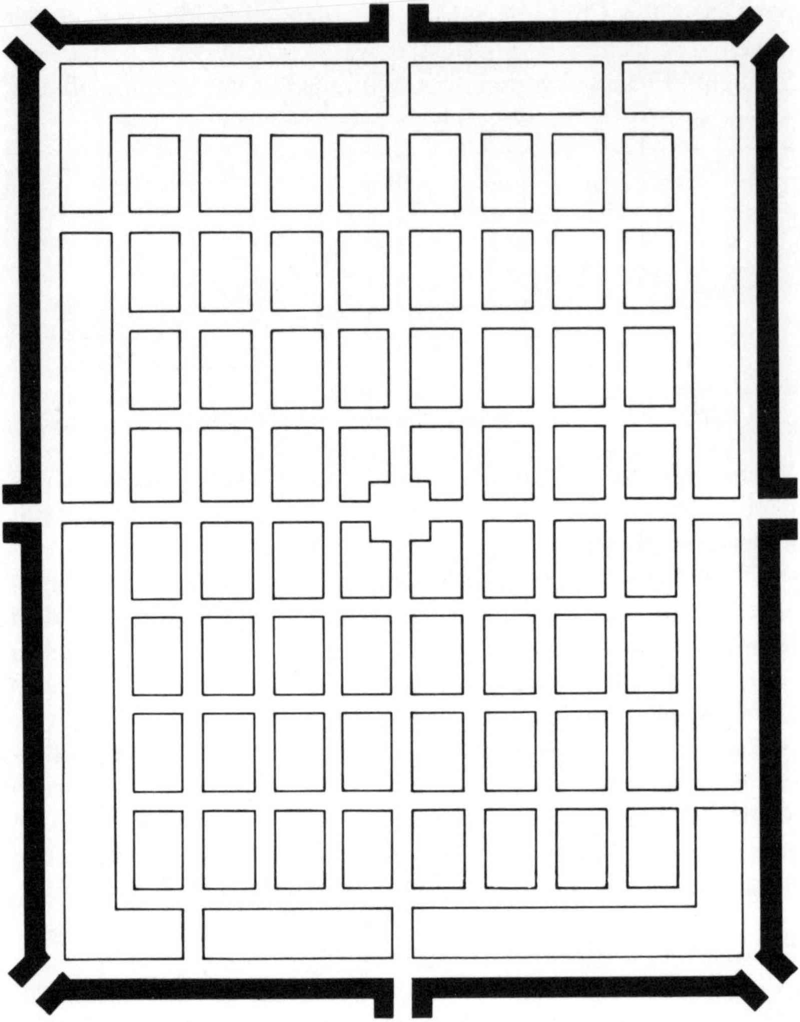

Grundriß von Sarvatobhadra, Indien.

faszinierenden Unterschied zwischen Schach und anderen Divinations-Spielen mit kosmologischem Bezug, wie z. B. dem *Fanorona* von Madagaskar, denn Schach scheint eine Darstellung der Planetenbewegungen auf einer künstlichen Planisphäre zu sein, während einige andere Spiele buchstäblich die Anordnung der Welt darstellen.[6] Als

Schematische Darstellung des Mosaik-Kosmogramms im Fußboden der Sankt Viktor-Kathedrale zu Xanten, das unter anderem die „Dag"-Rune enthält.

Ashṭapādas waren solche Gitternetze lokalisierbare Aufteilungen der Erdoberfläche, doch ihr Gebrauch einer geraden Anzahl von Elementen schloß die Einbeziehung eines zentralen Punktes, Nabels oder *Omphalos* durch die wetteifernden Teile aus. *Fanorona*, andererseits ist eine bewußte Darstellung eines geordneten Mikrokosmos der Welt, und ist als solches ein gänzlich andersgeartetes Brett und Spiel.

Madagaskar war einst ein einzigartiges Zentrum geomantischer Praxis, denn diese war dort zu einer feinen Kunst gediehen, die fast universell praktiziert und anerkannt wurde. Eine große autonome Insel vor der Ostküste Afrikas, lag Madagaskar im Mittelpunkt der Handelsstraßen zwischen den Arabern im Norden, den Chinesen und Malayen im Osten und dem afrikanischen Kontinent im Westen. So absorbierte und entwickelte Madagaskar die verschiedenen Traditionen dieser Rassen und Nationen und verschmolz sie zu einem einzigartigen System geomantischer Divination und Praxis, das *Vintana* genannt wurde. *Vintana* war eine Mischung von ritueller Magie, Astrologie, Anbetung, Divination und makrokosmischer Geomantie so zusammenhängend und hoch entwickelt wie kaum ein anderes System. Es bestand aus mehreren Zweigen. Sein divinatorischer Zweig, *Sikidy*, gleicht der mikrokosmischen Geomantie des islamischen *Raml* Systems und dem europäischen Modell der Renaissance. Seine Grundlage bildete die doppelte Manipulation von scheinbar zufälligen Mustern, die durch bestimmte Handlungen eines professionellen Sehers, dem *Mpisikidy*, hervorgerufen wurden. Mit dieser divinatorischen Methode ist das rituelle Brettspiel *Fanorona* verbunden, dessen geomantische Natur aus dem Namen seines Zentralen Punktes ersichtlich ist — *Foibeny*, der „Nabel", mikrokosmisches Symbol des Nabels der Welt oder *Omphalos*. *Vintana* umfaßt das gesamte Spektrum einschließlich solcher Faktoren wie die Bestimmung von guten und schlechten Tagen, den astrologischen Einfluß der Planeten, die Namenswahl für Kinder, Tier- und Farbzuordnungen, die Ausrichtung von Häusern und die Auswahl von Grabstätten. Es befaßte sich auch damit, geeignete Stellen auszusuchen für geweihte Stätten, Markierungssteine, Steinhaufen, Opferstellen, heilige Bäume und mit der Bestimmung von Kräften, die geheiligten Höhlen innewohnten. Dieses System war eine natürliche Parallele der geomantischen Praxis des vorchristlichen Europa.[7]

Die verschiedenen Praktiken beim *Vintana* waren eng miteinander verbunden. Zum Beispiel spiegelten viele madagassische Namen für Tage und Monate in identischer oder ähnlicher Form die geomantischen Formen wieder, die im *Sikidy* entstanden: die madagassischen Namen für die zwölf Zeichen des Tierkreises waren die gleichen wie jene, die den zwölf „Wochen" oder Tage-Gruppen jedes

Monats zugeschrieben wurden. Dies zeigt, daß planetarische und zodiakale Einflüsse in jenen Zeiten für wirksam gehalten wurden. Der zyklische Kalender spiegelte sich in divinatorischen Praktiken wieder und formte die Flächen oder Bretter, auf denen das *Sikidy* „errichtet" wurde, als Modelle des Jahres und analog, des Himmels. So konnte man sagen, daß im *Sikidy* der Fall der Bohnen, die vom Seher geworfen wurden, ein Echo der anscheinend zufälligen Bewegungen der planetarischen Einflüsse im Jahreslauf darstellte.

Von größtem Interesse für den Geomanten ist das „Spiel" *Fanorona*, ein faszinierendes Bindeglied mit vergangenen Zeiten der Menschheit, als Spiele und das Spielen nicht ausschließlich zum Vergnügen und zur Unterhaltung geschahen, sondern als Methoden angesehen wurden, durch die man direktes Wissen von der nicht-materiellen Welt erhalten konnte. Spiele und „Spielen" in alten Zeiten wurden als sakrale Handlungen betrachtet, und erst mit der Verbreitung christlicher Gedanken wurde Spielen als falsch angesehen. Selbst dann wurde das Spielen nicht mißbilligt, weil es dem glücklichen Spieler ermöglichte, ohne Arbeit reich zu werden — es wurde für schlecht gehalten wegen seiner Verbindung zu den alten Göttern, die die Christen mit dem Teufel gleichsetzten. Erst nach der Entdeckung des Zufallsprinzips durch die Mathematiker der europäischen Renaissance wurde Spielen als eine Möglichkeit verdammt, etwas umsonst zu bekommen. Vor dieser Zeit wurde jede Handlung oder jedes Ereignis als ein bewußter Akt der Götter angesehen. So gibt es den berühmten Ausspruch des englischen Königs Alfred des Großen: „Es ist nichts daran wahr, was die Menschen sagen, nämlich daß etwas durch Zufall geschieht". Für den frommen gottgläubigen König war jedes Geschehnis entweder ein Akt höherer Gewalt (ein Begriff, der heute noch in der Versicherungssprache benutzt wird) oder die eingreifende Hand übelwollender Dämonen.

Die Christen waren der Ansicht, daß Divination *an sich* ein Übel sei, denn sie glaubten, daß Gott nur durch heilige Männer oder Propheten sprechen würde, und daß es Gotteslästerung sei, den Sehern divinatorische Fragen zu stellen oder Orakel zu befragen, da diese Kanäle unter dem alleinigen Einfluß des dämonischen Reiches stünden.

Daher stammen die vielen unheilvollen und intoleranten Edikte, welche die Divination verboten, wo immer das Christentum behauptete.

Als Folge hiervon verbieten einige christliche Sekten bis zum heutigen Tage das Spielen, und in streng protestantischen Ländern sind Spiele am Sonntag heute noch untersagt. In Madagaskar hörten die christlichen Missionare niemals auf, *Sikidy* und *Fanorona* als „abergläubische Bräuche" zu verunglimpfen, denn *Fanorona* war in der Tat die alten Tradition des göttlichen Spiels.

Die christlichen Missionare, die während des neunzehnten Jahrhundert die Welt bereisten, hatten eine Art Haßliebe zu solchen Bräuchen, denn obwohl sie diese als schlecht und abergläubisch ansahen, dokumentierten sie sie peinlich genau in vielen detaillierten Büchern und gelehrten Werken. „Die Eingeborenen sind von vornherein mehr oder weniger fatalistisch . . . so finden Wahrsagerei und Schicksalsglaube einen fruchtbaren Boden", schrieb E. O. McMahon, einer der christlichen Sendboten 1914, „und es wird eine lange Zeit dauern, dies auszurotten. Götzenbilder und Ahnenverehrung verstecken ihre Häupter vor der Zivilisation, doch nicht so Wahrsagerei und Schicksalsbestimmung; stattdessen finden sie einen Platz in der neuen Ordnung der Dinge. Es ist menschliche Natur, die Zukunft kennenlernen zu wollen, und der leichtgläubige Eingeborene bildet keine Ausnahme, sondern eine leichte Beute für den Zauberer *(Mpisikidy)*, der mit Hilfe einer Handvoll Tamarinde-Bohnen vorspiegelt, daß da nichts sei, was er nicht herausfinden könne . . . sie lenken praktisch das Leben der Eingeborenen, außerhalb der christlichen Gemeinschaft."[8]

Verlosungen zu veranstalten, war in altertümlichen Gemeinschaften allgemein üblich, denn solche Divination bildete einen integrierten Bestandteil des Lebens. Ohne das mathemathische Prinzip des Zufalls zu kennen, wurde der Gewinner solcher Verlosungen als Liebling der Götter angesehen. Von Würfeln, Karten, Knochen und Brettspielen bis zu Pferderennen, allesamt von frommen Christen als „des Teufels" mißbilligt, stellten solche Spiele ursprünglich ein Mittel der Kommunikation mit dem Unsichtbaren dar. *Fanorona* war eines der letzten solcher „Spiele", das mit der Absicht gespielt wurde, dieses Wissen zu erhalten, nicht als ein erfreulicher Zeitvertreib.

Modernen Autoren zufolge wurde das madagassische Spiel *Fanorona* aus dem arabisch-europäischen Spiel *Alquerque* durch Verdoppelung des Brettes entwickelt, wobei die Anzahl der Figuren vermehrt und die Art der Eroberung verändert wurde.[9] Es scheinen jedoch so viele Änderungen zu sein, daß die Vorstellung seiner Abstammung von nachfolgenden Autoren durch konstante Wiederholung aus früheren Werken entwickelt sein mag. Die Anzahl der Abweichungen ist so groß, daß die Diagonalen auf dem Brett tatsächlich das einzig gemeinsame Merkmal zwischen *Alquerque* und *Fanorona* darstellen. Fügen wir diesem den madagassischen Namen des (zu Beginn) unbesetzten zentralen Punktes — *Foibeny* (Nabel) — hinzu, können wir schlußfolgern, daß *Fanorona* ein divinatorisches geomantisches Spiel mit nur zufälliger Ähnlichkeit zu *Alquerque* ist, vor dem Jahr 1680 entstand und andauernd ohne stichhaltigen Anlaß zitiert wird.

Fanorona wird auf einem einzigartigen Brett mit 44 Figuren gespielt — 22 schwarze und 22 weiße. Die Zahlen entsprechen den 22 höheren, positiven Kräften der Qabalah und den 22 niedrigeren, negativen Kräften der Qlipoth, die die Eigenschaften der höheren in negativer Form wiederspiegeln. Weiß macht immer den Anfang und bewegt irgendeine Figur entlang irgendeiner Linie zu einem leeren Punkt, im Falle des ersten Zuges zum *Omphalos*-Punkt, *Foibeny.* Dies hat den symbolischen Effekt, den zentralen Punkt mit einer anderen Kraft als der Neutralität zu besetzen, nämlich der Kraft der günstigen Einflüsse. Indem sie ein Ungleichgewicht schafft, fordert diese Kraft die andere heraus, Initiative zu ergreifen und beginnt somit eine Auseinandersetzung. Wenn der Zug an einem Punkt endet, der einen anderen Punkt oder Punkte jenseits der Angriffslinie berührt, die von gegnerischen Figuren in ununterbrochener Reihenfolge besetzt sind, werden diese vom Spielfeld entfernt. Das Einnehmen kann durch Angriff oder Rückzug geschehen, wenn die Figuren entlang der Rückzugslinie von der Berührungsposition bewegt werden. Die Einnahme ist zwingend, doch beim einzelnen Zug kann jeder

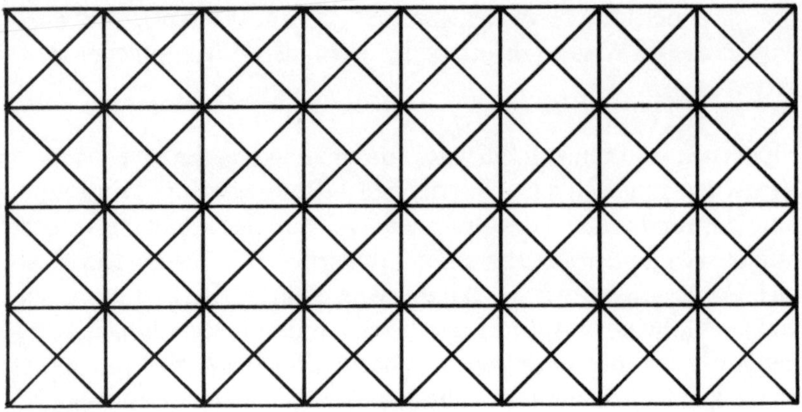

Fanorona-Brett.

Spieler nur um einen Zug vorrücken. Bei aufeinanderfolgenden Zügen muß jeder Zug einen Richtungswechsel vom vorherigen Zug der Einnahme beinhalten, und wenn ein Zug gegnerische Figuren in zwei Gruppen zugleich angreift, können nur die Figuren auf einer Seite zurückgezogen werden, selbst wenn sie die kleinere Anzahl umfassen. Wenn alle Figuren eines Spielers verloren sind, ist das Spiel aus.

Doch dies ist noch nicht das Ende des Spiels, und das ist es, was aus *Fanorona* mehr als nur ein Spiel macht. Dieses Spiel wird mit einer *Vela*-Eröffnung gespielt: der Verlierer macht den ersten Zug, und der vorherige Gewinner muß seine ersten 17 Figuren verlieren. Bis er 17 verloren hat, kann er selbst keine Figuren einnehmen, sein Gegner jedoch nur eine Figur zur Zeit einnehmen. Nachdem die 17 verloren sind, wird das Spiel normal fortgesetzt, doch ist natürlich der frühere Verlierer nun der Gewinner. Das dritte Spiel kehrt zu den normalen Regeln zurück, und das vierte ist wieder ein *Vela*-Spiel. Dieses hat die Wirkung, den Kampf zwischen den beiden auszugleichen. Als ein Kampfspiel ist *Fanorona* sicherlich uninteressant, denn es kommt hier nicht auf überlegenere Fähigkeiten an wie zum Beispiel beim Schach- oder Mühlespiel. Dies betont jedoch nur die Ungewöhnlichkeit von *Fanorona* darin, daß es individueller Tapferkeit keine Rechnung trägt; denn es spiegelt die grundlegende Einheit der widerstreitenden Kräfte im Universum wider und garantiert, daß der jetzige Verlierer der spätere Gewinner sein wird. Als eine Form der Meditation für zwei Personen könnte es nicht besser sein.

In Madagaskar beschäftigt das dortige Königshaus Ritualgelehrte, die *Fanorona* an wichtigen Staatstagen spielten, wenn der Herrscher Entscheidungen fällen mußte, oder wenn man den Ausgang von verhängnisvollen Ereignissen, die mit Kampf in Zusammenhang standen, im voraus wissen wollte. So spielten bei der Belagerung von Antananarivo1895 die Ritualgelehrten der Königin Ranavalona III ein Spiel, um den Ausgang des Befreiungskrieges gegen die Franzosen vorherzusagen. Viele der älteren Madagassen und jene, die während der Christianisierung des Landes an ihrem heidnischen Glauben festgehalten hatten, machten sich ernsthafte Sorgen um den Ausgang des Spieles, das als eine Manifestation des Weltzustandes in jenem Moment, Teil des universellen Kontinuums, eng mit der Schlacht verbunden war. Der Gelehrte, der die Madagassen repräsentierte, verlor unglücklicherweise, und danach wurde jeder Widerstand als zwecklos erachtet. In diesem Zusammenhang ist es interessant festzustellen, daß sich ein fast identischer Vorfall 1950 in Tibet ereignete, bei dem das Heranrücken der kommunistischen chinesischen Armee durch Würfel-Omen vorausgedeutet wurde. Das rituelle Würfelspiel verkündete Desaster, was den Dalai Lama veranlaßte, zu fliehen.

Tibet und Madagaskar waren die letzten Gegenden, in denen rituelle Brettspiele benutzt wurden, um den Augang von Schlachten und die Zukunft von Nationen zu ermitteln. Dort waren die „Spiele" ein Teil der Einrichtungen der nationalen Religion und der Struktur des Staatsglauben insofern geworden, als ihre Omen als von fundamentaler Wichtigkeit angesehen wurden und man sich an sie als unausweichliches Schicksal hielt. Solche Systeme entstanden aus örtlichen Bräuchen, die an lokalen Heiligtümern angewendet wurden, bei denen die Anbetung bestimmter Götter stattfand. Diese Riten wurden in vielen Ländern praktiziert, und werden es noch heute in einigen Stammesgesellschaften, die ihre Ausführung oft mit besonderen Festtagen zu bestimmten Jahreszeiten in Verbindung bringen.

Späte Überreste von Spielen in Heiligtümern existierten in Afrika. Das Heiligtum von Odudua in Iloru in der Provinz Abeokuta in Nigeria besaß ein *Mancala*-Brett für die Divination der Zukunft, und etliche andere heilige Stätten entlang der westafrikanischen Küste waren ähnlich eingerichtet. In Nordamerika war das geheiligte Spiel früher weitverbreitet und wird auch heute noch von den Traditionalisten in einigen Stämmen gespielt. Der Stamm der Zuni benutzte zum Beispiel sieben verschiedene Brettspiele, jedes mit einer anderen Bedeutung und einem anderen Fest. Das wichtigste dieser Zuni-Spiele war das *Sho'liwe*, früher von den Priestern der Bow bei dem halbjährigen Fest der Zwillingsgötter des Krieges Ta'sho'liwe als eine Form der Zukunftsbestimmung des ganzen Stammes gespielt, ähnlich dem madagassischen *Fanorona*. In New-Mexico gab es ein anderes Brettspiel, das mit einem speziellen Festtag in Zusammenhang stand — die „Nacht der Toten" des Tewa-Stammes. Dort spielten die Priester in der Nacht des 3. November das Brettspiel *Caseheapana*, das die ganze Nacht hindurch bis zur Morgendämmerung dauerte, um dem Stamm und seinen Ahnen den Fortbestand zu sichern.

Brettspiele stammen somit größtenteils von früheren divinatorischen Systemen ab, von denen man glaubt, daß sie direkte schamanistische Prophezeiungen ersetzt haben. Die Tatsache, daß viele Spiele mit individuellen Heiligtümern in Verbindung standen, wie zum Beispiel die „Würfelspiele" in den alten griechischen Tempeln, oder das *Mancala*-Brett in Iloru, weist auf ihre direkte Weiterführung früherer Methoden hin. Ihre geomantische Anlage als mikrokosmische Abbildungen von Himmel und Erde ist ein weiterer Beleg hierfür, denn die Betonung des zentralen *Omphalos* oder Nabel in Spielen wie *Fanorona* ist ein Hinweis auf die prophetischen Aussagen, die Adepten an solchen Stellen machen konnten, und das Auffinden solcher Stellen spielte eine Rolle von grundlegender Bedeutung in der Geomantie.

Der Gebrauch von divinatorischen Brettspielen zur Voraussage der Zukunft stellte eine eher technologische Auffassung der Divination dar, die den früheren, direkten Kontakt mit tellurischen Kräften an Heiligtümern oder geheiligten Orten ersetzte. Schon sehr früh bemerkte man, daß bestimmte Orte spezielle Kräfte besaßen, die von Adepten für Prophezeiungen genutzt werden konnten. Diese Stätten wurden nach empirischen Methoden gefunden, doch da es gewisse offensichtliche Kategorien gibt, kann es nicht lange gedauert haben, bis neue Stätten auf einer systematischeren Basis gesucht wurden. Solches Wissen war die traditionelle Domäne der Schamanen, die in Gemeinschaften oder Priesterstands-Bruderschaften organisiert waren. Als das Wissen wuchs, wurde es möglicherweise im Lichte der Erfahrungen analysiert. So finden wird, wenn wir zu historischen Zeiten kommen, spezifische Charakteristiken solcher Heiligtümer, die religiöse und nationale Grenzen überschreiten.

Die Traditionen der geheiligten Plätze zeigen, daß sie als Schnittstellen von anderen und parallelen Welten und Zeiten angesehen wurden, wie sie in den Visionen, Astralreisen und Ekstasen der Schamanen, Hexen und Magier erfahren wurden. Es gab verschiedene Methoden, um diese anderen Bewußtseinszustände zu erreichen.

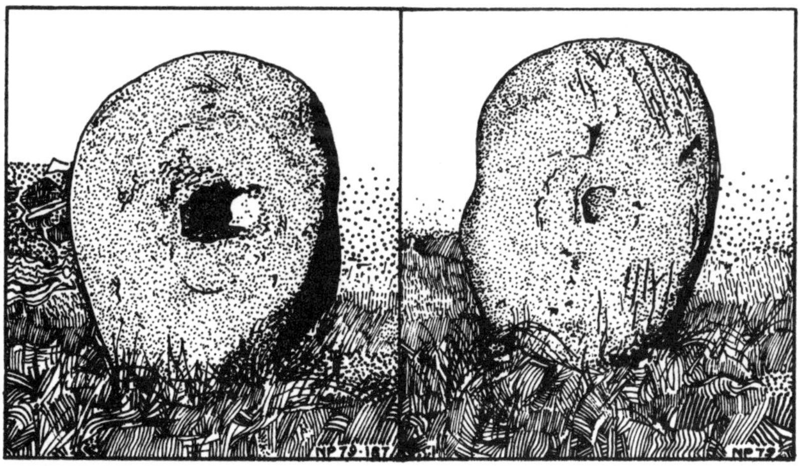

Omphalos, Glastonbury Abbey, England.

Manchmal wurden solche Visionen und Äußerungen unmittelbar am Ort empfangen, indem der Teilnehmende die magischen Wasser einer Quelle trank oder darin badete, oder indem er die schwefelhaltigen Dämpfe einer vulkanischen Erdspalte inhalierte. Man nimmt an, daß das letztere Verfahren an der archetypischen *Omphalos*-Stätte in Delphi in Griechenland praktiziert wurde, wo die Priesterin des frühesten Kultes über der Vulkanöffnung saß und die Ausströmungen der Unterwelt einatmete, so daß sie jenen prophezeien konnte, die zum Orakel kamen, um Fragen zu stellen. Solcherart wurde die Priesterin als Sprachrohr des Orakels gesehen, ähnlich wie moderne Medien, die mit fremden Stimmen sprechen, die verschiedenen Geistern zugeschrieben werden. Was immer die Ursache gewesen sein mag, die Energien, die dem Platz innewohnten, wurden für fähig gehalten, Zustände von Transzendenz herzustellen, die die Barrieren der Zeit durchbrechen und jene Dinge enthüllen konnten, die der alltäglichen Welt des durchschnittlichen Menschen verborgen blieben.

In Delphi wurden die Orakelverkündungen durch ein Medium gegeben, und dies war auch die allgemeine Praxis. In Andringitra auf Madagaskar war das Orakel in einer Höhle gelegen, zu der die Fragesteller kamen. Dort gab ein Priester, der dem Blick der Wahrheitssuchenden entzogen war, Antworten auf die Fragen, als ob er das Orakel sei. Ob der Priester unter dem Einfluß einer äußeren Kraft stand, oder ob er nur ein Stimmen-Medium war, ist nicht überliefert, denn christliche Missionare löschten die Praxis aus und mit ihr jede Aufzeichnung der zugrundeliegenden Prinzipien. Nebenbeibemerkt hatten die Ursprungsländer dieser eifrigen Missionare selbst aktive Orakelstätten, noch zur gleichen Zeit, als diese Praktiken in den Kolonien ausgemerzt wurden. Zum Beispiel behielt man in den keltischen Gebieten der britischen Inseln viele Stätten mit heiligen Brunnen bis ins neunzehnte Jahrhundert für den täglichen Gebrauch bei und in einigen wenigen Fällen bis in die heutige Zeit. In Kernow (der britischen Grafschaft Cornwall im Westen der Insel) lebte beim Heiligen Brunnen des Sankt Gulval eine „weise Frau“ bis zum Ende des achtzehnten Jahrhunderts. Sie war ein professionelles Orakel und lebte in einer Hütte am Heiligen Brunnen. Für eine kleines Entgelt trank sie von den Wassern, um Orakelverkündungen hervorzurufen. Die weise Frau von Sankt Gulval war die letzte Überlebende einer Art von Frauen, die viele der geheiligten Brunnen Englands, Wales', Schottlands, Cornwalls und Irlands warteten. Die bekannteste unter ihnen ist zweifellos Ursula Sontheil, die von 1488 bis 1561 lebte. Besser bekannt unter dem Namen Mutter Shipton war Sontheil eine Seherin, die in ganz England für ihre erstaunlichen Prophezeiungen

Der Verschluß des Chalice Well, Glastonbury, England.

von Zukunftsentwicklungen berühmt war, darunter das Auto, das Flugzeug, die Zerstörung Londons und die vorübergehende Verlegung der englischen Regierung nach York. Sontheil ist untrennbar verknüpft mit dem geweihten „Versteinernden" oder „Tropfenden Brunnen" in der Nähe von Knaresborough in Yorkshire in Nordengland, wo ihre unterirdische Klause noch heute aufgesucht werden kann. Ihre Werke sind nach wie vor beliebt, wei schon seit hunderten von Ausgaben, und auch heute noch erhältlich.[10]

Es ist offensichtlich, daß die Kräfte, die von fließendem Wasser in solch heiligen Brunnen hervorgerufen werden, irgendeine Auswirkung auf das menschliche Gehirn haben, vielleicht indem sie bestimmte elektrostatische Felder produzieren, die erweiterte oder veränderte Bewußtseinszustände bewirken. Prophetische Brunnen gelten als „Fenster-Gegenden" im Kontakt mit der Ewigkeit, und so ist der Zusammenhang von Sontheil mit dem Brunnen von Knares-

Eine zeitgenössische Darstellung zeigt Mother Shipton beim Einsatz von traditionellen kabalistischen Figuren in der Erstellung eines magischen Kreises.

borough mehr als ein Zufall. Sogar der berühmte Astrologe und Hellseher Nostradamus benutzte Wasser in seinen Zeremonien, obwohl in seinem Fall das Wasser sich statisch in einer Schüssel befand und mehr wie die Kristallkugel der modernen Seher wirkte als die fließenden energetischen Wasser einer geheiligten Quelle.

Das Auffinden solcher Quellen muß ein wichtiger Bestandteil der Geomantie in dieser Zeit gewesen sein, bevor ihre Hauptaufgabe die Beeinflussung von Erdenergien und die Abschwächung von schädlichen Einflüssen in bereits bestehenden Gebäuden wurde, wie es heute in Hong Kong und Singapur der Fall ist. Divination mit Hilfe der Rute oder des Pendels ist ein wichtiger Bestandteil von Mythen, und hierfür gibt es zahllose Beispiele. Es ist jedoch noch nicht allgemein erkannt worden, daß diese Divination mehr als bloßes Wasserfinden war. Es ging vielmehr darum, Wasser zu finden, dessen Quelle bestimmte Eigenschaften hatte, möglicherweise hervorgerufen durch eine Kombination von Fließrichtung, Fließgeschwindigkeit, örtlicher Landschaftsbeschaffenheit und Mineralgehalt des Wassers selbst. Natürlich wurden in früheren Zeiten diese Eigenschaften Geistern oder Dämonen zugeschrieben, und jegliche Kräfte, die von diesen Plätzen ausgingen, wurden für bewußte Willensäußerungen dieser Geister gehalten. Hieraus entstammt der Glaube, daß bestimmte heilige Brunnen, wie der gefeierte Trommelnde Brunnen (Drumming Well) in Oundle in den englischen Midlands ohne menschliche Mitwirkung prophezeien konnte. Dieser Brunnen machte sich nämlich durch ein lautes Trommelgeräusch bemerkbar, wenn ein nationales Verhängnis in der Luft lag. Im nahen Nordhamptonshire hatte die berühmte Marvel Sike Quelle den Ruf, vor Katastrophen unregelmäßig zu fließen, während das Gegenteil in Rushton Spencer in Staffordshire der Fall war, wo die Quelle vor einer nationalen Katastrophe versiegte.

Heutzutage werden solche Erscheinungen von Erforschern seltsamer Phänomene untersucht, die sich nach dem größten Pionier auf diesem Gebiet, Charles Fort, benennen — die Fortianer. Seiner Auffassung folgend, die vielen Untersuchungen der Erdmysterien zugrundeliegt, beobachtet man das Phänomen in objektiver Weise, bevor man versucht, Hypothesen aufzustellen, die die Erscheinung erklären sollen. Diese Methode hat sich als nützlich für das Studium von psychischen Phänomenen erwiesen und, auf die Folklore angewendet, hat sie viele Verbindungen geschaffen, die bislang nicht ersichtlich waren. Die fließenden und trommelnden Brunnen wie auch die divinatorischen Methoden der *Fanorona*-Bretter fallen in diese Kategorie, denn sie können nicht mit den üblichen wissenschaftlichen Methoden untersucht werden, bei denen sie schlichtweg als abergläubische Praktiken abgetan werden oder bestenfalls als interessante Volksbräuche ohne jeden zugrundeliegenden Nutzen gelten.

Moderne geomantische Forschung in den 80er Jahren befaßt sich nicht mit solchen Spitzfindigkeiten. Verfahren, die unseren Vorfahren jahrtausendelang gedient haben, können nicht einfach abgetan werden, als ob sie keine Gültigkeit hätten und haben. Geradeso wie das Abstreifen traditioneller Lebensformen für den modernen, technologischen, „entweihten Kosmos“ unheilvolle psychologische Auswirkungen auf die Gesellschaft gehabt hat, so hat die Preisgabe vieler traditioneller Kommunikationsformen mit dem Unsichtbaren und der Zuflucht zu traditionellen Stätten das moderne Leben ärmer gemacht. Die auf bloße äußere Form reduzierten Riten modernen religiösen Lebens, die in abgetrennten Enklaven von der Zerstörung des modernen Daseins umgeben und von unbemerkten Erzeugnissen der modernen Gesellschaft durchdrungen sind, sind ein nur kläglicher Ersatz.

III

Die Zyklen des Himmels — Sterne und Steine

Die praktische Anwendung der Divination wurde in den Gesellschaften der Vorzeit nie in Frage gestellt, denn sie war ein integrierter Bestandteil des Weltbildes. Die Zeit war ein wiederkehrender Kreislauf, und daraus ergab sich, daß sich dies mit gewissen Ereignissen ebenso verhielt. Dieses Zusammentreffen von Ereignissen im Rahmen von Raum und Zeit ist ein zugrundeliegendes Ethos sowohl der alten magischen Weltanschauung als auch des modernen wissenschaftlichen Glaubens. Die geordnete und harmonische Struktur des Universums ist schon lange als eines der großen Wunder der Schöpfung erkannt worden. Seine Existenz wurde als Hauptbeweis für das Vorhandensein eines Schöpfers betrachtet, und folgerichtig ist das Studium solch grundlegender Theorien immer zu den geheiligten Wissenschaften gerechnet worden. Daher kann es auch kein Zufall sein, daß das früheste geometrische Wissen als Teil der religiösen Seite des Lebens entstand. „Heilige Geometrie" bezieht sich heute auf die geometrischen Methoden und Theorien, die in der sakralen Architektur angewendet wurden, diese Sammlung von Verfahrensweisen und Traditionen, die über die Jahrtausende heilige Bedeutung und Symbolwert erhalten haben. Jene heilige Bedeutung war ein Gebiet intensiver Forschung, und mit neuen Entdeckungen ist der unendliche Reichtum ihrer Zusammenhänge untereinander offengelegt worden.[1] Diese komplexen Verbindungen und Zusammenhänge schließen jene grundlegenden Faktoren ein, die für die Existenz der materiellen Welt, wie wir sie kennen, notwendig sind: Raum und Zeit.

Raum, die Verbindung von Orten und Objekten in drei Dimensionen, ist leicht genug zu erfassen: es ist die grundlegende Erfahrung jedes Wesens mit Bewußtsein. Als eine Beschreibung von Raum ist Geometrie seine Sprache: sie definiert Regeln, die zum Tragen kommen müssen, wenn Objekte im dreidimensionalen Raum der alltäglichen Welt existieren. Darauf werde ich im nächsten Kapitel noch zurückkommen.

Zeit ist ein viel komplexerer Begriff, denn ihre Beschreibung erklärt nicht wirklich ihren Mechanismus: es gibt verschiedene Theorien über ihre eigentliche Natur, die alle heftig kritisiert werden, doch gemeinhin wird Zeit als Dauer erfahren. Dies läßt die strittige Frage „was ist das Wesen der Zeitdauer?“ außer acht, und ich werde mich auch nicht damit befassen. Zeit ist, wie Raum, meßbar, doch die Meßbarkeit von Zeit wird durch natürlichere Mittel definiert, als dies bei Raum der Fall ist. Traditionell ist Zeit in astronomisch erfaßbaren Abschnitten definiert worden; das heißt, der Abstand zwischen zwei leicht beobachtbaren Phänomenen am Himmel. Das soll nicht heißen, daß solch beobachtbare Phänomene einen Zeitraum hervorbringen, der unmittelbar oder genau mit einer anderen Beobachtung verbunden ist: die Abläufe des Sonnensystems machen dies höchst unwahrscheinlich. Das Konzept von „einem Tag“ demonstriert dies ausreichend.

Auf unserem Planeten gibt es drei leicht zu definierende Perioden, die als Basis für die Zeitmessung dienen: den Tag, den Monat und das Jahr. Der Tag wurde ursprünglich als Dauer des Lichtes zwischen Sonnenaufgang und Sonnenuntergang definiert; viele alte Kulturen einschließlich die der Germanen und Skandinavier maßen Zeitabschnitte aber auch in Nächten. (Im Englischen wird der Begriff „fortnight“ — gleichzusetzen mit vierzehn Nächten, oder zwei Wochen — noch heute im täglichen Sprachgebrauch benutzt.) Nun ist es aber augenscheinlich, daß diese Begriffe eher allgemein als spezifisch sind, und wenn man genau mißt, variiert die Länge jedes Tages entsprechend der Jahreszeit und dem Breitengrad.

Wie ursprünglich beobachtet, wurde der Monat vom Ablauf der Mondphasen bestimmt, von einem Vollmond (oder ersten Viertel) bis zum nächsten. Später wurde dieser Zeitabstand als Neumond zu Neumond definiert (wenn, paradoxerweise, die Seite des Mondes, die der Erde zugewendet ist, in Dunkelheit liegt). Doch die ältere Tradition, die auf dem Vollmond basiert, hat in modernen europäischen und amerikanischen Hexenkulten und in einigen esoterischen Lehren überlebt. Die Beobachtung des ersten splitter-ähnlichen zunehmenden Mondes ist immer noch das Signal für den Beginn bestimmter islamischer Feste, was in einer Welt, die auf mechanische Zeiteinteilung und festgelegte Kalender ausgerichtet ist, verheerendes Durcheinander auslöst.

Schließlich kommen wir zu der Zeiteinheit, die am schwersten feststellbar ist: dem Jahr, welches als der Abstand zwischen einer bestimmten Erscheinung und ihrer Wiederkehr definiert wird. Dieses Phänomen war in der Regel astronomisch, und Jahresmarkierungen umfaßten die Frühlings- und Herbst-Tagundnachgleichen; die Sommer- und Wintersonnenwenden, und sogar kompliziertere astronomische Beobachtungen wie zum Beispiel den heliakischen Aufgang des Sirius (erster sichtbarer Aufgang in der Morgendämmerung. Es sei nochmals betont, daß alle Markierungen willkürlich sind und Fluktuationen unterliegen, die bis zur Erfindung und Anwendung moderner Observations- und Meßgeräte nicht erkennbar waren.

Diesen Zeitabschnitten ist gemeinsam, daß sie alle zyklisch sind, das heißt einander in einem regelmäßigen und festgelegten Muster folgend. Somit sind sie unterteilt: der Tag ist Morgen, Mittag, Nachmittag und Abend; der Monat in seine 28 bis 31 verschiedenen Tage und das Jahr in 365 ganze Tage und die 4 Jahreszeiten. Die Beobachtung dieser regelmäßigen und wiederkehrenden Erscheinungen bestätigte den Glauben, daß das Universum ein geordneter Platz ist, in dem alle Teile miteinander verbunden sind. Die Verbindung von Raum und Zeit, oder zumindest das *Messen* von Zeit in räumlichen Begriffen ist allgemein bekannt. In der Verbindung dieser beiden in der Geometrie, jedoch, und im Ableger der Geometrie, der Mathematik, liegt ein komplexes und einigermaßen fortgeschrittenes Konzept. Dennoch hat ein solches Konzept mindestens seit fünftausend Jahren in Nord-Europa existiert, wo seit den Zeiten der Erbauung megalithischer Steinmonumente die geometrische Definition der Zeit bekannt war und angewendet wurde.

Dieses Konzept wurde von Plato in Worte gefaßt, der schrieb: „Jede Zahl, jede Zahlenreihe und jede Ansammlung harmonischer Töne und die Übereinstimmung der Zyklen der Himmelskörper — und das Eine als Analogie für alles, was sich verkörpert — wird sich jedem vollständig offenbaren, der in der richtigen Weise sucht. Das, wovon wir sprechen, wird jedoch klarwerden, wenn man danach strebt, alles zu erkennen, während man das Eine nicht aus den Augen verliert. Dann geschieht es, daß das Bindeglied der genannten Einen erscheinen wird."[2]

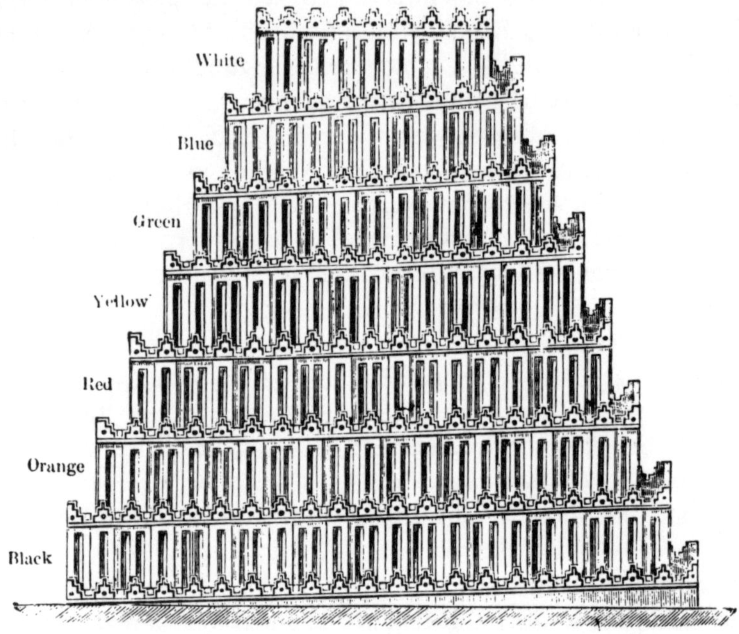

Turmbau zu Khorsabad, dessen Ebenen Farben zugeschrieben sind.

Plato formulierte diese harmonische Einheit des Ganzen in Geometrie und Harmonielehre als eine alte griechisch-heidnische Anerkennung einer universellen Wahrheit, doch seine Worte drücken ebensogut die Lehren aus, die in heiligen Schriften auf der ganzen Welt gefunden werden.

Raum, Zeit und Harmonie sind extrem wichtige Faktoren, die heute meist als irrelevant oder jenseits der Kontrolle des Individuums abgetan werden. Eine Kultur, die stolz ist auf Errungenschaften wie Direktkommunikation über ungeheure Entfernungen, Weltreisen innerhalb von Stunden und Städte, die einander in Anlage und Architektur ähneln, obwohl sie in verschiedenen Kontinenten und Klimazonen liegen, kann sich nicht mit der Möglichkeit anfreunden, daß Ort und Herkunft tatsächlich von Bedeutung sind. Dies ist ein Schlüsselfaktor in der Geomantie, denn es ist eine Vorbedingung für sowohl das Studium als auch die Ausübung der Wissenschaft, dies als eine Frage von grundlegender Bedeutung zu akzeptieren. Der Ort ist wichtig in Bezeug auf die traditionellen Faktoren der Geomantie — in chinesischen Begriffen die Interaktion von Himmel, Erde und Mensch. Dies bedeutet die Wechselbeziehungen zwischen Ort (Erde), Zeit (Himmel) und der psychophysikalischen Natur des betroffenen einzelnen Menschen. Die Interaktion dieser drei Faktoren erzeugt entweder Wohlbefinden: Gesundheit für die Person, oder, wenn die drei disharmonisch sind, Ungleichgewicht: Krankheit. Dieses Konzept der Verbindung des Ortes mit den anderen Faktoren ist nicht nur ein chinesisches Konzept, obwohl es dort im *Feng-Schui*, einer geomantischen Praxis, die heute noch ausgeübt wird, formalisiert wurde.[3]

In Island zum Beispiel ist dieses geomantische Ethos in der Sprache verewigt: *Aett* — das Viertel des Himmels; Richtung; auch Familien- oder Ahnenabstammung. Mit diesem Wort ist *Aettaðr* verwandt: der Herkunft nach zu einer Familie oder zu einem Ort gehörend; und *Aettmaðr:* ein Verwandter oder Angehöriger. So sind in isländischer Überlieferung und Sprache die Konzepte für Richtung, Ort, Familie und Abstammung ein und dieselben. Dies war natürlich die Norm in Europa vor dem neunzehnten Jahrhundert, bis Industrialisation, der Bau von Eisenbahnen und schließlich größere Kriege für immer die alten traditionellen Gemeinschaften zerstörten. Sie existieren heute noch in Island und auf den Färöer Inseln, wo es nicht unüblich für eine Familie ist, für bis zu dreizehn Generationen in derselben Heimstätte oder wenigstens am selben Ort gelebt zu haben. Für die meisten von uns hört sich dies erstaunlich an, dennoch war für unsere Vorfahren vor nur einem Jahrhundert die Vorstellung eines „angestammten Heimes“ gang und gäbe, ungeachtet welcher gesellschaftlichen Schicht man angehörte. In dieser Umwelt hatten Familie und Ort eine echte Bedeutung, die den meisten Menschen heute in der modernen, denaturierten und entweihten Welt der Städte verlorengegangen ist. In solch einer Kultur, die sich über den größten Zeitraum der Geschichte des seßhaften Menschen erstreckte, war die Bauweise der Häuser traditionell bestimmt, oder, wenn wir einen Begriff aus der Architektensprache gebrauchen, „im alten Stile“.

In seinem Buch *Germanische Himmelskunde* beschreibt der Geomantieforscher Otto Sigfrid Reuter die geomantischen Praktiken des alten Europa.[4] In Island wurden die Häuser zum Beispiel immer in derselben Bauweise und darüberhinaus mit derselben Ausrichtung gebaut. Dies diente dazu, das Haus als einen Zeitmesser zu nutzen. In einem Zeitalter vor der Erfindung von Uhren und Weckern und sicherlich bevor die Landbevölkerung überhaupt solche besaß, konnte der Landbewohner die Tageszeit, und gleichzeitig auch die Jahreszeit bestimmen, indem er einfach die Stellung der Sonne von seinem „Türstein“ aus beobachtete — der Vorläufer unserer modernen Türschwelle. Der genaue Bezug der Position dieses Steines zu bestimmten natürlichen und von Menschen errichteten Markierungen am Horizont verwandelte die ganze Gegend in eine riesige Uhr, die nur unter Einbeziehung dieser einen Markierung am Horizont verständlich war, die in der Folge zum örtlichen *Omphalos* wurde. Eine solche Bedeutung können Steine erlangen.

Seit Menschengedenken sind unbearbeitete Steine in Ehren gehalten worden, da ihnen gewisse heilige Eigenschaften zugeschrieben wurden. Zweifellos ist dies zurückzuführen auf die Lage einiger Steine oder die anderen Steinen innewohnenden Eigenschaften, und Kombinationen beider. Von den vielen Kulturen, die unbearbeitete Steine verehrt haben, hat die alte griechische Kultur eindrucksvolle Beispiele überliefert. Die Verehrung dieser Steine ist uns durch die literarische Tradition wie auch durch die bildliche Überlieferung von Kunstwerken, Vasen, Monumenten und Münzen erhalten geblieben.

Für die Griechen waren solche unbearbeiteten Steine entweder *Argoi*

Lithoi, wörtlich „unbearbeitete Steine" oder *Baityloi*. Letzteres Wort, *Baitylos*, hat eine interessante und bemerkenswerte Etymologie. In der jüdischen Mythologie war es solch ein geheiligter Stein, auf den Jakob sein Haupt legte, um seinen berühmten Traum zu erfahren — ein Beispiel der Divination durch Träume an einem geweihten Energiezentrum. Dies war Bethel, ein *Baitylos*, dessen ursprüngliche Bedeutung „Das Haus Gottes" auf die Durchdringung des Steines mit heiligen Kräften schließen läßt. Mit der semitischen Herkunft des Wortes *Baitylos* ist das Wort der spätrömischen Periode *Abaddir* verknüpft, das auch einen heiligen unbearbeiteten Stein bezeichnet.

Doch welches Wort auch immer benutzt wurde, um den Stein zu bezeichnen, solche geheiligten Steine wurden immer durch irgendeine Einzigartigkeit oder Merkwürdigkeit charakterisiert. Natürlich zogen Aerolithen oder Meteoriten durch ihre Herkunft allein schon die Aufmerksamkeit der Altvorderen auf sich, und es ist möglich, daß die ursprünglichen *Baityloi* ausschließlich außerirdischer Herkunft waren. Sanchoniathon zufolge erfand der Gott Ouranos die *Baityloi* und nannte sie „Lebende Steine". Der Gott zeugte vier Kinder mit Ge (der Erdgöttin): Ilos, Betylos, Dagon und Atlas. Sanchoniathon behauptete, daß die Göttin Astarte, als sie über die Erde wanderte, einen vom Himmel gefallenen Stern entdeckte, den sie aufhob und auf der heiligen Insel Tyros weihte. Dieser Mythos ist auf alten griechischen Münzen von Mallos in Sizilien in bildlicher Darstellung wiedergegeben, auf denen eine geflügelte Figur abgebildet ist, die einen Stein trägt, und auf guterhaltenen Exemplaren kann dieser als Stern erkannt werden.[5]

Eine genaue Beschreibung der Riten, die mit solchen Steinen verbunden sind, ist durch Pausanias überliefert.[6] Ihm zufolge wurden gewisse Steine im Tempel der Barmherzigkeit bei Orchomenos in Böotien „besonders verehrt, und man sagt von ihnen, daß sie vom Himmel gefallen sind". Doch von allen griechischen *Baityloi* war der von Delphi der meistverehrte. Pausanias erzählt, wie der Stein täglich mit Öl gesalbt wurde, und wie er zu jedem heiligen Fest mit Strängen von ungesponnener Wolle geschmückt wurde. Der Legende zufolge wollte Kronos seinen neugeborenen Sohn Zeus verschlingen, doch er ließ sich täuschen, als Rhea, seine Gemahlin, ihm einen in Tücher eingewickelten Stein brachte. Nachher gab Kronos den Stein wieder von sich. Dieser wurde zu nichts weniger als dem berühmten *Omphalos*, Nabel und Zentrum der Welt.[7] Später wurde das Original durch den berühmteren bearbeiteten Stein ersetzt, der noch in Delphi zu besichtigen ist. Der frühere *Baitylos*, der die griechischen Buchstaben GA — die Erde — trägt, wurde während einer Ausgrabung entdeckt.

Der delphische *Omphalos* markierte die Orakelstätte der Erdgöttin. In späteren Zeiten hieß es, daß unter dem Stein der Python läge, ein schlangenähnlicher Erdgeist und Sohn der Erde, der durch den patriarchalischen Sonnengott Apollo überwältigt wurde. Auf dem *Omphalos* plaziert, saß Apollo so auf dem Grab seines früheren Widersachers. Eine vereinfachende Interpretation wird jedoch dieser Geschichte nicht ganz gerecht, denn außer der erfolgreichen Überwältigung eines Kultes durch einen anderen berichtet uns dies auch noch über die Inbesitznahme einer heiligen Stätte für die Zwecke einer anderen Religion. Dies deutet auf einen der Stätte selbst innewohnenden Wert hin, der über die bloßen Erfordernisse eines Kultes hinausging: wirkliche Kräfte, die beeinflußt werden konnten. Eine andere Religion als diejenige, welche die Stätte ursprünglich für sich entdeckt hatte, bediente sich nun ihrer Kräfte — eine magische Technologie, die dieselben Methoden für andere Zwecke benutzte. Diese Übernahme und Wiederbenutzung von Stätten bildete einen wichtigen Zug der geomantischen Praxis seit der Antike.

Es scheint, daß die Stätte in Delphi von überaus großer Bedeutung war. Der ursprüngliche Stein wurde einige Zeit nach der apollonischen Übernahme ersetzt, offensichtlich ohne irgendeine Änderung in den Kräften des Orakels. Ein Unterschied war, daß der spätere *Omphalos* aus einem bearbeiteten Stein bestand, der Gravierungen der Wollstränge trug, die seinen Vorgänger geschmückt hatten. Doch Delphi muß eine Ausnahme gewesen sein, denn es gibt viele Fälle, bei denen die Kräfte dem Stein selbst innewohnten, sogar wenn er von seiner usprünglichen Stätte wegtransportiert wurde. Da gab es zum Beispiel den berühmten „Heiligen Stein, die Mutter der Götter genannt“, der um 205 v. Chr. von Pessanus in Galatien nach Rom gebracht wurde. Dieser *Baitylos* war schwarz und hatte eine ringförmige, obwohl unregelmäßige Form, klein genug, um einem Abbild der Göttin in den Mund gesteckt zu werden. Diesem Abbild widmete der Dichter Pindar ein geweihtes Bild, aus einem Meteoriten gefertigt, der einem seiner Schüler beim Flötespielen zu Füßen gefallen war.

Da die Meteoriten aus dem außerirdischen Bereich stammten, und somit mit den geheimnisvollen Bewegungen des Himmels verbunden waren, schrieb man ihnen übernatürliche Kräfte zu. Als der syrische König Seleucus I einen Tempel gründen wollte, wurde er durch das Herabfallen eines Meteoriten zu der richtigen Stelle geleitet. Die Chance, daß ein solcher Stein auf einen Platz mit den erforderlichen Kräften fällt, ist sehr gering, und so müssen die dem Meteoriten innewohnenden Kräfte als leitender Faktor gewirkt haben. Der Tempel, zu Ehren des Aerolithen errichtet, wurde das religiöse Zentrum der Stadt Seleukia, und der Stein selbst wurde als das Abbild des Zeus Kasios verehrt. Wie die Münzen von Mallos, so zeigen die Münzen von Seleukia den geheiligten *Baitylos* im Innern des Tempels.

Damascius, ein syrischer Schriftsteller des sechsten Jahrhunderts unserer Zeitrechnung, beschrieb den *Baitylos* von Elagabalus bei Emesa in Syrien. Ihm zufolge besaß dieser Stein geheimnisvolle Kräfte, die der Levitation und der Geräuscherzeugung. „Ich sah“, schrieb Damascius, „den *Baitylos* durch die Luft schweben, einmal von Vorhängen verdeckt, ein anderes Mal in den Händen eines Dieners getragen, dessen Name Eusebios war.“ Eusebios war der Finder dieses geheimnisvollen Steines und hatte ihn als einen Feuerball vom Himmel fallen gesehen. „Eusebios war nicht Herr der Bewegungen des *Baitylos*“, fährt Damascius fort, „doch er flehte ihn an und betete zu ihm, und der Stein schenkte ihm Gehör.“ Der *Baitylos* war eine makellose Kugel, von weißer Farbe, und maß „eine Spanne im Durchmesser“. Manchmal veränderte er seine Größe und wurde dunkler; wenn man ihn anschlug, gab er einen schrillen Ton von sich, den der Hüter als Orakel deutete. Der christliche Heilige Isidor, der den Tempel mit Damascius besuchte, kommentierte: „Es war ziemlich dämonisch, denn es war eine Art von *Daemon*, der ihn in Bewegung brachte — weder einer der bösen, noch einer von der materiellen Art, noch einer von denen, die zur Ebene der Körperlosigkeit aufgestiegen sind, noch einer von der Art, die gänzlich unberührt ist". Mit anderen Worten, dieser *Daemon* stellte eine Art von Energie dar, und der Stein bildete den Sender oder Transformator dieser Energien.

Meteoriten werden weiterhin mit Ehrfurcht betrachtet. Das Heiligtum des Islam, die Ka'aba in Mekka, enthält einen alten meteorischen Stein. Der Name Ka'aba bedeutet „Würfel". Es ist ein rechteckiges Steingebäude von zwölf Metern Länge, zehn Metern Breite und sechzehn Metern Höhe, in dessen äußeren Teil, nahe seinem meridionalen Winkel, der eigentliche schwarze Meteorstein eingebettet ist. Die Ka'aba wird gemeinhin *Baitu'llah* genannt — „Das Haus Gottes" — eine wörtliche Weiterführung der alten *Baitylos*-Tradition. Wie der *Baitylos* von Elagabalus ist die Ka'aba mit einer traditionellen Hülle bedeckt *(Kiswah)*, die jährlich gewechselt wird. Seit der abassidischen Periode hat diese aus einem schwarzen Tuch bestanden, das mit Goldstickereien religiöser Texte aus dem *Quran* (Koran) bedeckt ist. Das Bekleiden der Ka'aba bedeutet, wie bei den verschleierten *Baityloi*, einen Weg, den aufgeladenen Stein wie einen lebenden Körper zu behandeln. Wie der *Omphalos* in Delphi, so ist die islamische Ka'aba ein lebendes Beispiel für einen Stein im religiösen Zentrum der Welt; fünfmal am Tag wenden sich die Moslem ihr im Gebet zu. Als liturgisches Zentrum des Islam dient sie als der Mittelpunkt, nach dem jede Moschee auf der Oberfläche des Globus ausgerichtet ist: jede heilige islamische Stätte ist mit dem Stein im Zentrum durch unsichtbare Linien verbunden, die durch den Vorgang des Gebetes aktiviert werden.

Ähnliche unbearbeitete Steine existieren heute noch in vielen europäischen Kirchen, nachdem die christliche Kirche sie von den Heiden übernahm, die einst ihre Kräfte verehrten. In England findet man noch überall solche Steine in Mauern eingebettet und auf der

Außenseite von Landkirchen. Eine interessante Klausel, die Einbeziehung eines Steines betreffend, ist noch in der Folklore in Chelsworth, in Essex, England, lebendig. Hier kann man einen großen Stein in die Mauer eingebettet sehen. Die Geschichte erzählt, daß besondere Erlaubnis von den kirchlichen Behörden eingeholt wurde, so daß der Stein in die Konstruktion der Kirche einbezogen werden konnte. Die Erlaubnis wurde unter der Bedingung erteilt, daß der Stein an eine Stelle gesetzt würde, an der die Sonne niemals auf ihn scheinen könne — vielleicht eine Methode, um die Aktivierung des Steines zu verhindern. Selbst die größten Kathedralen mögen einst einen geheiligten heidnischen Stein überlagert haben. In Peterborough in England entdeckte man beim Wiederaufbau der Kathedrale vor einem Jahrzehnt einen massiven, teilweise bearbeiteten Felsbrocken, zehn Meter über dem Boden im Bruchmauerwerk des Hauptturmes eingebettet. Ortsansässige Freimaurer, die mit dem Bau betraut waren, hoben den Stein, und er ruht nun auf einem Podest im Norden der Kathedrale (wohin die Sonne niemals scheint). Sie erkannten seine Bedeutung und bewahrten ihn für den Anblick der Menschen, während sie der Regel folgten, die seine Beleuchtung durch Sonnenlicht verbot.

Das Aufstellen massiver aufrechtstehender Steine, oft unter Berücksichtigung von Sonnen- oder Mondphänomenen, war ein weltweiter Brauch der Menschen. Historiker haben dies als das Anzeichen für eine tatsächlich definierbare Stufe in der menschlichen Entwicklung betrachtet, und sie ist daher die „megalithische Phase" genannt worden. Diese Bezeichnung, die über viele Jahre hinweg benutzt wurde und noch in vielen Büchern zitiert wird, sieht man heute aufgrund verschiedener Faktoren als als eine falsche Interpretation an. Sie ist dennoch nützlich, wenn man sie in einem lediglich beschreibenden Zusammenhang sieht. Auf dem ganzen Planeten haben die Menschen den Drang verspürt, Bauten aus massiven Steinen zu errichten, und dies wahrscheinlich wegen der besonderen Beschaffenheit des Materials.

Anfang dieses Jahrhunderts herrschte der Glaube, daß das Aufstellen von Steinen ausnahmslos mit dem „Steinzeitalter" des Werkzeugmachens in Zusammenhang stand, das allmählich mit der Entdeckung und Benutzung von Metallen ausstarb. „Es scheint eine Stufe in der Entwicklung des menschlichen Verstandes zur Zivilisation hin gegeben zu haben", schrieb Dr. Daniel Wilson in der *Encyclopaedia Britannica*, „in der ein unbewußter Drang zum Ausdruck abstrakter Kraft dazu führt, ein Zeitalter megalithischer Kunst hervorzubringen. Die riesigen Steinkreise, Monolithen und Hügelgräber, die noch in vielen Zentren europäischer Zivilisation zu finden sind, liefern den Beweis für solch eine Zwischenstufe unter den prähistorischen Völkern . . ."[8]

In *Prehistoric Phases* (Prähistorische Stufen) schrieb der Kommentator Westropp: „Es ist nun ein allgemein akzeptierter Grundsatz, daß es bei all den verschiedenen Arten der menschlichen Rasse von der Natur gegebene gemeinsame Instinkte gibt, die die Menschheit in bestimmten Klimazonen und auf einer bestimmten Zivilisationsstufe dazu führen, Dinge in der gleichen oder annähernd gleichen Weise zu tun, auch ohne es zu erlernen oder vorherige Kommunikation mit jenen, die zuvor Gleiches vollbracht haben".[9] Diese simplifizierende Sichtweise fortführend, behaupteten frühe Kommentatoren, daß die Megalithen, wie die Grabsteine ihres Zeitalters, hauptsächlich Grabmarkierungen darstellten: „Verehrung der Toten und Versöhnung der Geister", schrieb James Fergusson in *Rude Stone Monuments* (Unbearbeitete Steinmonumente) „scheinen die beiden Hauptgedanken gewesen zu sein, die in Ost und West die Errichtung dieser bis jetzt geheimnisvollen Bauten beeinflußt haben, die man zahlreich über die Fläche der Alten Welt verstreut findet".[10]

Als er 1913 für das Smithsonian Institut in Washington schrieb, bemerkte J. Walter Fewkes: „Monolithen, als Ausdrücke eines Bedürfnisses, das Andenken der Ahnen wachzuhalten oder vergangener Ereignisse zu gedenken, werden nur dort gefunden, wo das Volk ein Selbstbewußtsein seiner eigenen Kraft erlangt hatte. Ihre geographische Verteilung über die Erdoberfläche korrespondiert in groben Zügen mit dem Erwachen dieses Bewußtseins ... Es ist tiefverwurzelt, und da sein Ursprung geistiger Art ist, kann es zurückverfolgt werden auf das, was wir, um es zu präzisieren, psychischen Einfluß nennen."[11]

Historische Aufnahme der Steinsäule zu Aksam.

Große aufrechtstehende Steine, Ansammlungen von Megalithen und Steinkreise sind auf jedem Kontinent gefunden worden. „An verschiedenen Stätten des Alten und Neuen Kontinents", schrieb J. W. Fewkes, „finden wir Monolithen, die, in einer geraden Linie, rechteckig oder kreisförmig angelegt, mit Sonnen- oder Planetenzeremonien verknüpft waren. Diese Kombinationen haben verschiedene Namen: in der Neuen Welt sind sie als indianische Einfriedungen, Ballplätze oder Korrals bekannt; während sie in der alten Welt Dolmen, Menhire und Kromlechs genannt werden." „Die Dolmen Eng-

Steinzeitliche Dolmen.

lands kommen fast identisch wieder vor in Schweden, Holland, Dänemark, Portugal, Frankreich, an den Ufern des Jordan, in den Wüsten Arabiens, in Indien, Syrien, Mexiko und Peru."

Die Verbindung von Steinen mit einer Sonnenreligion ist ein tief verwurzelter Glaube. In Stonehenge in England fungiert der gefeierte *Heelstone*, der gerade außerhalb des Hauptkreises der berühmten Anlage steht, als ein Markierungspunkt für den Mittsommer-Sonnenaufgang. Dies ist von Autoren bis zurück ins siebzehnte

Jahrhundert erwähnt worden und bildete den Mittelpunkt traditioneller Zeremonien während des späten Mittelalters, als die Menschen der Umgebung sich innerhalb des Steinkreises versammelten, um den Aufgang der Mittsommersonne zu beobachten, obwohl sie keine Ahnung hatten, warum sie es taten. Der *Heelstone* ist das nordeuropäische Gegenstück der antiken ägyptischen Obelisken, geheiligte Säulen, die Amon-Ra, dem Sonnengott, geweiht waren, und der Doppelsäulen oder „Sitze der Sonne", die die heiligen Stätten der Inka in Peru umgeben. Der zweifache Sonnenmarkierungspunkt — Symbol der Fruchtbarkeit solch stehender Steine, besonders jener von phallischer Gestalt — ist kein Zufall. John Michell hat die Verehrung, die an solchen Steinen stattfand, mit der Förderung der Fruchtbarkeit der Erde in Zusammenhang gebracht. Die Position des Steines als Regler von Erdenergien und somit als Befruchter der Felder, verbunden mit dem Kennzeichnen des Jahreszeitenrhythmus, war ein überaus vernünftiges Arrangement; eine elegante und ökonomische Kombination von Funktionen, so wie wir es immer wieder in alten geomantischen Bauten sehen können. Die Praxis der Geomantie verband Wissenschaft, Kunst, Religion, Agrikultur und Magie in einem einzigen zusammengeschlossenen Ganzen.

Die komplizierteren Steinkreise, geraden Linien und Anordnungen sind seit langem das Ziel von Altertumsforschung und archäologischen Untersuchungen gewesen. Seit dem siebzehnten Jahrhundert haben gelehrte Männer die alten Bauten gewissenhaft untersucht. Sie haben gemessen, Überblicke geschaffen, analysiert und spekuliert und oft einander widersprechende Beweise und Meinungen über dieselbe Sache abgegeben.[12] Doch da soviel Arbeit darauf verwendet wurde, wäre es außergewöhnlich, wenn man nicht zu einer Übereinstimmung gekommen wäre. Und so ist die Mehrzahl derer, die sich mit der Geometrie dieser rätselhhaften Bauten befaßt haben, zu dem Schluß gekommen, daß höhere Geometrie angewendet wurde, und daß diese Geometrie darüberhinaus mit den astronomischen Phänomenen, wie sie von der Stätte aus beobachtet werden konnten, direkt verbunden war. Forscher wie Sir Norman Lockyer, Admiral Boyle Somerville und Lieutenant Devoir studierten die Steinkreise und Anordnungen vieler Stätten und gelangten zu der

Prähistorische Kultstätte in England (historischer Stich).

Schlußfolgerung, daß antike Steine einer Art von bewußter Ordnung unterlagen, die in Beziehung zu astronomischen Phänomenen stand. In seinem Buch *Stonehenge and Other British Stone Monuments Astronomically Considered* (Stonehenge und andere britische Steinmonumente aus astronomischer Sicht), das 1906 veröffentlicht wurde, gab Sir Norman Lockyer die Ergebnisse seiner Untersuchungen antiker megalithischer Stätten bekannt. Hier wurden die Beweise für die Ausrichtung von Stonehenge auf den Sommer-Sonnenaufgang zum erstenmal ungekürzt veröffentlicht und demonstrierten, daß unsere Vorfahren nicht die in Lumpen gekleideten Wilden waren, wie es die klassischen Gelehrten glaubten. Aufrechtstehende Steine, erklärte Lockyer, konnten Sonnenaufgang und Sonnenuntergang, die signifikanten Positionen von Markierungssternen und kalendrische Funktionen wichtiger Daten kennzeichnen. Sie zeigten die Sonnenwenden und die Tagundnachtgleichen an, und auch die vier alten Keltischen „Feuerfeste“: *Imbolc (Candlemass*, Mariä Lichtmeß); *May Day* (1. Mai); *Lammas* (1. August) und *Samhain (All Hallows Eve*, Abend vor Allerheiligen). Diese alten Feste, die immer noch als Kirchenfeste bzw. traditionelle Feste in England gefeiert werden, waren die wichtigen Kennzeichen des Jahreslaufes und grundlegend für die Planung der Landwirtschaft in einem Zeitalter, als schriftliche Kalender noch nicht existierten, und wahrscheinlich sogar vor der Entwicklung des *Primestave* (Richtstabfeiler) als Meßgerät für den Ablauf der Zeit. Diese Feuerfeste lagen zeitlich vor der Beobachtung der Sonnenwenden und, so schloß Lockyer, wurden ungefähr um 1600 durch die Beobachtung der Sonnenwenden als primäre Kennzeichen verdrängt.[13]

Hier können wir das Zusammenwirken von Bauwerken und Zeit erkennen, was wiederum das Plazieren an einer bestimmten Stelle auf der Oberfläche der Erde voraussetzt. Dies ist fundamental für alle antiken geomantischen Konzepte. Doch nicht nur bei den Steinkreisen können Ausrichtungen und somit eine Beziehung zu kosmischen Kreisläufen entdeckt werden. Der Geomant Wilhelm Teudt und seine Schüler studierten Erdbauten zusätzlich zu Steinen.[14] Das Dorf Oesterholz bei Detmold lag im Brennpunkt ihrer Aufmerksamkeit, als man vermutete, daß die Ausrichtungen der Wälle dieses alten Bauwerkes eine Bedeutung in Bezug auf Sternenaufgänge besaßen. Der alte Erdbau ist polygonal, und Geomanten, die ihn untersuchten, hielten es für möglich, daß er in alten Zeiten als Obervatorium gedient hatte. Weiterhin liegt er auf demselben Breitengrad wie Stonehenge und erreicht so dieselbe Mittsommer-Ausrichtung mit einem Aszimut von 49,5 °. Teudt stellte fest, daß die Wälle von Oesterholz prähistorische Fundamente besaßen, und berichtete den Astronomen Riem und Neugebauer am Berliner Observatorium über die Ergebnisse seiner Untersuchungen. Ihre Kalkulationen zeigten, daß die Wälle tatsächlich zu bestimmten Sternenaufgängen paßten, wenn man ein Datum von 1850 v. Chr. zugrundelegte, das Datum, das von den Archäologen angenommen wurde. Ausrichtungen auf Castor, Sirius, Capella, die nördlichsten und südlichsten Mondaufgänge, und die Konstellation Orion wurden angezeigt und belegten, daß die alten germanischen Beobachter fähige Astronomen waren. Später entwickelte Josef Heinsch die Geometrie des unregelmäßigen Hexagons, das die Wälle von Oesterholz bildet, und zeigte damit, daß sie ebenso der allgemeinen Geometrie der Landschaft Rechnung trugen.

Der Externstein ist eine weitere geomantische Anlage, die Teudts Aufmerksamkeit erregte, obwohl schon 1823 festgestellt wurde, daß eine Art Ausrichtung auf die Sonne im *Sacellum* vorhanden war, eine künstlich aus dem Felsen gehauene Kapelle nahe der Spitze einer der großen natürlichen Säulen, die das Naturdenkmal bilden. Die runde Öffnung in dem *Sacellum*, von der Mitte einer Nische in der gegenüberliegenden Wand gesehen, bot einen Rahmen für den Mond in seiner nördlichsten Position und ebenso für den Mittsommer-Sonnenaufgang. Der Externstein stand schon oft im Mittelpunkt der Aufmerksamkeit und wird vorbildlich in Hay Hamkens' Buch *Der Externstein: Seine Geschichte und seine Bedeutung* beschrieben.[15] Wie Stonehenge hat dieses Sonnenobservatorium oder dieser -tempel die Phantasie der nachfolgenden Generationen beschäftigt, und eine Menge ist darüber geschrieben worden. Es ist ein Beispiel einer anderen Art von Geomantie, in der natürliche Formen für einen bestimmten Zweck übernommen werden. Solche Formen kann man auch in anderen Observatorien antreffen, wo natürliche Formen der Landschaft wie zum Beispiel hervorragende Hügel, Einschnitte in Bergen oder Täler als Visier für astronomische Beobachtungen benutzt werden. Manchmal sind diese Visiere noch zusätzlich durch Steinhaufen, aufrechtstehende Steine oder Säulen verändert. Dies war im Zentrum des Inkareiches, Cuzco, der Fall, wo Säulen, die als „Sitz der Sonne" bekannt waren, wichtige Transitpunkte der Sonne markierten. Unglücklicherweise ordneten viele christliche Missionare, die diese astronomischen Markierungshilfen für Götzenbilder hielten, ihre Zerstörung an. Teudt beobachtete, daß ein ähnlicher Versucht gemacht worden war, um das *Sacellum* des Externsteines zu zerstören. Große Mengen von Gestein waren abgeschlagen und auf den Boden geworfen worden bei einer teilweisen Zerstörung dieses heidnischen Sonnen-Heiligtums, doch genug hat noch überlebt, um seine Geschichte zu erzählen.

Teudt war der erste, der Sonnen-Ausrichtungen von einzelnen Stätten mit Linien über weitere Entfernungen in der Landschaft verband. Diese Ausrichtungen über weite Entfernungen, Ley-Linien genannt, verbinden Stätten von alter astronomischer und daher von alter religiöser Bedeutung. Solche Ausrichtungen waren schon von Sir Norman Lockyer und, früher noch, ohne den astronomischen Zusammenhang, von Forschern in England entdeckt worden, doch Teudt war der erste, der ein zusammenhängendes System von astronomischen Ausrichtungen voraussetzte. Er bestand sogar darauf, daß Linien, die nicht erkennbar mit Astronomie in Zusammenhang zu bringen waren, nicht gültig seien, ein Vorbehalt, der sich seither als zu strikt erwiesen hat.

Aus diesen Forschungen erwuchs ein beträchtliches Maß an Einblick in die antike Astronomie. Ihre Schlußfolgerungen besitzen Gültigkeit und sind seither an verschiedenen Stätten, die um 1920 noch unbekannt waren, verifiziert worden: die peruanischen geraden Linien und die megalithischen Bauten bei Namoratunga in Kenia. Diese Kulturen, in Amerika und Afrika beheimatet, können offensichtlich keine Verbindung mit dem alten Germanien und Britannien gehabt haben, dennoch haben die Bauten identische Funktionen und zeigen somit, daß die Vorstellung von menschlicher Entwicklung, die die Steinforscher des neunzehnten Jahrhunderts formulierten, Gültigkeit besitzt. Jedoch entstammten sie einer materialistischen und evolutionären Weltsicht, die glaubt, daß alle Entwicklung in gleicher Weise vor sich gehen müsse. Sie hatten nicht die Grundlagen im okkulten Denken, das die Existenz von Archetypen zeigt, die später von den Psychologen als die Erklärung für wiederkehrende Themen in menschlichen Träumen zitiert wurden. Die dem Universum zugrundeliegenden Prinzipien sind von vielen Völkern an vielen Orten zu allen Zeiten erfaßt worden, und alles, was mit diesen Wahrheiten in Verbindung steht, muß, notwendigerweise, ähnliche Formen annehmen. Es ist nicht notwendig, die vereinfachende Darstellung anzunehmen, daß Seeleute in der Antike Gefahren zum Trotz in andere Länder segelten, in denen sie unverzüglich als Lehrer empfangen wurden. Die Erfahrung zeigt, daß jeder Seemann, der Pech genug hatte, in einem fremden Land aufzutauchen, sehr schnell von den einheimischen Bewohnern ins Jenseits befördert wurde. Es ist ein autoritärer Glaube an die Überlegenheit einiger Kulturen über andere, anzunehmen, daß eine Handvoll Leute ganzen Nationen ihre Kultur aufdrücken konnten, die Jahrhunderte von Traditionen hätten verändern müssen. Erst als die Europäer überlegene Waffen entwickelt hatten, konnten sie antike Kulturen zerstören, wie zum Beispiel, als Cortez das Volk der Azteken überwältigte oder Pizarro die Inkas. Selbst dann blieben die Kulturen, und heutzutage sind in Mexiko und Peru noch viele Traditionen der Zeiten vor der Eroberung fast unverändert erhalten. Astronomie, Geomantie und geheiligte Geometrie sind Archetypen des Universums, und als solche durchdringen sie alle geheiligten Wissenschaften, wo immer sie auch ausgeübt werden mögen.

IV

Die Göttliche Harmonie — Modell einer Architektur

Geometrie ist die feststehende Ordnung, die jeder Struktur im materiellen Universum zugrundeliegt: von Molekülen bis zu Galaxien beherrschen die Regeln der Geometrie die Beziehungen eines Teilchens zum anderen. Jedes Mal, wenn eine geometrische Form geschaffen wird, ist dies ein Ausdurck der universellen Einheit. Und das grundlegende Wesen dieser Wissenschaft wurde von den frühen Menschen erkannt, die sie in den Bereich des Göttlichen erhoben. Die Harmonie, die den aufeinander abgestimmten Beziehungen der geometrischen Formen zu eigen ist, wurde als Beweis für die Hand des Schöpfers angesehen, und als ein Ausdruck des göttlichen Planes, der der Form aller Dinge zugrundeliegt. Die inneren Gesetze der Geometrie dienten als das Muster, auf dem die äußeren Gewänder hingen, sowohl eine Gedächtnishilfe für den Eingeweihten als auch eine Freude für das unverbildete Auge. Denn die Erkenntnis der feststehenden Ordnung des Universums ist die Vorbedingung für die Erforschung seiner Mysterien, und zu Recht kann Geometrie die erste Wissenschaft genannt werden.

Seit dem neunzehnten Jahrhundert haben viele Archäologen die Gestaltungen von Steinkreisen erforscht und haben elegante geometrische Formen darin gefunden.[1] Die Fakten der Astronomie, mit der diese uralten Sternwarten verbunden sind, wurden durch sorgfältige Beobachtungen, die vielleicht mehrere Generationen dauerten, als Wissensschatz angesammelt. Hierfür müssen, vor der Errichtung von dauerhaften Kennzeichen, Beobachtungsstellen auf dem Boden ausgelegt worden sein, und moderne Ausgrabungen bei Steinkreisen wie Stonehenge haben in der Tat gezeigt, daß Beobachtungsposten existierten. Diese Obervatorien aus Holz und Stein wurden von Zeit zu Zeit neu erbaut, da die Beobachtungen nach und nach feinere Aspekte der offensichtlichen Bewegung der Planeten enthüllte, und fortschreitend wurden schwierigere geometrische Formeln bekannt.

Die Kreisläufe von Sternen-, Mond- und Sonnenaufgang entpuppten sich alles andere als einfach und unterlagen höherer Mathematik, obwohl natürlich Mathematik als eine abstrakte Wissenschaft noch nicht existierte, sondern nur ihr Vorläufer, die Geometrie. Die geometrischen Formen, die erforderlich sind, um Sonnen-, Mond-, Planeten- und Sternobservatorien zu konstruieren, sind weitaus komplexer, als sich durch einen einfachen Kreis darstellen läßt. Aus diesem Grund gelangten die Landmesser des neunzehnten Jahrhunderts, die die Steinkreise der Bretagne, Irlands und Englands untersuchten, zu dem paradoxen Schluß, daß dies die Unterlegenheit ihrer Erbauer demonstriere, da die Kreise keine perfekten geometrischen Kreise waren! Wie in so vielen Fällen, war das Gegenteil der Fall. In den 60er Jahren dieses Jahrhunderts untersuchte ein pensionierter Professor der Technik von der Oxford-Universität viele der Steinkreise in England und bewies, daß sie nicht aus Unkenntnis ungenau waren — sie waren mit bemerkenswerter Genauigkeit angelegt worden.[2] Professor Alexander Thom zeigte, daß die früheren Bewohner Nordeuropas eine präzise und in sich stimmige Geometrie entwickelt hatten, die die Anwendung des integralen rechtwinkligen Dreiecks einschloß (das sogenannte „Pythagoras"-Dreieck, nach dem griechischen Philosophen, der als erster das Geheimnis öffentlich lehrte). Thom, ein fähiger Forscher und Mathematiker, stellte fest, daß diese Dreiecke mit einem konstanten Maß angelegt worden waren — 2,72 Englische Fuß (82,905 cm), die er den „Megalithischen Yard" nannte.

Diese exzentrisch (nicht rund) ausgelegten Steinkreise waren nach festgelegten Regeln konstruiert und basierten auf Bogen, die durch die integralen Dreiecke hervorgebracht wurden. Thom fand zwei Grundformen, die er Typ 1 und Typ 2 Kreise nannte. Kreise des Typ 1 sind nicht rund, sondern eiförmige Ringe, die auf zwei 3:4:5 rechtwinkligen Dreiecken basieren, die Rücken an Rücken liegen. Kreise des Typ 2 basieren wieder auf zwei 3:4:5 Dreiecken, doch diesmal kommt die Hypotenuse hinzu. Es gibt noch kompliziertere Anlagen, doch sind diese natürlich weniger häufig. Einige basieren auf den größeren integralen Dreiecken wie 5:12:13 oder 8:15:17. Die große Steinkreisanlage bei Avebury in Wiltshire, England, enthält Dreiecke dieses Typs, und Stonehenge ist eine komplizierte Mischung von Kreisen und perfekten Ellipsen.

Diese komplizierte Geometrie wurde nicht gewählt, weil sie schöne Formen ergab. Sie wurde angewendet, weil sie Anordnungen hervorbrachte, in denen die Position der Steine zu den Bewegungen am Himmel in Beziehung standen. So wurde das Irdische mit dem Himmlischen verbunden, entsprechend dem alten hermetischen

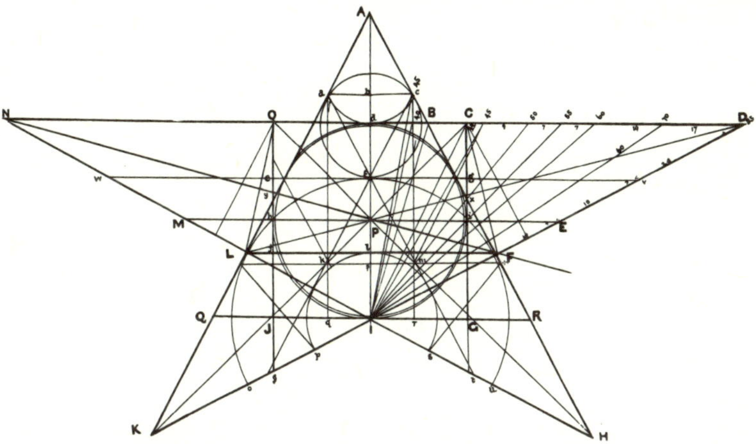

Geometrische Darstellung des Grundrisses des Schlosses zu Liverpool

Grundsatz „Wie oben, so unten". Dieser Grundsatz wurde exoterisch als Demonstration des Glaubens an astrologische Entsprechungen interpretiert, doch auf geheiligte Geometrie und Harmonielehre bezogen, ist er weitaus überzeugender. Natürlich sind Astrologie und Harmonielehre in ähnlicher Weise verbunden, doch sind astrologische Betrachtungen von zweitrangiger Bedeutung für die fundamentalen Beziehungen von Raum, Zeit und Energie, die dem kosmischen Kontinuum zugrundeliegen.

In einer neueren deutschen Veröffentlichung, *Farbton - Tonfarbe und die Kosmische Oktave* beschreibt Cousto die komplizierten Verbindungen zwischen der Länge des Tages und des Jahres, und Ton und Farbe.[3] Zeit, oder das Messen von Zeit, zeigt ein zyklisches Muster. Auch die mechanischen Vibrationen, die einen Ton hervorbringen, treten in Wellen auf, die als ein zyklisches Muster behandelt werden können. Ebenso sind die elektromagnetischen Teilchen oder Wellen, aus denen das Licht besteht, alle verständlich als ein zyklisches Muster. Alle diese zyklischen Muster werden in Zeiteinheiten oder Frequenzen erfaßt. Solcherart können die zyklischen Muster in Zahlen ausgedrückt werden, oder auch als Unterteilung eines Kreises oder einer anderen geometrischen Figur.

In *Farbton - Tonfarbe* werden diese Muster auch mit der Schwingungsdauer eines Pendels verglichen. Im konstanten Gravitationsfeld der Erde wird ein Pendel mit einer festgelegten Länge immer mit einer festgelegten Geschwindigkeit schwingen, unabhängig von der Schwingungsweite. Dies ist das der Pendeluhr zugrundeliegende Prinzip, bei dem das Pendel einmal in der Sekunde schwingt und so den Mechanismus der Uhr regelt. Das bringt uns zu der interessanten Beobachtung, daß ein Pendel einer bestimmten Länge durch seine Oszillationsdauer (Schwingungsdauer) mit einer bestimmten Zeitdauer symbolisch verbunden ist. Diese Zeitabschnitte werden in Begriffen der Oktave ausgedrückt, und Teilungen durch Multiplikatoren der Zahl zwei, der traditionellen Teilung von Zeit, Länge und Gewicht. So kann man Metrologie symbolisch mit der Zeit verbunden sehen, jede festgelegte Länge ist direkt durch das Oktavensystem mit einer bestimmten Zeitdauer verbunden: der eines Tages, eines Jahres, oder der beobachteten Umlaufzeit eines Planeten. Auf diese Weise besitzt „geheiligtes Maß“, das lange das Ziel der Angriffe gegen „Aberglauben“ bildete, doch ein zusammenhängendes Ethos, eines der Harmonie mit dem Universum.

Ohne Geometrie und Maß kann es keine Harmonie geben, die ja die grundlegende Basis der sakralen Bauwerke ist. Proportion und Harmonie folgen natürlicherweise den Vorgaben der geheiligten Geometrie, und die Absicht des Geomanten, der ein sakrales Bauwerk errichtete, war, es mit der Umgebung in Einklang zu bringen.

Die einem Bauwerk zugrundeliegende heilige Geometrie stellt den Punkt dar, der auf halbem Wege zwischen dem Mikrokosmos und dem Makrokosmos lag. Seine Geometrie spiegelte die molekulare

Struktur des Steines wieder, aus dem es gebaut war, und auch die des Himmels, auf den es ausgerichtet und nach dessen Bewegungen es angelegt war.

Die Ausrichtung von Stonehenge und anderen nordeuropäischen vorgeschichtlichen Monumenten ist im vorhergehenden Kapitel erwähnt worden. Dies gehört zu einem Zeitalter, als den Menschen ein direkterer Zugang zum Universum möglich war. Doch das Aufblühen der heiligen Geometrie und der sie begleitenden harmonischen Theorie fand zu einem späteren Zeitpunkt statt, als die Architektur aufkam. Sir Norman Lockyer, der die Ausrichtungen bei Stonehenge erforschte, studierte auch die Orientierung uralter ägyptischer Tempel, deren Achsen auf bedeutende himmlische Phänomene ausgerichtet sind. Im alten Ägypten fand die gewünschte Ausrichtung der Achse eines Tempels durch unmittelbare Beobachtung statt. Dies bildete einen fundamentalen Teil der geheiligten Gründungs-Zeremonie, die als *Pedjeshes* bekannt war, „das Spannen der Schnur".[4] Illustrationen dieser Gründungszeremonie existieren noch in den gemeißelten Tempelbildern in Abydos, Denderah, Edfu und Heliopolis. Diese Illustrationen zeigen den regierenden König und eine Priesterin, die die Göttin Seshat, die Schirmherrin des Schreibens, repräsentiert, wie sie das Ritual des Ausrichtens vollziehen. Dieser Ausrichtungsritus beinhaltet, daß eine gerade Linie in Richtung auf die beobachtete himmlische Erscheinung von dem bereits gekennzeichneten zentralen Punkt gezogen wurde, dem *Omphalos* oder Nabel. Indem sie diese Linie schufen, wiederholten Priesterin und König den Akt der Ausdehnung des einzelnen Punktes, welches den zweiten Akt der Schöpfung nach der Formung der archetypischen Monade darstellt.

Diese Handlung wurde vorgenommen, indem der mit der Schnur verbundene goldene Pflock in die Erde getrieben wurde und so die Achse des zukünftigen Tempels bestimmte, mit einem direkten Bezug zu der Position des himmlischen Objektes und, ebenso wichtig, zu der *Zeit* seiner Beobachtung.

Ausrichtung *(orientation)* war eine weitverbreitete Praxis bei der Errichtung sakraler Bauwerke. In Nordeuropa übernahm die christliche Kirche diesen Brauch der früheren heidnischen Tradition. Im Lateinischen bedeutet das Wort *oriri* aufgehen, und hiervon ist das englische Wort *orientation* abgeleitet. Es hat die spezifische Bedeutung von etwas gen Orient, der Richtung der aufgehenden Sonne, zu richten, da entsprechend mittelalterlicher Tradition Jesus Christus, als er gekreuzigt wurde, nach Osten blickte. Man glaubte, er habe nach Osten vom *compas* weggeblickt, dem zentralen Punkt der Christen in der heiligen Stadt Jerusalem. Nach damaligem Glauben war der *compas* das Zentrum der Welt im alten christlichen geozentrischen Konzept des Universums, und so war es nur natürlich, daß der christliche Gläubige bei der Anbetung eine Haltung wie bei der Kreuzigung annehmen sollte.

Als mikrokosmische Abbilder des christlichen Konzeptes wurden die Kirchen mit dem Altar am östlichen Ende erbaut, und das Kirchengebäude als solches symbolisierte die tägliche Gegenwart der Sonne (und Christi) in der Welt. Das allgemeine Prinzip der Ausrichtung der Tempel im alten Rom ist durch den augustinischen Architektur-Theoretiker und Geomanten Marcus Vitruvius Pollo definiert worden, der allgemein als Vitruvius bekannt ist.[5] „Das Viertel (des Himmels), nach dem Tempel der unsterblichen Götter blicken sollten“, so schrieb Vitruvius, „wird durch das folgende Prinzip bestimmt: wenn dem nichts entgegensteht, und man die freie Wahl hat, dann sollten der Tempel und die Statue, die in der *cella* plaziert waren, das westliche Viertel des Himmels anblicken. Dies wird es jenen, die sich dem Altar mit Geschenken oder Opfergaben nähern, ermöglichen, in Richtung des Sonnenaufgangs zu blicken, wenn sie die Statue des Tempels ansehen. So blicken jene, die Gelübde ablegen, gen jenes Viertel, aus dem die Sonne sich erhebt . . .“

Als Erben der spätrömischen architektonischen Tradition (einige der Kirchenbauer waren *Comacines*, frühere Mitglieder der Schule der Architekten), tendierten die Christen dazu, den Vitruvischen Prinzipien zu folgen. Dies traf sogar auf die Plazierung der Kirchen im Hinblick auf örtliche Topographie zu.

Der Sankt Petersdom in Rom besitzt, obwohl er ein modernes Gebäude ist, immer noch die ursprüngliche römisch-heidnische Orientierung, die die erste Basilika an dieser Stelle hatte. Als Mutterkirche des römisch-katholischen Glaubens ist er, wie die Ka'aba in Mekka, ein spezieller Fall, ein wichtiges Zentrum an sich, und daher die abweichende Ausrichtung. Als eine geheiligte Stätte, die in der alten heidnischen Weise angelegt worden war, barg er einige Probleme für die frühen Christen, denn seine Stufen stellten einen schönen Aussichtspunkt für die Sonnenanbeter dar, die ihre Gottheit jeden Morgen von hier aus verehren konnten. Ein Edikt, das im Jahre 443 n. Chr. von Papst Leo erlassen wurde, verbot den Heiden den Gebrauch des nach Osten zeigenden Säulenganges für nicht-christliche Zwecke. Fast dreißig Jahre später empfahlen die *Apostolischen Konstitutionen* (Kirchenordnung von 472 n. Chr.), daß Kirchen nach einem rechteckigen Plan mit dem „Kopfende" nach Osten gebaut werden sollten. Die Gemeinde wurde so ausgerichtet, daß sie nach Osten hin betete, und Gebete in irgendeine andere Himmelsrichtung wurden als heidnisch oder ketzerisch verworfen. Osten war die Richtung, aus der Christus bei seiner Wiederkehr erscheinen sollte, die gläubige Christen damaliger Zeiten für bevorstehend hielten.

Diese Ausrichtung nach Osten war jedoch nicht ganz so einfach wie sie zunächst erscheinen mag, denn es ist offensichtlich, daß viele Kirchen nicht gen Osten blicken. Beträchtliche Abweichungen sind die Regel, selbst in Kirchen, die aus Zeiten vor der Reformation stammen. Von den bedeutendsten europäischen Kathedralen sind einige, wie Salisbury, die 1220 erbaut wurde, so ungewöhnlich, weil ihre Ausrichtung *genau* zwischen dem Sonnenaufgang und Sonnenuntergang der Tagundnachtgleiche liegt. Andere, wie Xanten im Rheinland oder Glasgow in Schottland sind anders ausgerichtet. Xanten zum Beispiel ist auf den Mittsommer-Sonnenaufgang orientiert.[6]

Die Techniken, die beim Bestimmen der Ausrichtung von Kirchen angewandt wurden, besagte, daß viele auf die offensichtliche Position des Sonnenaufgangs am Festtag des Heiligen, dem die Kirche geweiht war, abgestimmt waren. Dies hatte sowohl eine astrologische als auch eine religiöse Funktion, denn die meisten christlichen Heiligen waren christliche Adoptionen früherer heidnischer Götter, und ihre Eigenschaften wurden en gros übernommen. So müßte eine Kirche, die Sankt Georg geweiht ist, auf den Sonnenaufgang am 23. April ausgerichtet sein; während eine dem Heiligen Michael geweihte auf den Sonnenaufgang am 29. September zeigen müßte. Dies bezieht sich auf den sichtbaren Sonnenaufgang, und daher müßte die örtliche Topographie von den Forschern, die das Fest des Schutzheiligen nach der Orientierung herausfinden wollten, berücksichtigt werden. Kein dokumentarischer Beweis ist uns von den ursprünglichen Erbauern der Kirchen und Kathedralen hinterlassen worden, doch da sie Mitglieder einer „Geheimzunft" der Maurer waren, ist dies nicht überraschend. Was immer in den Bibliotheken der Kathedralen und Klöster existierte, hatte wenige Chancen, die Wirren und Kriege der letzten vierhundert Jahre zu überstehen. Einige Aufzeichnungen stammen von einem früheren Soldaten in einem dieser Kriege, Silas Taylor. Taylor war ein Hauptmann in der Armee der antimonarchistischen parlamentarischen Armee im englischen Bürgerkrieg um 1640. Er kommandierte eine Einheit, die die Bibliotheken der Kathedralen und so einiges andere an Hereford und Worcester in Westengland plünderte, und als ein Mann mit antiquarischen Neigungen setzte er sich wahrscheinlich in den Besitz alter Manuskripte für seine eigene Sammlung.[7] Vom Ende des Krieges bis zu seinem Tod dreißig Jahre später (1678) widmete sich Taylor seinen nichtmilitärischen Interessen. Eines seiner Manuskripte ist ein Schlüsseldokument im Studium der Ausrichtung, da es ohne Zweifel auf geplünderten Dokumenten beruht, die einst in seinem Besitz waren und nun leider verloren gegangen sind: „In alten Zeiten, wenn eine Kirche gebaut werden sollte, wachten und beteten sie am Vorabend der Einweihung, und notierten jenen Punkt am Horizont, wo die Sonne im Osten aufging . . ."

Eine Tradition, die im schottischen Ritus der Freimaurer geläufig ist, berichtet von demselben Vorgehen. W. A. Laurie, die schottische Autorität des neunzehnten Jahrhunderts über Freimaurerei, schrieb: „Am vorhergehenden Abend versammelten sich die Schirmherren, Kirchenmänner und Maurer und verbrachten die Nacht mit Andachtsübungen: einer, der den Aufgang der Sonne beobachtete, gab

Bescheid, wenn ihre Strahlen über dem Horizont erschienen. Wenn sie voll in Sicht war, sandte der Meister der Maurer einen Mann mit einer Rute aus, die er in einer Linie zwischen dem Altar und der Sonne plazierte, und setzte so eine Ausrichtungslinie fest."[8]

Es ist bemerkenswert, daß in christlicher Ausrichtung, wie sie in Schottland praktiziert wurde, der Altar die maßgebende Stätte war. Rutengänger haben gezeigt, daß der Altar einer der Brennpunkte für Erdenergien in Kirchen ist, und Colin Bloy hat behauptet, daß Altäre als Brennpunkte für psychische Energien wirken.[9] In dem Moment, als die Sonnenstrahlen auf den Punkt trafen, wurden die Energien erzeugt, wie in den heidnischen Steinen, die schon erwähnt wurden.

In den 50er Jahren dieses Jahrhunderts führte Reverend Hugh Benson, ein englischer Geistlicher, eine detaillierte Untersuchung verschiedener Schriften verglichen mit der tatsächlichen Ausrichtung von Kirchen durch. Er studierte die Orientierung seiner heimischen Kirchen in Oxfordshire und verglich ihre Ausrichtungen in Bezug auf ihre Schutzheiligen und ihre Sonnenausrichtungen, die entsprechend den Veränderungen in den Jahren seit Erbauung der Kirchen korrigiert worden waren. Er wies nach, daß die Mehrzahl der Kirchen, die er untersuchte, auf den Sonnenaufgang wichtiger Kirchenfeste ausgerichtet waren, wie seit den Zeiten Taylors behauptet worden war. Benson entdeckte auch den Grund für einige offenbar „unkorrekte" (Schutzheiligen-) Ausrichtungen von Gebäuden in hügeligen oder verbauten Gebieten. Zuvor war angenommen worden, daß sie einfach überhaupt nicht nach einem Prinzip ausgerichtet worden waren, doch Benson machte auf die Anomalie aufmerksam. Es war gar keine Anomalie — die Erbauer hatten lediglich die tatsächliche Position des Sonnenaufgangs über nahen Hügeln oder Stadthäusern beobachtet. Diese pragmatische Methode der unmittelbaren Beobachtung ist eine Fortführung der Techniken, die dreitausend oder mehr Jahre zuvor bei den Steinkreisen angewendet worden war. Es wirkt fast wie eine Anklage, daß der moderne Mensch sich schon so von der natürlichen Welt entfernt hat, daß er eher an eine theoretische als an eine praktische Erklärung denken würde. Diese Trennung der modernen Menschheit von dem Einfachen, dem Unmittelbaren und dem Natürlichen bewirkt, daß moderne Beobachter Dinge nicht registrieren, die dem „Ungebildeten" sofort auffallen würden.

Jede Ausrichtung kann nach zwei Prinzipien durchgeführt werden, dem himmlischen oder dem irdischen. Nach dem himmlischen Prinzip wird das Gebäude auf bestimmte astronomische Phänomene ausgerichtet; irdische Ausrichtung verläßt sich auf die Magnetfelder der Erde.

Das Magnetfeld unseres Planeten ist zu Orientierungszwecken in Europa, Asien und Zentralamerika verwendet worden, es ist bis auf den heutigen Tag ein fundamentaler Bestandteil der Kompaß-Schule der chinesischen Geomantie, dem *Feng-Schui.*[10] Der *lo p'an* oder Kompaß des Geomanten, der im *Feng-Schui* benutzt wird, ist ein komplexes Instrument, das über mehrere Jahrhunderte hinweg entwickelt wurde. Es ermöglicht dem Geomanten, genaue Aussagen bei der Ausrichtung von Gebäuden und Grabstätten zu machen und die Richtungen zu bestimmen, aus denen schädliche Energien einstrahlen. Es gibt eine Anzahl verschiedener Arten des *lo p'an*, und die Unterschiede liegen in der Größe und Komplexität der Eigenschaften, die durch den Kompaß bestimmbar sind. Der einfachste *lo p'an* hat nur fünf Ringe, die um die zentrale Kompaßnadel herum angeordnet sind, während ein komplexer bis zu 34 haben kann. Jeder Ring, der die Nadel umgibt, bezieht sich auf eine andere Gruppe von Eigenschaften, die mit den Richtungen in Zusammenhang stehen. Ein bekannter Typus, der in Taiwan verkauft und benutzt wird, hat eine zentrale Nadel, die von den acht Trigrammen in ihrer üblichen Folge umgeben ist, welche wiederum mit den Richtungen zusammenhängen. Der dritte Kreis, der *ba sha huang quan*, wird benutzt, um die Position des Drachen an der Stätte zu bestimmen. In nichtpoetischer Sprache ist dies die Richtung des vorherrschenden hohen Bodens, oder einer geologischen Formation. Der vierte, der *ba lu hang quan*, wird benutzt, um die Richtung und Qualität von Wasserläufen zu finden. Außerhalb davon ist der fünfte Ring der Kreis der Sterne, die regeln, ob der Drachen des Ortes wohlwollend ist oder

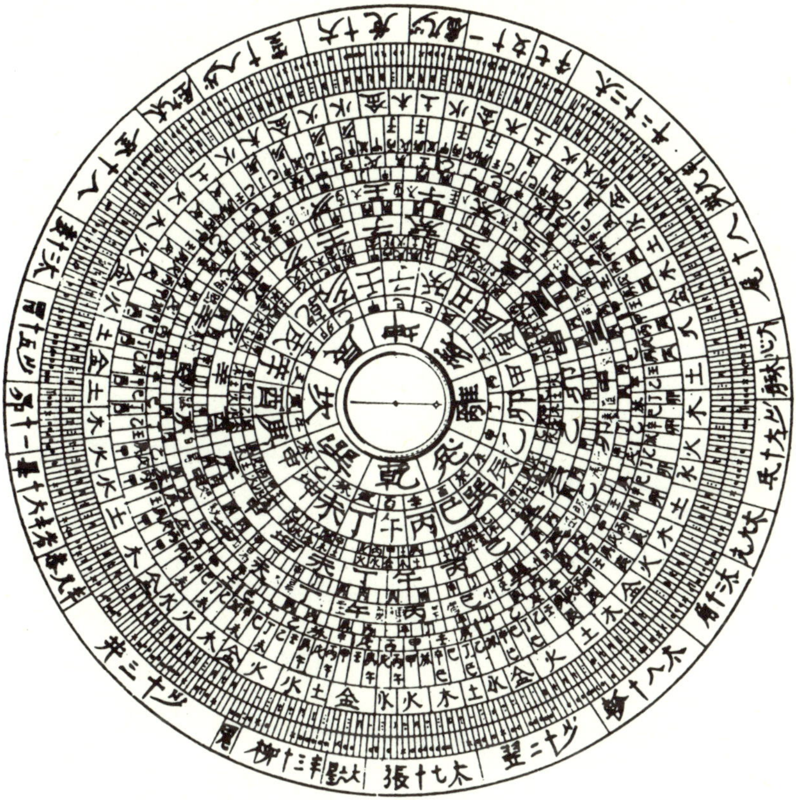

Der chinesische Geomantenkompaß „lo p'an".

nicht, und der sechste gibt die Richtungen für die Grabstätte der Toten entsprechend der *yin-yang* Polarität an. Der nächste Ring ist leer, doch der achte ist in 24 Teile unterteilt, die die relative Verteilung der Fünf Elemente angeben. Der neunte trägt die Stämme und Zweige, die Hinweise auf Glück oder Unglück geben, während der zehnte in 72 Abschnitte unterteilt ist, die verschiedene Positionen des Drachen zeigen.

Der elfte Ring enthält Information aus dem Chou Yi-System der Divination und der zwölfte ist wiederum in 24 Stämme und Zweige aufgegliedert, die die 24 Hauptsterne in den astrologischen Konstellationen anzeigen. Der dreizehnte Ring ist in 60 Abschnitte aufgeteilt, die bei der Bestimmung von Grabstätten benutzt werden, während der vierzehnte, der *tou di gi men*, weitere 60 Abschnitte für günstige und ungünstige Einflüsse angibt. Der fünfzehnte Ring hat Zeichen, die vom Orakel-System *tou di lian shan* abgeleitet sind, während der sechzehnte wieder 60 Abschnitte trägt, die zwischen den verschiedenen Arten von „Sand", oder in westlichen Begriffen, Bodenbeschaffenheiten der Stätte unterscheiden sollen. Der siebzehnte Ring hat ebenso 60 Abschnitte, die für die Schicksalsvorhersage dienen, während der achtzehnte natürliche Phänomene mit Hilfe von 24 Stämmen und Zweigen bestimmt. 240 Abschnitte unterteilen den neunzehnten Ring, die wiederum bei der Bestimmung von Grabstätten behilflich sind. Der zwanzigste Ring besteht aus 48 Positionen, Kombinationen der Stämme und Zweige, während der einundzwanzigste Ring dazu dient, die Lage von Grabsteinen festzusetzen. Der zweiundzwanzigste Ring wird benutzt, um die Position schädlicher Energien, *sha qi*, zu bestimmen, und hilft daher auch bei ihrer Ablenkung. Kreuze im Ring geben an, aus welcher Richtung die schlechten Energien kommen, während rote Punkte Trennung und Leere anzeigen. Nur die gelben Abschnitte sind als günstig anzusehen.

Der dreiundzwanzigste Ring ist nochmals in 60 Abschnitte unterteilt, während der vierundzwanzigste wieder die Fünf Elemente anzeigt. Der fünfundzwanzigste Ring stellt die zwölf himmlischen Planeten dar und wird bei der Bestimmung von geomantischem Sand benutzt. Der sechsundzwanzigste Ring verbindet die Ausrichtung von Städten mit den Sternen, während der siebenundzwanzigste die rechte Zeit für Begräbnisse ausrechnet. Der achtundzwanzigste trägt die Namen der Wächter des Himmels, während der neunundzwanzigste die zwölf himmlischen *xian* oder Götter für die Vorhersage von Bestattungszeiten, die Errichtung der Dachbalken eines neuen Haues, oder für Umzüge zeigt. Der dreißigste Ring errechnet die Zeit, um Gebete an eine entflohene Seele zu richten. Der einunddreißigste hat wiederum 24 Abschnitte, die mit den Sternen, die bei Grabberechnungen gebraucht werden, korrespondieren, während die Fünf Elemente den zweiunddreißigsten Ring besetzen. Der dreiunddreißigste Ring ist in 60 Abschnitte unterteilt, Kombinationen der 10 Stämme und der 12 Zweige, die in der Bestimmung des zentralen *Omphalos* oder *xue* der Stätte gebraucht werden. Der vierunddreißigste Ring wird benutzt für die Bestimmung, ob die Stätte günstig oder ungünstig ist.

Aus dieser Aufzählung können wir ersehen, daß der Gebrauch des *lo p'an* des Geomanten eine komplizierte Angelegenheit ist, die nur von jemandem, der in den Künsten des *Feng-Schui* geübt ist, durchgeführt werden kann. Beim Gebrauch des *lo p'an* plaziert der Geomant denselben mit der Basis parallel zur Vorderwand oder Tür des Gebäudes oder Objektes, dessen Ausrichtung erforderlich ist. Die Kreise werden gedreht, bis die Linien, die auf dem siebten Ring markiert sind, mit einer roten Linie unter der Nadel übereinstimmen. Sodann werden zwei rote Fäden im rechten Winkel über den Kompaß gelegt, in Ausrichtung mit den zwei Hauptachsen des Gebäudes. Die Einflüsse können dann an den entsprechenden Ringen des *lo p'an* abgelesen werden. Wenn die Fäden mit Abschnitten auf den Ringen zusammentreffen, die schlechte Kräfte symbolisieren,dann ist die Ausrichtung ungünstig,wenn sie dagegen mit guten übereinstimmen, dann sind alle Vorzeichen günstig.

Ähnliche magnetische Ausrichtungen sind in Zentralamerika und in England gefunden worden, doch dort waren die Methoden weitaus unkomplizierter und scheinen nur auf die Bestimmung von Norden oder Süden als einem groben Leitfaden beschränkt gewesen zu sein. Es gibt keinen Beweis dafür, daß irgendetwas mit dem *Feng-Schui*-Kompaß Vergleichbares je irgendwo sonst existiert hat. In Zentralamerika entdeckte der Forscher John Carlson von der Maryland-Universität, daß die Olmeken-Stätte bei La Venta in Tabasco, Mexiko, durchgehend ausgerichtete Bauten hatten, deren Orientierung bei 8 ° westlich von geographisch Nord lag. Andere Stätten, Huitzo und Laguna de los Carros zeigten diese Anomalie ebenso, und Carlsons archäologisches Team untersuchte weiter. Indem sie eine einfache Geometrie benutzten, die auf den Gebäuden basierte, sagten sie die Stätten zeremonieller Verstecke voraus, die in der Nähe der geheiligten Bauwerke vergraben waren. In einem dieser Verstecke fand man einen hochglanzpolierten Block aus Hämatit mit einem trapezförmigen Querschnitt. Als man dieses zeremonielle Objekt vom San Lorenzo-Plateau näher untersuchte, stellte Carlsons Mitarbeiter, M. D. Coe fest, daß dies ein Magnet sei, der als ein schwebender Kompaß verwendet werden konnte. Unter Einbeziehung der beobachteten Information, der geomantischen Praktiken der Olmeken und der Abweichung der Stätten von geographisch Nord um dieselbe Gradzahl gelangte Carlson zu dem Schluß, daß das Objekt ein Bruchstück eines Geomanten-Kompasses sei, des ersten, der auf dem amerikanischen Kontinent entdeckt wurde. Die Anwendung des magnetischen Kompasses für die Geomantie lange vor seiner Übernahme durch die Seeleute deutet darauf hin, daß seine Eigenschaften als ein Geheimnis vor den Uneingeweihten gehütet wurden, und es ist überraschend, daß irgendetwas aus solch früher Zeit überhaupt überlebt haben sollte. Es beweist jedoch, daß irdische im Gegensatz zu himmlischer Ausrichtung ihren gleichberechtigten Platz auch schon in sehr frühen Zeiten einnahm.

Es hat sich gezeigt, daß auch in Europa erdbezogene Ausrichtung mit Hilfe des magnetischen Kompasses z. B. in der englischen Stadt Chichester vorgekommen ist, deren Kathedrale und Straßenplan auf einer Achse 8 ° südlich des terrestrischen Osten ausgerichtet sind. Während der 70er Jahre dieses Jahrhunderts maß Sidney Searle diese Ausrichtungen und auch die einiger Kirchen in der Umgebung und fand, daß ihre Daten mit ihrer Ausrichtung übereinstimmten. Da die Position des magnetischen Pols über die Erdoberfläche wandert, ist es möglich, ein terrestrisch ausgerichtetes Gebäude durch seine Richtung zu datieren, und Searle fand vollkommene Bestätigung seiner These in einer alten Kirche in Bosham in Sussex, Südengland, wo die datierten Teile des Gebäudes exakt mit aufgezeichneten und errechneten Kompaßveränderungen übereinstimmen.

Der Gebrauch von sowohl irdischer als auch himmlischer Ausrichtung für verschiedene Gebäude läßt darauf schließen, daß dem verschiedene Absichten zugrundelagen. Die Information hierüber ist noch sehr lückenhaft, doch die Einzelheiten legen sich ganz klar dar, wenn man die geomantischen Charakteristiken sakraler Bauwerke untersucht. Wenigstens zur Zeit ihrer Konstruktion befanden sich irdisch ausgerichtete Bauwerke in Harmonie mit ihrem magnetischen Umfeld: vielleicht war es in Europa noch nicht bekannt, daß das Magnetfeld ständig seine Richtung ändert, andererseits kann dies die Erklärung für die abweichende Ausrichtung einiger Kirchenkanzeln und Seitenkapellen sein, die nach dem ursprünglichen Bau errichtet wurden.

Die Ausrichtung bestimmte somit die Basis-Achse, von der aus die geheiligte Geometrie eines Gebäudes entwickelt wurde. Diese wiederum ging von einem einzigen Punkt aus, der Stätte des Altars oder dem *Omphalos*. Der *Omphalos* mag einen alten heidnischen Stein ersetzt haben, der hier in einer Kombination von Techniken wie dem Rutengehen nach unterirdischen Energien und dem Beobachten von Himmelskörpern plaziert worden war. Abgeleitet von den Prinzipien, die mit den Strukturen des Universums harmonierten, wurde deshalb die geometrische Basis der Kirche auf einen Grundriß aufgelegt, dessen Linie die charakteristischen Eigenschaften der ursprünglichen Stätte ausdrückte. Selbst die Dimensionen dieser Linie, aus denen ja die ganze Geometrie entstand, waren mit den Harmonien der Stätte verbunden: geheiligtes Maß, auf den Ort zugeschnitten.

Die großen sakralen Bauwerke der Welt sind allgemein bekannt, so sehr sogar, daß sie fast als Klischees erscheinen mögen. Der Parthenon in Athen, das Taj Mahal in Agra und die Große Pyramide von Ghizeh; sie alle schmücken Millionen von Postkarten und erscheinen in Reiseprospekten. Doch die Vertrautheit mit einem Bild verleiht einem nicht gleichzeitig die Vertrautheit mit der Wirklichkeit. Der großartige Tempel der Athene, den wir als Parthenon kennen, ist das stilisierte Bild Athens, und durch Gedankenverbindung auch das Bild Griechenlands und alter griechischer Kultur. Seine erstaunliche Schönheit ist nur teilweise auf seine atemberaubende Lage und seine prächtigen Ornamente zurückzuführen. Seine vorherrschende Eigenschaft liegt im Verborgenen — seine geheiligte Geometrie. Als ein Wiederaufbau für einen kleineren Tempel der Athene, der 480 v. Chr. von den Persern zerstört wurde, war der Parthenon so konstruiert, daß seine Dimensionen runde Zahlen sowohl in mykenischen als auch griechischen Fuß bildeten, also mit zwei Systemen des geheiligten Maßes übereinstimmten, dessen Verhältnis von 10:9 auf einen

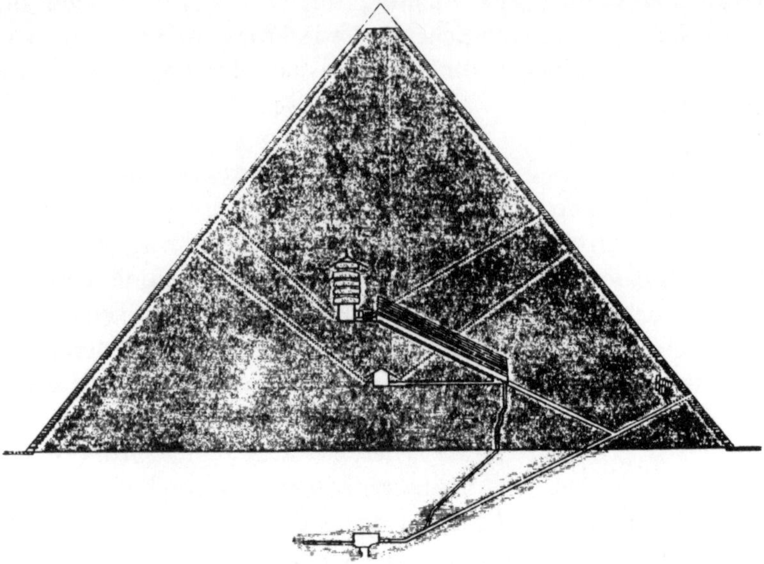

Querschnitt der Großen Pyramide zu Gizeh.

Ursprung im Metaphysischen hindeutet. Die Geometrie des Parthenon war derart, daß sie nicht nur elegante, in der Tat geheiligte Proportionen schuf, sondern auch so, daß diese Proportionen in bedeutsamen Maßen ausgedrückt wurden. Francis Cranmer Penrose, der Geometer des neunzehnten Jahrhunderts, der den großen Tempel genauestens vermaß, entdeckte noch eine andere interessante Tatsache: während sie auf klassischen geheiligten Prinzipien beruht, benutzt die Geometrie des Parthenon schwierige mathematische Kurven anstatt gerader Linien. Penrose stellte fest, daß die Dimensionen des Parthenon in direktem Bezug zu den Dimensionen der Erde standen. Die Höhenmaße waren durch den Goldenen Schnitt festgelegt, dem Verhältnis der fünffachen Unterteilung des Kreises, das vielen natürlichen Spiralen und Wachstumsmustern zugrundeliegt. Die Breite der Frontseiten des Parthenon ist so dimensioniert, daß sie eine Sekunde eines Grades des Erdäquators anzeigen. Die

Harmonie des ganzen Gebäudes ist ohne weiteres erkennbar und bezieht sich für die Wissenden in materiellen Begriffen auf die Dimensionen unseres Planeten. Somit ist der Parthenon wahrhaft mikrokosmisch.

Die kreisförmigen Gebäude der christlichen Architektur demonstrieren dieselbe Wahrheit in einer etwas veränderten Form. In vielen Städten Europas kann man runde Kirchen finden, deren Bauweise sich von der vorgeschriebenen Form der *Apostolischen Konstitution* sehr unterscheidet. Runde Kirchen wurden aus den römischen Rundtempeln entwickelt. Die römischen Tempel, die noch bei Spalato und Tivoli erhalten sind, bilden Archetypen für die Rundkirchen. Der Tempel von Spalato, der Teil des Palastkomplexes des standhaften heidnischen Herrschers Diokletian war, hatte Säulen im Inneren, eine Ableitung von dem früheren kreisförmigen *tholos*, einem runden Tempel mit äußerem Säulengang.

Die runden Kirchen des mittelalterlichen Christentums waren auffällig nach dem Modell des Heiligen Schreins zu Jerusalem gestaltet, der traditionellen Grabstätte Christi, und darüberhinaus der *compas* oder die Mitte des geozentrischen Universums. Im christlichen Glauben war Christus drei Tage lang in seiner Grabstätte eingeschlossen, und während dieser Zeit betrat seine Seele die Unterwelt, um die Seelen der Gerechten zu erlösen, die vor seiner Erlösung durch die Erbsünde verdammt waren. Als ein Archetypus für das Zentrum der Welt paßt diese Geschichte ganz gut. Etruskische geomantische Traditionen (die noch an den Straßenkreuzungen von Royston in England zu sehen sind) konstruierten einen rituellen Schacht in die Unterwelt an zentralen Nabelstellen, versiegelten sie oben mit einem kreisförmigen Stein und stellten eine Säule darauf. Der kreisförmige Stein war repräsentativ für die Mittelwelt der Menschheit; die Grube darunter symbolisierte die verkörperte Unterwelt, während die Säule die *axis mundi* oder die Verbindung mit der Oberwelt der Götter darstellte.

Einfache Rundkirchen existierten an vielen Orten, und die berühmteste davon ist die zu Orphir auf den Orkney-Inseln, von der ein Teilstück noch als das *Girth*-Haus bekannt ist. Dies ist von Bedeutung, denn *Girth* ist sinnverwandt mit dem englischen Wort *Earth* (Erde), und im Altschottischen hat *Girth* oder *Gyrth* die Bedeutung von

Oktogonaler Grundriß einer Moschee nach geheiligter Geometrie.

„Heiligtum“ oder „Zuflucht“. Rundkirchen sind noch vielerorts erhalten, so zum Beispiel in Fulda in Deutschland oder in Little Maplestead in England. Die Kapelle, die heute Teil der Aachener Kathedrale ist und für Karl den Großen erbaut wurde, war ebenfalls eine Rundkirche. Diese Bauten wurden besonders an wichtigen Orten errichtet, an denen nicht Ausrichtung ein hauptsächlicher Gesichtspunkt war, sondern die Betonung auf Zentralität lag. Die von K.

Wiemann ausgeführte Arbeit an der runden Kapelle von Drueggelte hat gezeigt, daß die Kapelle einen wichtigen Brennpunkt von geomantischen Energielinien darstellt.[11] Ebenso ist die runde Kirche von Cambridge in England ein Brennpunkt geomantischer Ausrichtungen.[12] Die Dimensionen solcher Gebäude sind bemerkenswert konstant, was wiederum auf eine geodätische Funktion hindeutet. Vom Viereck und dem Kreis abgeleitet ist das Oktagon, die andere Hauptform, die sakraler Architektur zugrundeliegt. Für die islamische heilige Geometrie fundamental, kann diese Form in solch sakralen Bauten wie dem Mausoleum von Ilkhan Uljaitu bei Sultaneih im Iran gefunden werden. Ernst Diez führte eine eingehende Studie dieses Monumentes durch und stellte fest, daß das Basis-Oktagon als Grundlage für den Aufbau dient, in welchem sowohl Dreiecke als auch Vierecke aus der ursprünglichen Figur abgeleitet sind. Ein System von geometrisch abgeleiteten Proportionen bildete die Grundlage des ganzen Baus. Ähnliche Beobachtungen wurden bei der Ely-Kathedrale in England gemacht, sowie am Taj Mahal und vielen gotischen Kathedralen des mittelalterlichen Europa einschließlich Köln und Chartes.[13]

Die Muster, die man in der heiligen Geometrie erkennen kann, spiegeln die Natur wieder, und, da die Natur für einen Spiegel des Göttlichen gehalten wurde, den Schöpfer selbst. Die Arbeiten der Physiker Chladni und später Hans Jenny haben gezeigt, daß natürliche Formen wie die Spirale und vielfache Unterteilungen des Kreises gebildet werden, wenn man unter bestimmten Bedingungen Töne oder Hitze auf nicht lebendes Material einwirken läßt. Sie demonstrierten so, daß die Zellformen lebender Organismen und die nicht lebenden Strukturen kristalliner Substanz im Wesentlichen gleichgeformt sind. Indem sie Gebäude in Harmonie mit den Kräften der Erde schufen, die nach himmlischen und irdischen Energien ausgerichtet waren und in ihrer Struktur mit dem unendlichen Universum in Einklang standen, drückten die Geomanten der Vorzeit ihre Bestätigung der rechten Ordnung des Universums aus. Sie versuchten, ihre alltäglichen Handlungen mit der natürlichen Ordnung der Dinge in Einklang zu bringen, denn sie empfanden sich selbst als einen Teil der natürlichen Ordnung und nicht davon getrennt. Diese Trennung

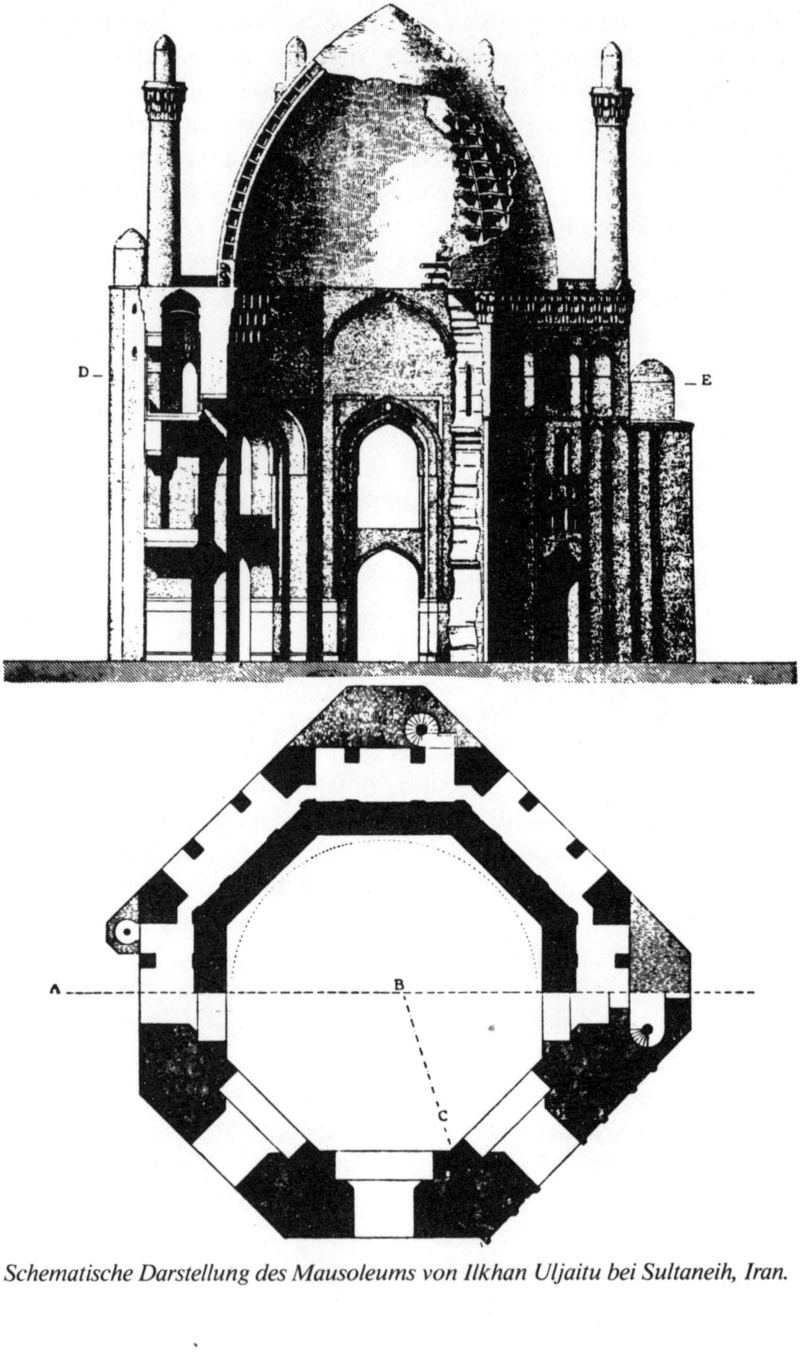

Schematische Darstellung des Mausoleums von Ilkhan Uljaitu bei Sultaneih, Iran.

ist nur allzu offensichtlich heutzutage, wo die natürlichen Eigenschaften unseres Planeten, die so lange wegen ihrer verschiedenen Attribute als heilig angesehen wurden, im Namen von Profit und Fortschritt ignoriert und zerstört werden.

V

Die Geometrie der Landschaft

Seit langem ist erkannt worden, daß sich gewisse Stellen auf der Oberfläche dieses Planeten von anderen in mysteriöser Weise unterscheiden. Zahlreiche Phänomene sind dort beobachtet worden, und sogar das „Erfahren" solcher Stätten hat sie von den gewöhnlichen Teilen der Welt getrennt. Von frühesten Zeiten an sind denn auch solche Orte als etwas Besonderes angesehen worden. Von den vielen verschiedenen Kategorien von Plätzen gehören Hügel und Berge zu den offensichtlichsten und beeindruckendsten. Es ist kein Zufall, daß, wo immer wir auf Erden auch hingehen, wir heilige Hügel finden können, die der örtlichen Gottheit geweiht sind, und auf denen bestimmte Riten ausgeführt wurden oder noch werden. Jede der Hauptreligionen der Welt benutzt das Bild des heiligen Hügels oder Berges, um kosmologische Konzepte zu erklären, oder Vorstellungen, die den Aufstieg der Seele zur Vollkommenheit illustrieren. Oftmals werden der Gründer einer Religion und seine Schüler in den Schriften beim Besteigen des heiligen Hügels dargestellt, um mit dem Göttlichen zu kommunizieren. Bei den Propheten Moses, Gautama Buddha und Mohammed kommt die Besteigung des heiligen Berges ein- oder mehrmals in ihren Lebensläufen vor. Der deutsche Geomant Josef Heinsch, ein Experte in den Ursprüngen der vorchristlichen Geomantie, schrieb: „. . . selbst Christus . . . besteigt den heiligen Berg vor jeder wichtigen Handlung oder Predigt . . ."[1] Diese Handlungsweise übersteigt das Religiöse und repräsentiert ein tiefes ursprüngliches menschliches Bedürfnis. Selbst im Finale von Ken Russels Filminterpretation Pet Townshends' Rockoper *Tommy* steigt der Held zu seiner Apostheose auf den Berg.

Während der Christianisierung Nordeuropas waren hohe heilige Plätze oft der Schauplatz von Kämpfen zwischen dem einheimischen Heidentum und dem neuen System. Dieser Konflikt ist in klassischen Vorfällen wie der *Versuchung des heiligen Antonius* interpretiert worden, wo der christliche Heilige im Kampf mit den Mächten der Dunkelheit gesehen wird. Die Hartnäckigkeit, mit der die alten Heiden an ihren heiligen Hügeln festhielten, ist in vielen Legenden und traditionellen Bräuchen überliefert, von denen sich einige bis in moderne Zeiten erhalten haben. Eine solche Stätte von Geschichte und Legende ist Glastonbury Tor, einer der bedeutenden heiligen Hügel von England, der immer noch viele Pilger anzieht. Einst der heilige Hügel des Gwynn ap Nudd, dem keltischen Gott der Unterwelt und des Feenreiches, blieb der Tor (Felsturm) für viele Jahrhunderte nach der Gründung des nahen christlichen Klosters heidnisch. Im frühmittelalterlichen *Life of St. Collen* (Leben des Sankt Collen) wird die typische Geschichte der christlichen Übernahme eines heidnischen Heiligtums erzählt.[2] Sankt Collen war ein christlicher Eremit, der sich eine in die Flanke des felsigen Hügels gehauene Höhle als Behausung nahm. Eines Tages hörte er zufällig zwei Männer in ehrfürchtigen Ausdrücken über Gwynn ap Nudd sprechen, und so machte er ihnen ohne Zögern Vorhaltungen wegen ihres Heidentums. Kurze Zeit darauf wurde Collen von einem Sendboten des Gottes besucht, der ihn zum Hof auf dem Gipfel des Hügels lud. Zuerst lehnte Collen die Einladung ab, doch nach einigen weiteren Besuchen des Boten begleitete er ihn die felsigen Pfade des Tor hinauf zum Gwynn ap Nudd.

Als er die Kuppe des Hügels erreichte, erblickte Collen ein prächtiges Schloß, das mit kostbarer Einrichtung ausgestattet war und von feingekleideten Dienern versorgt wurde. Der Einsiedler wurde höflich von Gwynn ap Nudd begrüßt, wies dessen Gastfreundschaft jedoch schroff zurück und versprengte überall Weihwasser. Hierauf verschwand das Feenschloß wie in Luft aufgelöst, und Collen blieb allein auf der grasbewachsenen Hügelkuppe sitzend zurück. Nach dieser dramatischen Verdrängung von heidnischem Einfluß wurde hier eine dem Sankt Michael geweihte Kirche errichtet. Sankt Michael ist der Heilige, der mit erhabenen Plätzen in Zusammenhang gebracht wird, die Sonnengottheit mit der Eigenschaft, das Böse, oder in christlicher Terminologie, den Teufel, zu vernichten. Der verfallene Turm einer späteren Gründung zu Ehren Sankt Michaels ist noch heute ein bedeutendes Wahrzeichen in der Landschaft von Somerset.

In geomantischen Begriffen ist Glastonbury Tor der bedeutendste heilige Hügel Südenglands und kann als solcher als ein *Omphalos*, als Zentrum der Welt, angesehen werden. Solche Stellen sind nicht buchstäblich die Zentren der Welt, da das natürlich geometrisch unmöglich ist, doch sie sind Zentren des Einflusses, auf die sich Gebiete oder Provinzen ausrichten. In einigen Fällen, wie bei Glastonbury, sind diese Stätten geometrisch mit anderen bedeutenden Stätten und mit esoterischen heiligen Linien verbunden. Solch eine Stätte für eine neue Religion einzunehmen, stellte sozusagen die Vorbedingung zur Übernahme eines ganzen Landes dar, denn dem uralten hermetischen Grundsatz zufolge war der Makrokosmos, das heißt das ganze Land, abhängig vom Mikrokosmos, das heißt dem *Omphalos*. Nach dem okkulten Gesetz der Übereinstimmung hing der Zustand des ganzen Landes vom Zustand des *Omphalos* ab, der in begrenztem Umfang die ureigentliche Natur des Landes in sich schloß.

Als zentrale *Omphaloi* haben hohe Berge eine duale Natur — sie sind die zentralen geheiligten Mittelpunkte der Erde und sind auch die Plätze, an denen die Erde dem Himmel am nächsten kommt. In auf den Himmel bezogenen Religionen war dies von größter Bedeutung, besonders in ihren Anfangsstadien vor der Errichtung städtischer Tempel. Dieser Umschwung von Bergen zu zentralisierten Heiligtümern ereignete sich z. B. in Mexiko, wo die Azteken dem Tlaloc, dem Herrn des Paradieses (dem mittelamerikanischen Ebenbild des Gwynn ap Nudd), auf dem höchsten Berg opferten, während das offizielle nationale Heiligtum des Gottes ein Tempel war, der im Herzen der Hauptstadt Tenochtitlan stand.[3] Dieser Rückzug zu zentralisierten Heiligtümern ist jedoch in der christlichen Anbetung auch wieder umgekehrt worden, und die Rückkehr zum heiligen Berg hat während der letzten fünf Jahrhunderte stattgefunden. Mit der Vorliebe der letzten Päpste für Gottesdienste im Freien anstatt in sakralen Gebäuden (man denke da nur an die Krönungen der Päpste Johannes Paul I und II) mag ein Trend weg von den sakralen Gebäuden seinen Einzug gehalten haben. Man kann dies sogar als eine Rückkehr zu den Versammlungen unter freiem Himmel ansehen, wie sie Jesus Christus hielt.

Der Tradition zufolge wurde Jesus Christus zusammen mit zwei Dieben auf einem felsigen Hügel gerade außerhalb der Stadtmauern von Jerusalem gekreuzigt. Das felsige Vorgebirge war als Golgotha bekannt. Im Hebräischen bedeutet das Wort *Golgotha* Schädel, und der Name des Hügels stammte von seinem Ruf als Grabstätte des menschlichen Archetyps, Adam. Einige Überlieferungen berichten, daß nur sein Kopf dort bestattet wurde, daher der Schädel. Dies ist aus den vielen künstlerischen Darstellungen der Kreuzigung ersichtlich, wo der Schädel Adams am Fuße des Kreuzes Christi erscheint. So ist der Schädel ein dreifacher Hinweis auf Adam, der Ortsname und der tatsächliche Tod in der Abbildung, der symbolisierte Fall von Adam und die Erlösung, durch Christus erlangt. Die lateinische Benennung für *Golgotha* ist *Calvaria.* In Frankreich ist die Stätte als *Mont Calvaire* bekannt, der Kalvarienberg, ein wichtiger Hinweis auf seinen Status als archetypischer, heiliger und zentraler Berg des Christentums.

Während der ersten zwölf Jahrhunderte christlichen Glaubens bezeichnete Golgotha ohne Zweifel den ursprünglichen Ort der Kreuzigung. Pilger besuchten den Kalvarienberg als Teil ihrer reliösen Pflichten, während sie im Heiligen Land weilten, da die Stätte natür-

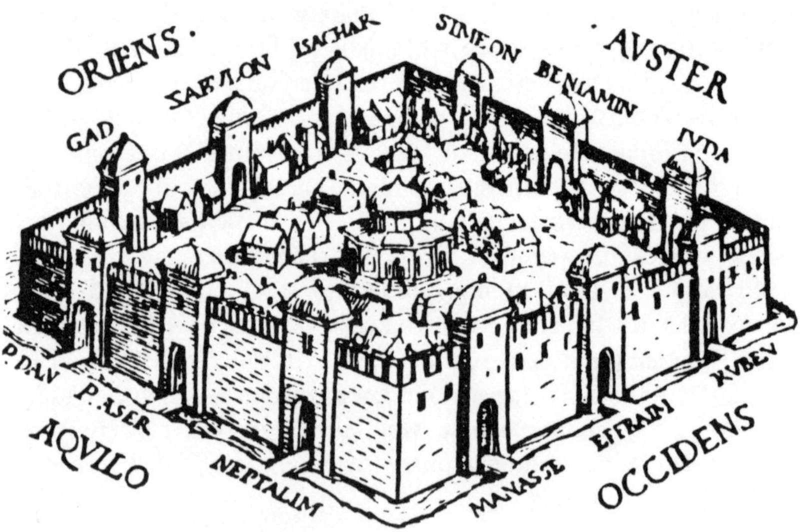

Jerusalem in traditioneller Auffassung, nach Hans Holbein.

lich einer der Hauptschauplätze der christlichen Geschichte darstellt. Diese Plätze wurden bewacht und instandgehalten von verschiedenen Mönchsorden, die mit dem Beistand und Schutz der christlichen Pilger in Palästina betraut waren. Unter diesem Orden nahmen schließlich die Franziskaner die führende Stellung ein. Während des dreizehnten Jahrhunderts wurde der Franziskaner-Orden der Wächter der heiligen Stätten der Christen in Palästina und stellte trotz der türkischen Besatzung Führer für die Pilger, die immer noch kamen, um den heiligen Plätzen ihres Glaubens die Ehre zu erweisen. Doch obwohl eine Pilgerreise ins Heilige Land immer noch als eine der wichtigsten Glaubenshandlungen betrachtet wurde, die einem praktizierenden Christen möglich war, wurde erkannt, daß die Teilnahme an einer Pilgerfahrt ein langwieriges und schwieriges Unternehmen war, und daß die meisten Menschen aus verschiedenen Gründen nie dazu in der Lage sein würden. So nahmen zu dieser Zeit Alternativen ihren Anfang, und in den Kathedralen von Chartres, Poitiers, Arras und andernorts wurden Fußbodenlabyrinthe erstellt. Unikursorisch (d. h. mit nur einem einzigen Pfad vom Äußeren ins Zentrum) angelegt, wurden diese Labyrinthe allgemein *le chemin a Jerusalem* (der Weg nach Jerusalem) genannt.[4] In

Der „Schwedenring" von Steigra, aufgenommen 1983.

England, das wie Deutschland und Skandinavien eine lange Tradition von im Freien angelegten Labyrinthen aus Grassoden und Stein besaß, begann das Muster des christlichen Labyrinthes von Chartres die früheren Muster mit heidnischem Ursprung zu verdrängen. Die Verwandlung war jedoch nie vollständig und total, denn verschiedene Graslabyrinthe mit früheren und abweichenden Formen existierten an Orten wie Pimperne in England, Stolp im ehemaligen Pommern, Steigra in Deutschland (DDR) und der Insel Wier im Bottnischen Meerbusen. Die Tradition behauptet, daß das Durchqueren eines der christlichen Labyrinthe auf den Knien, während man die entsprechenden Gebete sagte, dem religiösen Verdienst einer Pilgerreise in die Heilige Stadt gleichkam.[5]

Oktogonales Fußbodenlabyrinth der St. Quentin-Basilika, Frankreich.

Die frühere, kretische Form des Labyrinthmusters hat man als Terrassen auf den Abhängen des Glastonbury Tor eingeprägt gefunden, dieses früheren heidnischen heiligen Berges in Südengland.[6] Seine Verbindung sowohl mit den siebenstufigen assyrischen und babylonischen *Zikkurats* oder künstlichen heiligen Bergen als auch mit der rein christlichen Verehrung des *Weges auf den Kalvarienberg* oder den *Stationen des Kreuzes* ist verblüffend. Wie die Labyrinthe in den französischen Kathedralen, so wurde diese letzte Anlage als eine Alternative zu der Pilgerreise nach Jerusalem eingerichtet. In der Stadt Jerusalem war es für die Pilger Sitte geworden, an den Stätten, an denen die dramatischen Ereignisse der Passion Christi stattgefunden hatten, haltzumachen.[7] Es war nur ein kleiner Schritt von dieser Übung zu der Einführung einer neuen religiösen Einrichtung, die auf den Pilgerpraktiken der Anbetung des tatsächlichen Kreuzweges beruhte.

Während des dreizehnten Jahrhunderts führten franziskanische Werke, die man Sankt Bonaventura zuschreibt, die *Meditation über das Leben Christi*, zu einer Popularisierung der Nachempfindung der Vorgänge des ersten Karfreitag als Methode, religiöse Andacht zu vertiefen. Dieser Prozess wurde angespornt von dem Dominikaner-Mystiker Heinrich Suso (ca. 1295-1365), dessen Meditationstechniken Nacherleben des Kreuzweges durch Vergegenwärtigung beinhalten, indem man jede Station des Weges der Reihenfolge nach besuchte, und die Abläufe, die zur Kreuzigung führten, als einen mystischen „Pfad“ nachempfand. Die Werke anderer Mystiker neigten ebenso dazu, den aufwärts führenden Weg zu betonen. In seinem Werk *Die Besteigung des Berges Carmel* sah Sankt Johannes vom Kreuz den Aufstieg zum Göttlichen durch zehn aufwärts führende Stufen vollbracht. Dies war eine Weiterentwicklung des islamischen Konzeptes des Aufstieges zur Erleuchtung, wie sie allegorisch in Farid-uddin Attas *Das Parlament der Vögel* erklärt wird, das den Aufstieg des Sufi-Mystikers als eine siebenstufige Progression angelegt zeigt, bis zu dem Punkt, wo die Seele nicht mehr weiß, ob sie noch sie selbst oder schon Gott ist. Durch Übernahme entstand ein christlicher Ritus, der sich diese Konzepte mit dem Zusatz der Pilgerschaft zueigen machte. Man fing an, örtliche Abbilder des Kreuzweges und des Kalvarienberges zu errichten. Pilger konnten diese nachgeahmten Kreuzwege entlang emporsteigen und an jeder Station haltmachen, um eine Szene der Passion auf sich einwirken zu lassen. Jedes Abbild hatte einen gebührenden Abstand zum vorherigen.

Zeitgenössische Darstellung eines künstlichen „Kreuzweges".

Im Anfang, als man sich eng an die babylonischen und islamischen

Modelle hielt, gab es sieben „Stationen des Kreuzes" beim Aufstieg auf den „heiligen" Kalvarienberg. Diese Zahl jedoch war nicht kanonisch festgelegt, denn auf einem der gefeiertsten Kalvarienberge, dem Mont Valerien in Frankreich, betrug die Anzahl fünfzehn. Auf einem anderen französisch beeinflußten Kalvarienberg wiederum, dem bei Oka in der Provinz Quebec in Kanada, gab es die traditionellen sieben. Sieben wurde als die ursprüngliche Zahl angesehen, da es die Anzahl der Male war, die Christus in der biblischen Aufzählung gestürzt war. Doch 1731 legte auf Betreiben der Franziskaner Papst Clemens XII die Zahl auf vierzehn fest, und dabei ist es geblieben.

Obwohl, wie heutzutage, die „Pilgerreise" der Kreuzstationen oft nur innerhalb eines einzigen sakralen Gebäudes unternommen wurde, stellte die Nachbildung des Kalvarienweges auch ein geomantisches Gleichnis dar. Natürliche Hügel, deren Formen mit der traditionellen Vorstellung des Kalvarienberges übereinstimmten, wurden mit Pfaden, Terrassen und Kapellen verändert, die den Pilger langsam, doch unausweichlich auf den Schlußakt der Kreuzigung oben auf dem Hügel hinführten. Eine der ersten dieser Anlagen in sakraler christlicher Geographie lag am Fuße der italienischen Alpen, der *Sacro Monte* bei Varallo. Bernardino Caimi (gestorben 1499) gründete dort 1481 den ersten Kalvarienberg, als er ein Kreuz aus Olivenholz aus Jerusalem mitbrachte und es auf dem Gipfel des Hügels errichtete. Zehn Jahre später baute er dort die erste Kapelle von vielen: zum Ende des siebzehnten Jahrhunderts war die Anzahl auf 45 angewachsen. Caimi war 1477-78 Wächter des Heiligen Schreins gewesen, und als solcher waren ihm die geheiligten Mysterien der geweihten Stätten zweifellos geläufig.

Während der nächsten eineinhalb Jahrhunderte diente der *Sacro Monte* bei Varallo als Modell für weitere Kalvarienberge. Die erste Kopie wurde 1583 bei Orta erstellt. Ihr folgte die von Varese (1604) und dann weitere an vielen anderen Orten während des siebzehnten Jahrhunderts. In diesem Zeitraum wurden Kalvarienberge an solch weit auseinanderliegenden Stellen wie Brasilien, Frankreich und Quebec, Kanada, errichtet. Bis 1633 war die Anbetung auf dem Kalvarienberg so populär geworden, daß in Frankreich ein Orden der

Priester des Kalvarienberges gegründet wurde, dessen Hauptaufgabe die Errichtung, Entwicklung und Wartung des Mont Valerien bei Paris war. Ein zeitgenössischer Druck zeigt den geomantisch veränderten heiligen Berg mit sieben Terrassen, Reihen von Kapellen und sieben Andachtsräumen, die jedes der sieben Mysterien der Jungfrau repräsentieren. Während der Heiligen Woche war der Berg von Pilgern überlaufen, die die Passion Christi nacherlebten.

Ein anderer gefeierter Kalvarienberg ist der des Heiligtums von Senhor Bom Jesus de Matozinthos in der Stadt Congonhas in Brasilien, 524 km nordwestlich von Rio de Janeiro. 1758 mit einer Kirche auf dem heiligen Hügel gegründet, wurde in den Jahren zwischen 1802 und 1808 eine *Via Crucis* (Kreuzweg) hinzugefügt. Zu dieser Zeit wurden sechs Prozessionskapellen erbaut, und der gefeierte körperbehinderte Bildhauer Antonio Francisco Lisboa (ca. 1730-1814), allgemein bekannt als Aleijadinho, wurde beauftragt, mehrfarbige hölzerne Skulpturen zu schnitzen, die die Prozessionsstufen der Passion wiedergaben. Insgesamt gab es sieben Schnitzwerke, davon in einer Kapelle zwei.

Die französische Tradition des Kalvarienberges, von der Gründung des Mont Valerien 1633 herstammend, erfuhr einen großen Aufschwung durch ein bedeutendes Wunder, das 1738 beim Kalvarienberg von Arras in Nordfrankreich stattfand. Das Ergebnis dieses berühmten Ereignisses war die Veröffentlichung eines Buches von J. B. Le Febvre im folgenden Jahr mit dem Titel *La Devotion au Calvaire* (Die Andacht am Kalvarienberg).[8] Darin erzählt Le Febvre die berühmte Legende des Wahren Kreuzes und seiner „Erfindung“ oder Wiederentdeckung durch die Heilige Helena, die Mutter Konstantins des Großen. Einzelne Exemplare des Buches fanden bald ihren Weg über den Atlantik, wo die Tradition rasch durch die religiösen Orden von Neu-Frankreich (heute die Provinz Quebec in Kanada) aufgegriffen wurde.[9] Dies führte zur Einrichtung eines der berühmtesten und rätselhaftesten der christlichen Hügel-Heiligtümer Nordamerikas. Es war der Kalvarienberg von Oka, 1742 errichtet „auf der Kuppe eines der höchsten Hügel“.[10] „Ich bin hocherfreut“, schrieb Francois-Xavier Regnard Duplessis 1749, „daß man begonnen hat,

Kalvarienberge in Kanada zu erbauen. Es ist ein guter Weg, die Reisenden an die liebenden Handlungen Gottes zu gemahnen". Das Heiligtum von Oka, oder genauer der Kalvarienberg von Lac des Deux-Montagnes, wurde 1742 durch den Sulpizianer-Mönch Hamon le Guen gegründet. Seine Anlage ist typisch für die fortgeschrittene Entwicklung der „heiligen Berge", die für christliche Pilger eingerichtet wurden, und verdient daher nähere Betrachtung.

Dem Heiligtum, das noch existiert, nähert man sich auf einer „Straße der Verkündigung", die von einer Kirche nahe dem Seeufer verläuft. Diese Straße führt zu einem „Tor des Kreuzes", das den Eingang zum heiligen Berg selbst kennzeichnet. Innerhalb des Tores geht die „Sandspur" durch Kiefernwälder an der Stätte eines großen rotgefärbten Kreuzes und dem „Bauernhof der Kalvarien" vorbei zu einem anderen geheiligten Tor, dem „Tor der Kalvarien", bevor man die erste Kapelle oder den Andachtsraum erreicht. Der Weg durch die Kiefern wurde den Pilgern sehr erschwert, da ein Teil des Pfades entlang einer Schlucht führte, in deren Grund ein Strom brauste. Weiter den Berg hinauf gab es drei Andachtsräume, und schließlich, wenn sie geistig und körperlich erschöpft waren, erreichten die Pilger den Gipfel, auf dem drei Kapellen zusammenstanden. Auf diese Weise wurden die Empfindungen des Pilgers, der ja offensichtlich gläubig war, durch körperliche Anstrengung und geistige Hingabe dazu getrieben, gewandelt zu werden, vielleicht von weltlichen Einflüssen und Begierden gereinigt, doch zumindest im Glauben an die Erlösung der Seele durch Christus bestärkt. Eine seelische Erfahrung wurde auf einzigartige Weise hergestellt, ein Weg, der durch die eher intellektuelle Andacht beim Gottesdienst in der Kirche nicht möglich war. Es überrascht nicht, daß solch heilige Berge der Pilgerschaft von der Anbetung eines Gottes zum anderen umgewandelt werden sollten, wie im Falle von Glastonbury in England, Mont Saint Michel in Frankreich, Croagh Patrick in Irland oder den Twin Peaks von San Francisco, USA.

Ein bedeutendes Bergheiligtum, in dem religiöse Kontinuität offensichtlich ist, ist der Felsendom in Jerusalem, heute eine der heiligsten Stätten des Islam. Diese Moschee ist allgemein, obwohl unkorrekt, als die „Moschee des Umar“ bekannt, nach dem islamischen Heiligen Umar, dem „Begleiter des Propheten“, der auf die Bitte des christlichen griechischen Patriarchen nach Jerusalem ging, um die Unterwerfung der Stadt anzunehmen. Als Umar in Jerusalem ankam, bat er darum, an die Stätte von Salomos Tempel geführt zu werden. Diese Stätte, die durch König Salomo geheiligt wurde, war für die Moslems als die angebliche Stätte von Mohammeds Aufstieg gen Himmel von Interesse — auch hier wieder das Motiv des heiligen Berges / Aufstiegs. Doch als Umar dort ankam, stellte er fest, daß der heilige Felsen durch die Christen entweiht worden war — sie hatten ihn als Abfallhaufen benutzt, um die Juden davon abzuhalten, dort ihre Andacht zu halten.

Nach der Eroberung durch den Islam wurde der Abfall weggeräumt und die Stätte wieder in den Zustand ihrer alten Reinheit gebracht. Später wurde die Moschee des Felsendoms über dem geheiligten Felsen errichtet. Dieses war für den Islam aus drei Gründen von Bedeutung: erstens wegen seiner Verbindung zu Abraham, dem Stammvater sowohl der Araber als auch der Juden, der zum Berge Moriah ging, um Isaak zu opfern; zweitens als die Stätte des Tempels des Salomo, ein mikrokosmisches Abbild des Weltalls und drittens wegen seiner unmittelbaren Verbindung zum Propheten selbst. Der nackte Felsen, den man im Inneren der Moschee noch besichtigen kann, stellt in islamischer Tradition den Gründungsstein der Welt dar. Mohammed wollte ursprünglich diesen Felsen anstatt des alten heidnischen Zentrums Arabiens Mekka zum Mittelpunkt des Islams wählen, überlegte es sich jedoch anders. Dennoch behauptet die Tradition, daß auf diesem Felsen beim jüngsten Gericht der Engel Israfil stehen wird, um die letzte Posaune zu blasen. Der Felsen soll angeblich achtzehn Meilen dem Himmel näher sein als jeder andere Ort auf der Erde; darunter liegt die Quelle allen Süßwassers, das auf der Erdoberfläche fließt. Die geheiligte Stätte der Juden erfuhr so eine Übernahme und wurde eines der Hauptheiligtümer des Islam.

Andere geheiligte Stätten wurden noch unmittelbarer in Moscheen umgewandelt. In Damaskus können wir eine doppelte Rückführung nachvollziehen: ein heidnischer Tempel und sein *Temenos* wurden zunächst als Kirche benutzt, die dann später in eine Moschee umgewandelt wurde. Wie der Felsen bei Jerusalem war die Stätte der Großen Moschee von Damaskus ein Heiligtum von größter Bedeutung, denn sie ersetzte ein christliches Heiligtum, das als Hauptreliquie den Kopf von Johannes dem Täufer verwahrte — Diese Reliquie ist dort bis zum heutigen Tage verblieben. Da jedoch die Ausführung von Kirchen und Moscheen aus sowohl geomantischen als auch liturgischen Gründen stark voneinander abweichen, ist die heutige Moschee mehr auf den Vorläufer der Kirche zurückzuführen — sie ist ein riesiges Rechteck von 100 x 160 Metern, dessen Wände den *Temenos* des früheren hellenischen heidnischen Tempels einschließen.[11]

Überall in der islamischen Welt gibt es Beispiele für die Umwandlung von früheren Heiligtümern oder Andachtsstätten zum neuen Glauben. Im *Koran* ist die Umwandlung von Mekka, der ersten heiligen Stadt des Islam, aus dem Heidentum aufgezeichnet. Viele Stätten, wie die Große Moschee von Damaskus, sind die islamisierten heiligen Orte der Christen, die ursprünglich heidnisch waren. Tatsächlich haben manche von diesen sogar noch einige Umwandlungen von einem heidnischen Kult zum anderen erlebt, bevor sie christianisiert wurden, Knowlton in Dorset, England, ist ein klassisches Beispiel für die Christianisierung einer heidnischen Stätte. Inmitten eines großen runden *„henge“* (d. h. eines Erdwalles mit dem Graben auf der Innenseite, der somit den Gebrauch für geweihte und nicht für Verteidigungszwecke anzeigt), stehen die Ruinen einer kleinen Kirche aus der Zeit der Normannen (ca. 1100). Der Erdwall, und somit die Kirche, liegen weitab von jeglicher menschlicher Behausung, und so muß daraus geschlossen werden, daß die Übernahme der Stätte durch die Christen für notwendig gehalten wurde, um die heidnischen Bräuche, die dort wahrscheinlich ausgeübt wurden, zu unterbinden.

Nach Beendigung der römischen Besatzung Englands wurden viele Kultstätten von den Ortsansässigen als die Wohnsitze von Dämonen oder anderen übelwollenden Geistern betrachtet. Weiterhin gibt es Beweise, daß die frühchristlichen Missionare, als sie ankamen, um die heidnischen Sachsen zu bekehren, diese tabuisierten verlassenen Ruinen als ihre Hauptquartiere verwendeten. Dies kann man als die symbolische Wiederbelebung der früheren Autorität der Römer, nunmehr durch die Kirche repräsentiert, betrachten, doch gleichzeitig hatte dies den zusätzlichen Aspekt, daß die neuangekommenen Christen ihre Immunität gegen die angeblichen bösen Einflüsse der Kultstätten demonstrierten. Heidnischer Aberglaube schrieb den Stätten sicherlich übernatürliche Kräfte zu — Riesen und Teufel sind darunter die beliebtesten — und so hatte die Beseitigung dieser Bauten und die Errichtung christlicher Symbole eine wichtige werbewirksame Funktion. Und in geomantischen Begriffen: wenn diese Plätze, entweiht wie sie waren, die Stätten negativer psychischer Phänomene darstellten, dann war der christliche Exorzismus durchaus notwendig, bevor der Rest des Landes bekehrt werden konnte. Dies trifft gleichermaßen für die Errichtung islamischer Moscheen auf christlichen geweihten Anlagen zu. Das mag auch der Grund sein, warum viele alte römische Kultstätten in England später die Plätze bildeten, auf denen Kirchen errichtet wurden. Offensichtlich muß zu der Attraktivität auch beigetragen haben, daß Baumaterial von den zerstörten Bauten vorhanden war (wie bei der Abtei des Sankt Alban), und daß vorhandene Fundamente in noch gutem Zustand wiederbenutzt werden konnten, doch ebenso muß die Tatsache eine Rolle gespielt haben, daß diese Stätten von den römischen *agrimensores* einige hundert Jahre früher mit divinatorischen Methoden ausgewählt worden waren.

Das führt uns zu der Sitte, Kirchen auf die Straßenfundamente früherer römischer Landstraßen zu setzen, und dies ist ein anderer wichtiger Aspekt der Kontinuität. Verschiedene Erklärungen für diese Praktiken sind angeboten worden, einschließlich der sehr unwahrscheinlichen Behauptung, daß der römische Straßenuntergrund ein sicheres Fundament abgab, ein Argument, das schnell wieder fallengelassen wurde, nachdem man den noch bestehenden römischen Straßenbau untersucht hatte. In Nordeuropa existieren viele Beispiele, deren hervorragendstes wahrscheinlich St. Mary's Church in Dartford in Südengland ist, die buchstäblich die alte Watling Street blockiert, die gleichzeitig eine der vorrömischen Vier

Königlichen Straßen Englands ist. Diese alte gerade Straße, die in einer mehr oder weniger direkten Linie von der Alten Londoner Brücke aus 24 km Entfernung herführt, teilt sich an der Kirche, läuft um sie herum und nimmt dann ihren früheren Verlauf wieder auf.

Dieses Verfahren wurde noch sehr lange angewendet in der Stadt Baldock in Hertfordshire in England, welches doppelt interessant ist, weil sie bewußt als eine Imitation der irakischen Hauptstadt Bagdad angelegt wurde. 1189 verlieh König Richard I das Land dem Orden der Tempelritter, die den alten geraden Icknield Way (eine weitere der Vier Königlichen Straßen) teilte, um ihn auf den heutigen Marktplatz und an der neuen Kirche vorbeizuführen, die auf der Trasse der alten Straße errichtet worden war. Die Parallelen hiervon zu den geomantischen Ausrichtungen der *Ceque* Systems des Inkareiches in Peru sind verblüffend, denn auch dort sind auf den alten Heiligen Linien Straßen angelegt. Diese Kombination von heiliger Ausrichtung und tatsächlicher Straße für Reisezwecke wurde von einigen akademischen Forschern der Geomantie schon im letzten Jahrhundert bemerkt; ich werde mich diesem Aspekt später noch zuwenden. Solche Doppelverwendungen sind typische Ergebnisse der Arbeit der Geomanten. Sie reichen von den relativ kurzen Prozessionswegen Babyloniens und des alten Äypten zu den langen Straßen des alten Peru und des kaiserlichen China.

Typisch für die kürzeren geheiligten Pfade war der von Nebukadnezar II, dem König von Babylonien (605-562 v. Chr.), erbaute Pfad. Die geheiligte Prozessionsstraße vom Tor der Ishtar zum Hohen Tempel von Babylon bei Etemenanki war 20 Yards (18,29 m) breit und wurde von zwei Reihen von Steinlöwen gesäumt. Sie trug die Inschrift: „Ich ließ die Straße von Babel mit Shadu-Steinplatten für die Prozession des Großen Herrn Marduk auslegen“. Eine andere Widmung weist darauf hin, daß heilige und wohlwollende Kräfte in der Straße wohnen: „Nabu und Marduk, wenn ihr glücklich diese Straßen entlang wandert, möge Wohlwollen für mich auf euren Lippen sein, ein langes Leben und körperliches Wohlbefinden. Ich werde vor euch hier wandeln“. Die Prozession an den geweihten Abbildern entlang dieser heiligen Straßen wurde nicht nur für das Wohlergehen des königlichen Haushaltes, sondern der ganzen Nation als wichtig angesehen. Die korrekte Ausübung einer heiligen Handlung zur rechten Zeit am rechten Ort muß in Einklang mit der kosmischen Ordnung stehen. Die Nachahmung eines himmlischen Archetypus auf der Erde erhält oder erneuert die Harmonie zwischen der Erde selbst, der Welt der Menschen und dem Bereich der Götter.

VI

Geheiligte Straßen — Eine „Geomantie der Eroberung"

Im Babylonischen Buch der Omen steht geschrieben: „Wenn ein Pferd vor dem Triumphwagen des Gottes stolpert, dann wird das ganze Land seine Vernunft verlieren." Die Straßen wurden für mehr als reine Transportwege gehalten, nämlich als irgendwie verbunden mit dem Lauf des Schicksals der Nation. Geheiligte Straßen waren in Assyrien durch König Sargon II (721-705 v. Chr.) und seinen Nachfolger, Sanhrib (704-681 v. Chr.) angelegt worden. Die geheiligten Abbilder der Götter wurden entlang dieser Landstraßen anläßlich der entsprechenden Feste aufgestellt, um das Wohlergehen jeden Bürgers zu sichern. Drei besondere Assyrische Tempel hatten einzigartige geheiligte Straßen, die wahren Vorläufer der Schienenwege. Bei den Tempeln von Sin und Shamash bei Assur war die geheiligte Straße mit 60 cm tiefen Furchen versehen, die Schienen aus einem bestimmten Material enthielten. Da Steine und Erde als Elemente tabu waren, wurden Schienen aus Holz oder Metall hergestellt für die Unterstützung der Gefährte, auf denen Abbilder der Götter auf ihren regelmäßigen Ausflügen von den Tempeln transportiert wurden.

Im alten Griechenland wurden die Straßen als geheiligter Boden angesehen, und der Reisende stand unter besonderem Schutz und unterlag geheiligtem Gesetz. Früchte, die am Straßenrand wuchsen, konnten ohne weiteres gepflückt werden, und hungrigen Reisenden war es sogar gestattet, die Opferspeisen, die in den Heiligtümern entlang der Straße verblieben waren, zu verzehren, eine Handlung, die unter anderen Umständen als Sakrileg angesehen worden wäre. Die Heiligtümer an den Straßen waren dem Apollo und dem Hermes geweiht, die die Schutzpatrone der Reisenden waren. Daher stellte auch die Irreleitung eines Reisenden eine Beleidigung der Götter dar und war als Sakrileg zu bestrafen. Da die Landstraßen die Domäne des männlichen Prinzips unter der Schutzherrschaft männlicher Götter waren, war es allen Frauen, sogar Priesterinnen, untersagt, ihren Fuß auf diese geheiligten Straßen zu setzen, und es war ihnen nur gestattet, in Fahrzeugen zu reisen. Im alten Italien war es den Frauen zwar erlaubt, auf den Landstraßen zu gehen, doch es war ihnen durch das Gesetz untersagt, während des Gehens einen Faden zu spinnen. Selbst das offene Tragen einer Spindel war verboten, denn man glaubte, daß die Bewegung der Spindel dem Wachstum der Felder abträglich wäre. Die Spindel war ein Symbol der Rotation des Himmels um die *axis mundi* herum, und als solche war ihr Gebrauch nur an einem zentralen Ort angebracht, wie z. B. am Herd oder auf dem Marktplatz. Die Umdrehungen der Spindel waren besonders unzuträglich für die Straßen, deren geheiligte Energien durch diese Bewegungen gestört werden konnten.

Der spezielle Status der Reisenden wird noch heute in England beachtet, wo Reisende in den Eisenbahnen alkoholische Getränke zu Zeiten bestellen dürfen, wenn Wirtschaften oder Bars aufgrund der Gesetzgebung schon geschlossen sind.[1] Darüberhinaus wird diese geheiligte, oder, im übertragenen Sinn, königliche Natur der Straßen — *The Queen's Highway* in England — immer noch auf den Postdienst angewendet, der seinen königlichen Schutz als *Royal Mail* behalten hat. Wegen dieser königlichen Verbindung, die aus dem alten Priester-Königs-Ursprung der Monarchie herstammt, war es in früheren Zeiten ein Kapitalverbrechen, die Königliche Post auszurauben, und wurde als Blasphemie geahndet. Sogar noch 1963, als der berühmte „Große Postraub" stattfand, und eine große Menge Geld aus einem englischen Postzug gestohlen wurde, war die Länge der Gefängnisstrafen beachtlich, nachdem die Schuldigen der Justiz übergeben worden waren. Doch sie hatten ja auch die „Königliche Post" ausgeraubt, und obwohl es damals nicht öffentlich gesagt wurde, spiegelte die Verurteilung ein offensichtliches Bewußtsein dieser uralten Heiligkeit und der Strafe für ihre Verletzung wieder.

Viele der Straßen des alten China waren mit Unverletztlichkeit ausgestattet. Obwohl heilige Straßen schon früher existiert hatten, empfahl Chia Shan, einer der Berater des Kaisers Wen Ti um 178 v. Chr., die Erbauung eines ganz neuen Netzwerkes heiliger Straßen. „Er ordnete auch die Anlegung von Poststraßen über das ganze Reich

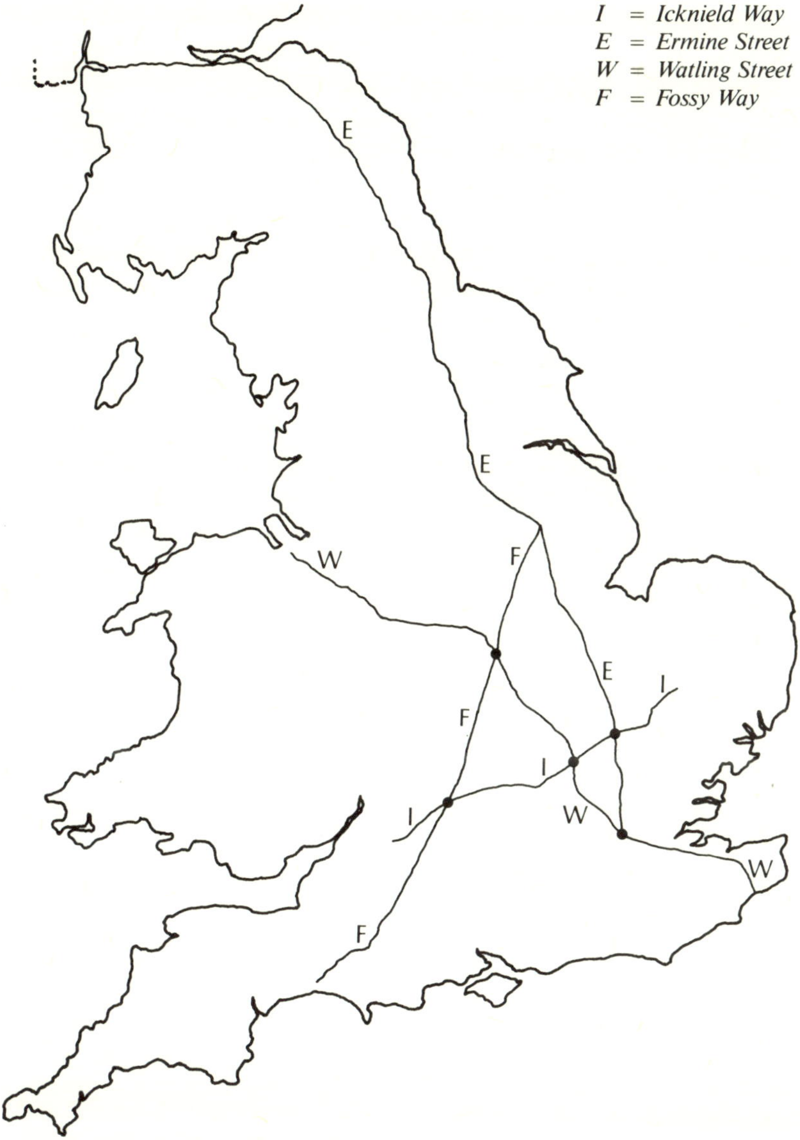

Die vier Königlichen Straßen Englands.

an“, erinnert sich ein fast zeitgenössischer Geschichtsschreiber, „östlich bis zu den äußersten Grenzen von Chhi und Yen . . . diese Landstraßen waren fünfzig Schritte breit, und alle dreißig Schritte wurde ein Baum gepflanzt". Diese prächtigen Straßen waren als die „neunspurigen Durchfahrten" bekannt. Von diesen neun Spuren war die mittlere die heiligste, da sie nur für den Kaiser und seine Begleiter sowie autorisierte Mitglieder des Herrscherhauses, die im Auftrag des Kaisers unterwegs waren, reserviert war. Die Spuren weiter außen waren für geringere Sterbliche bestimmt — Boten, Beamte und Kaufleute, die geschäftlich unterwegs waren. In der Nähe der Hauptstadt wurden die kaiserlichen Mittelspuren dieser Landstraßen als so heilig angesehen, daß es den gewöhnlichen Leuten nicht erlaubt war, auch nur den Fuß darauf zu setzen. In Abständen waren Brücken errichtet, so daß die niedrigeren Stände die Straße überqueren konnten. Der *Chhien Han Schu*, 47 v. Chr. geschrieben, berichtet, daß es als schwerwiegendes Vergehen angesehen wurde, wenn jemand es wagte, ohne Erlaubnis auf der Mittelspur zu reisen, und in einem Fall wurde ein Adliger für diese Tat enthauptet.

Die neunspurigen Straßen der Chinesen variierten in der Breite von 17,7 bis zu 19,6 Metern, während die Breite der geringeren, dreispurigen Straßen nur 5,9 Meter betrug. Dies war von höchster Bedeutung, denn die Breite der Straßen, ob geheiligt oder profan, wurde in vielen Ländern, in denen geomantische Bauweise mit Nachdruck betrieben wurde, für äußerst wichtig gehalten. Das alte indische System des *Arthashastra* verzeichnet verschiedene Arten von Straßen nach hierarchischer Bedeutung, jede mit der ihr vorgeschriebenen Breite. Die allerwichtigsten dieser Straßen waren jene, die Militärstützpunkte miteinander verbanden. Diese hatten eine Breite von 18,9 Metern. Den nächsten Rang nahmen die Königlichen Wagenstraßen im Land ein, die exakt halb so breit waren, nämlich 9,45 Meter. Wiederum halb so breit waren die Elefantenstraßen der Wälder, und einfache Wagenstraßen waren lediglich auf 2,28 Meter festgelegt. Viehstraßen hatten 1,8 Meter Breite, und Pfade für Fußgänger weniger als einen Meter. Die Festlegung von Straßenbreiten ist eine offensichtlich praktische Maßnahme. Bei der rechtwinkligen Landvermessung in Nordamerika gegen Ende des achtzehnten Jahrhunderts setzte man bestimmte Breiten fest, doch es ist die kanonische (vorschriftsmäßige) Natur der Maße selbst, die ihre geheiligten Ursprünge in geomantischen Bräuchen zeigt. Im mittelalterlichen Deutschland hatten die Straßen allgemein breit genug zu sein, um einen „Ritter in voller Rüstung, der einen Speer quergelegt trug“, darauf vorüberziehen zu lassen. Die Speerlänge war ein festgelegtes Maß, das in der Landvermessung Anwendung fand. Wie bei den Beispielen aus dem alten China und Indien garantierte es überall eine gewisse Mindestbreite. Wenn der Speer ein Haus an der Straßenseite auch nur berühren sollte, war dieses Haus in Gefahr, niedergerissen zu werden. An einigen Orten variierte die Definition der Breite etwas und betrug drei Pferde nebeneinander, oder es hieß, daß die Straße breit genug sein sollte, um eine Frau an einem Karren vorbeigehenzulassen, ohne daß sie ihren Umhang beschmutzte.

Der Abbruch von Häusern für den Verkehr ist seit der Einführung des motorisierten Verkehrs nur allzu bekannt, doch der Ritter zu Pferde zeigt uns, daß dies bereits eine uralte Gepflogenheit ist. Unter solchen Umständen waren sogar sakrale Gebäude manchmal bedroht. Die Pilgerkirche der Heiligen Maria in Gulidford in Surrey, England, besaß drei in England einzigartige Altarnischen bis zum frühen neunzehnten Jahrhundert, als König Georg IV bemerkte, daß die Straße an diesem Punkt durch die Kirche verschmälert wurde. Er drohte an, die Stadt nie wieder zu besuchen, wenn die Straße dort nicht verbreitert würde. Die übereifrigen Ortsbewohner rissen daraufhin eine Altarnische, die die Straßenenge verursachte, unverzüglich ab.

Die Einmischung der Könige in die Stadtplanung spiegelt die uralte heilige Position des Königstums wieder. Im neunzehnten Jahrhundert erstreckte sich dies nur noch auf die Anlage von Parks, wie z. B. des Regent Park in London, doch frühere Zeiten hatten Könige in der Funktion von Staatsgeomanten gesehen, wenn nicht offiziell und öffentlich, dann hinter den Kulissen.[2] Die heilige Natur der Straßen in England wird allgemein den Handlungen des mythischen Königs Dunwallo Molmutius zugeschrieben, doch es scheint, daß der funktionelle Aspekt dieser geomantischen Bräuche vom sechzehnten bis zum achtzehnten Jahrhundert nach und nach ausstarb oder vergessen wurde. Es gibt sogar Anzeichen dafür, daß die geheiligten

Wege schon früher im Untergang begriffen waren, denn 1570 veröffentlichte ein englischer Altertumsforscher namens William Lambarde ein Werk mit dem Titel *The Perambulation of Kent* (Eine Reise durch Kent).[3] Darin beschrieb er die vielen Altertümer und bemerkenswerten Sehenswürdigkeiten dieser englischen Grafschaft. Außer eine extrem wichtige Quelle für die Herkunft von Altertümern zu sein, war das Werk insofern bemerkenswert, als es die erste bekannte Karte beinhaltete, auf der Sichtlinien eingezeichnet waren, die verschiedene Orte verbanden. Diese Karte, die unter den Geomanten als die „Lambarde-Karte" bekannt wurde, zeigte die Linien, die das Leuchtturmsystem Kents miteinander verknüpften, welches zu Lambardes Zeiten schon größtenteils verfallen war. Ursprünglich hatten diese Leuchttürme aus Holzstapeln bestanden, die permanent auf dem Gipfel strategisch gelegener Hügel plaziert waren. Während Zeiten von Unruhen wurden sie angezündet, um das Volk zu versammeln, damit es sein Land gegen Eindringlinge verteidigen konnte. Später, doch noch vor Lambardes Zeit, wurden diese Holzfeuer modernisiert, indem jedes durch einen hohen Pfahl, der einen eisernen Korb hielt, ersetzt wurde, in dem dann Teerfässer verbrannt wurden. Dieses gab ein besseres Signal ab und war leichter anzuzünden als ein Holzstoß, der schon jahrelang dagelegen haben mochte. Die neueren Leuchttürme waren auf denselben Hügeln plaziert wie die früheren Holzfeuer. Da er die strategische Bedeutung dieses Systems erkannte, legte Lambarde die Karte mit der ausdrücklichen Absicht an, die Herrschenden zum Handeln zu bewegen. Obwohl es in einigen Kreisen als „Staatsgeheimnis enthüllend" kritisiert wurde, hatte sein Buch die beabsichtigte Wirkung, und war der unmittelbare Anlaß für die Wiederinstandsetzung des Leuchtturmsystems, gerade rechtzeitig, um es gegen die versuchte spanische Invasion von 1588 einzusetzen.

Abgesehen von ihrer geschichtlichen Bedeutung ist die Lambarde-Karte interessant, da sie Ausrichtungen auf dem Boden zeigt, und noch früher datiert als die einzige andere bekannte geomantische Karte der Renaissance, Humelius' Karte der Dresdner Heide in Sachsen.[4] Die Linien, die auf Lambardes Karte aufgezeichnet sind, stammen spätestens aus dem dreizehnten Jahrhundert und stellen somit vielleicht die erste Entdeckung des alten geomantischen Netzwerkes von geraden Linien über die Landschaft durch einen Altertumsforscher dar. Dieser Aspekt wurde jedoch von Lambarde nicht weiterverfolgt, und es scheint sich auch niemand sonst für alte Ausrichtungen im Gegensatz zu neuen interessiert zu haben, bis um ca. 1820 William Henry Black seine Forschungen begann.[5] Doch selbst er veröffentlichte nichts vor 1870, einige Jahre nachdem die erste authentische geomantische Ausrichtung von Edward Duke entdeckt wurde.

Duke, ein Altertumsforscher und Geistlicher, enthüllte, was er als eine „Achse der Kräfte“ erkannt hatte, Linien, die die alten Steinkreise von Stonehenge und Avebury verbanden. 1846 wurde das bemerkenswerte und umfangreiche Werk von Hochwürden Duke, *The Druidical Temples of Wilts* (Die Druiden-Tempel von Wilts), veröffentlicht, und es enthielt eine Karte, die einige Stätten traditioneller Heiligkeit durch eine gerade Linie verbunden zeigte.[6] Diese Karte mag durch die Landvermessungsarbeiten, die damals in Nordamerika stattfanden, inspiriert worden sein, doch dafür fehlen die Beweise. Dukes Ausrichtung war meridional (annähernd Nord-Süd) und lief vom Steinkreis bei Winterbourne Bassett durch Avebury, dem größten Steinkreis in England, Silbury Hill, Walker's Hill und Easterly Camp (alles alte Erdwälle) bis nach Stonehenge. Duke zufolge waren diese Stätten der Venus, der Erde, der Sonne, dem Merkur, Mars, Jupiter und Saturn geweiht, den angenommenen Verehrungsobjekten der Druiden. Sie waren esoterisch mit jahreszeitlich orientierter Anbetung verbunden, und jedes Heiligtum wurde vielleicht von den Feiernden an dem den einzelnen Planeten entsprechenden Tag besucht. Duke hatte sich, wissentlich oder unwissentlich, in eine alte astrologisch-geomantische Tradition eingeschaltet, die tatsächlich zu seiner Zeit (obwohl er dies nicht wußte) noch in Tibet und Madagaskar bestand, wo ähnliche Systeme religiöser Wissenschaft praktiziert wurden. Worin auch immer die tatsächliche objektive Wirklichkeit von Dukes Behauptungen bestand, seine Interpretationen zeigten ein Begreifen eines der Grundsätze der Geomantie — die Verbindung von Objekten auf der Erdoberfläche mit beobachtbaren astronomischen Phänomenen am Himmel, eine buchstäbliche physikalische Übertragung des hermetischen Grundsatzes „wie oben, so unten".

Abgesehen von den Thesen, die in *The Druidical Temples of Wilts* enthalten sind, unternahm Duke jedoch keine weiteren Forschungen astronomisch-geomantischer Ausrichtungen. Seine Linie könnte in der Tat als Teil eines Systems konzentrierter planetarischer „Orbits" (Umlaufbahnen) betrachtet werden, die auf ptolemäische Weise auf die Erde zentriert waren. Soweit bekannt ist, glaubte Duke, daß diese Linie einzigartig sei — er erhob keinen Anspruch auf Universalität für das „System". Anders Black. William H. Black war ein langjähriges und geachtetes Mitglied der *British Archaeological Association*, als er am Dienstag, den 6. September 1870 im Green Dragon Hotel in Hereford, England, vor einem skeptischen Publikum von archäologischen Kapazitäten seine erstaunlichen und offensichtlich noch nie dagewesenen Entdeckungen darlegte. Dort enthüllte er, daß er dieses ungewöhnliche Thema seit den 20er Jahren erforscht habe, und daß er nunmehr (1870) überzeugt sei, daß überall in England, und auch im Rest der Welt ein System von auf einer Linie liegenden Kultstätten bestand. „Lassen Sie mich meinen Kollegen in der Archäologie versichern", sagte Black an jenem Morgen, „daß ein bedeutungsschweres Kopfschütteln oder ein Naserümpfen oder Grummeln, Knurren oder verächtliches Zischen ob meiner Versuche, das geheime professionelle Wissen der Vorfahren nachzuvollziehen, mich nie davon abgehalten hat, meine Forschungen weiter zu betreiben oder sie auf öffentlichen Veranstaltungen oder bei anderen angebrachten Gelegenheiten vorzustellen." Anscheinend war er schon vorher auf Widerstand gestoßen. Doch das konnte einen Mann von Blacks Standhaftigkeit nicht erschüttern. Er hatte das „Geheime Professionelle Wissen der Alten" wiederentdeckt und war dabei, es der gelehrten Gesellschaft mitzuteilen. „Es existieren Monumente", fuhr er fort, „die große geometrische Linien markieren, Linien, die ganz Westeuropa bedecken und sich über England hinaus nach Irland, den Hebriden, den Shetland-Inseln und Orkney-Inseln geradewegs bis zum Arktischen Kreis erstrecken." Black hatte diese Prinzipien in ganz Europa entdeckt, fügte er hinzu, und sogar in Indien und China. Nun haben wir bereits die Existenz geheiligter

Straßen sowohl in Indien als auch in China erwähnt, doch es ist heute unmöglich, das Ausmaß des Wissens, das Black hierüber (wenn überhaupt) besaß, zu bestimmen.

Wir können heute Blacks Behauptung nicht mehr nachprüfen, denn bei seinem Tod 1872 wurden seine Karten und Manuskripte verkauft oder fielen der Zerstörung anheim, und obwohl die Möglichkeit besteht, daß sie die Zeit irgendwo überdauert haben, hat niemand mit geomantischem Interesse eine Spur von ihrem Verbleib. Seine Karten wurden vor all diesen Jahren in Hereford benutzt, als Black in einer Gesellschaft von Archäologen, die der Konferenz beiwohnten, Credenhill einen Morgenbesuch abstattete. Dort, oben auf dem alten Erdwall aus der Zeit der Römer, entfaltete Black seine Karten und zeigte seiner Zuhörerschaft einige hervorragende Hügelkuppen und andere Wahrzeichen in der Landschaft Herefordshires, die in sein System der Großen Geometrischen Linien fielen. Danach machte sich die gebildete Gesellschaft gemächlich auf den Rückweg den Hügel hinab zur Pfarrei, wo sie mit Hochwürden Buller Tee tranken. Black erklärte, daß Credenhill einst eine Niederlassung römischer *Agrimensores* oder ziviler und militärischer Konstrukteure gewesen sei, die eine kleinere Provinz vermessen hatten, nunmehr die Grafschaft Hereford. Sie hatten dies bewerkstelligt, indem sie Linien festgelegt hatten, die mit hervorstehenden entfernten Wahrzeichen in der Landschaft übereinstimmten, und von denen wiederum andere Große Geometrische Linien, die mit anderen Teilen Englands und des Reiches verbunden waren, ausgingen.

Blacks Tod nur zwei Jahre nach seiner Erklärung im Verein mit seiner unglückseligen Unterlassung, seine Vorstellungen in Buchform zu veröffentichen, führte zu einem fast vollständigen Ausbleiben von nachfolgenden Arbeiten. Tatsächlich waren seine Werke verschollen, bis sie wiederentdeckt und 1976 durch das *Institute for Geomantic Research* (Institut für Geomantische Forschung) wiederaufgelegt wurden. Nur in Herefordshire glommen noch die Funken seiner Ideen unter den Mitgliedern des *Woolhope Antiquarian Club*, der ortsansässigen historischen und archäologischen Gesellschaft, die die Britische Archäologische Gesellschaft 1870 in Hereford willkommen geheißen hatte. Blacks Ideen hatten in der *Hereford Times* beträchtliche Berichterstattung erfahren: „Mr. Black vermutete, daß Credenhill von den Römern als ein Zentrum eingenommen wurde, von dem aus sie ihre Grenzlinien festlegten, und somit Teil ihres großen geometrischen Systems der Vermessung war. Er legt ferner dar, daß *Ffwddwg* ein weiterer dieser Punkte war“.[7] Solch verblüffende geomantische Behauptungen am Ort konnten von der örtlichen archäologischen Gesellschaft nicht unbemerkt bleiben! Eines der führenden Mitglieder des *Woolhope Club*, Dr. H. G. Bull, der die Konferenz von 1870 besucht hatte, war 1882 immer noch aktiv und erwähnte Blacks Theorien in einer Arbeit über Credenhill, die in den *Transactions* des Clubs veröffentlicht wurde. Und diese führt uns zu einem der größten Rätsel in der Geschichte geomantischer Forschung — die Entstehung von Alfred Watkins Ideen, die später als *„Leys“* auftauchen und eine Wirkung haben sollten, die bis zum heutigen Tage andauert.

Obwohl Alfred Watkins heute für seine „Entdeckung“ der *Leys* bekannt ist, sollten wir uns eigentlich seiner erinnern wegen seiner Rationalisierung einer übergreifenden Theorie und der Prägung eines neuen Wortes -*Ley*- um die Ausrichtung alter Stätten zu beschreiben. Das soll natürlich nicht seine Erfolge schmälern. Doch man kann nicht leugnen, daß er sie Black zu verdanken hatte. Seine „Entdeckung“ wurde zuerst in einem kleinen, aber faszinierenden Buch, *Early British Trackways* (Frühe Britische Straßenspuren), dargelegt, das 1921 veröffentlicht wurde.[8] Seinen eigenen Angaben zufolge war er schon seit 1871 an Alterstumsforschung interessiert gewesen, also bereits 50 Jahre zuvor, als er, noch ein Junge, auf einer Handelsstraße für die Brauerei seines Vaters in Hereford unterwegs war und sein Pferd zügelte, um mit Staunen auf die Vier Steine bei New Radnor zu blicken, die wie Wächter an der Ecke eines Feldes standen. Von diesem Tag an war er, nach eigenen Angaben, auf Altertumsforschung „fixiert“. 1871 war nur ein Jahr nach Blacks Verkündungen in Hereford, und es ist nicht undenkbar, daß Watkins, ein Junge von 15 Jahren, bei Blacks Ansprache zugegen war. Selbst wenn er nicht teilgenommen hatte, diskutierten wahrscheinlich viele seiner Zeitgenossen im *Woolhope Club*, dem er 1888 beitrat, Blacks Theorien.

In seinen Büchern jedoch würdigt Watkins Blacks Thesen über die Anlage von Herefordshire keiner Erwähnung. Stattdessen behauptet er, daß seine „Entdeckung“ einzigartig war: „das Thema war vollkommen vernachlässigt worden, bis ich die Pionierarbeiten ausführte“, schrieb Watkins. Er gab sogar das Datum der „Entdeckung“ an: 30. Juni 1921. Und diese „Entdeckung“ an sich ist schon zu einer Art moderner Legende geworden, denn nun gibt es eine „offizielle“ Version der Geschichte — etwas verklärt, aber falsch — die oft in Büchern über dieses Thema angegeben wird.[9] Watkins, so geht die Geschichte, saß an einem sonnigen Nachmittag im Juli hoch zu Pferde auf einer Hügelkuppe bei Bredwardine. Als er so über die Hügelkuppen in der Ferne blickte, hatte er plötzlich eine Vision, in der ihm wie eine „Kette der Feen“ angelegt, ein glühendes Netzwerk von Linien erschien, die die Landschaften durchquerten. In der Tat, eine moderne mystische Vision. Die Wahrheit ist, wie immer, viel nüchterner. Die vier Elemente des Mythos: Pferd, Bredwardine Hügel, Blick über die Landschaft und plötzliche Vision sind leider alle erfunden. Alfred Watkins wurde 1855 geboren, und war daher 66 Jahre alt, als der angebliche Vorfall stattgefunden haben soll. Da er ein wohlhabender Autofan war, reiste er natürlich überall mit dem Auto hin. Seine Vorliebe galt dampfgetriebenen Vehikeln, von denen er gleich drei besaß, obwohl 1921 sein Gefährt auch schon benzingetrieben sein mochte. Dieser Vorfall (wenn man es denn Vorfall nennen kann), der von Watkins selbst in *Early British Trackways* berichtet wurde, ereignete sich in Verbindung mit dem Dorf Blackwardine (nicht Bredwardine) in Herefordshire, und außerdem ist Blackwardine auch nicht auf einem Hügel gelegen. Die ganze „Entdeckung“ war überhaupt keine plötzliche Vision, sondern als er eine Reise nach Backwardine plante, bemerkte Watkins eine gerade Linie auf der Karte, die alte Kultstätten verband.

Andere wie zum Beispiel Lambarde, Duke, Black — und in Deutschland Leugering und Teudt — waren Vorgänger von Watkins mit ihren Untersuchungen gerader Linien in der Landschaft gewesen. Doch Watkins hatte irgendwie ein Vorstellungsvermögen, wie es die anderen nicht besaßen, und das heutige Interesse an der Geomantie als solcher ist der Wiederbelebung des Interesses an seinen Werken zu verdanken, das während der 60er Jahre neu entfacht wurde. Die heutige Zeit ist vielleicht die einzige der Geschichte, in der dieses „Geheime Professionelle Wissen der Alten" veröffentlicht wird. Das heutige Zeitalter, vielleicht der Anfang des vielgerühmten „Zeitalter des Wassermanns", hat die Enthüllung von Wissen erlebt, das früher den enggewobenen Kreisen geheimer und esoterischer Organisationen wie den Freimaurern und den Illuminati vorbehalten war. Und

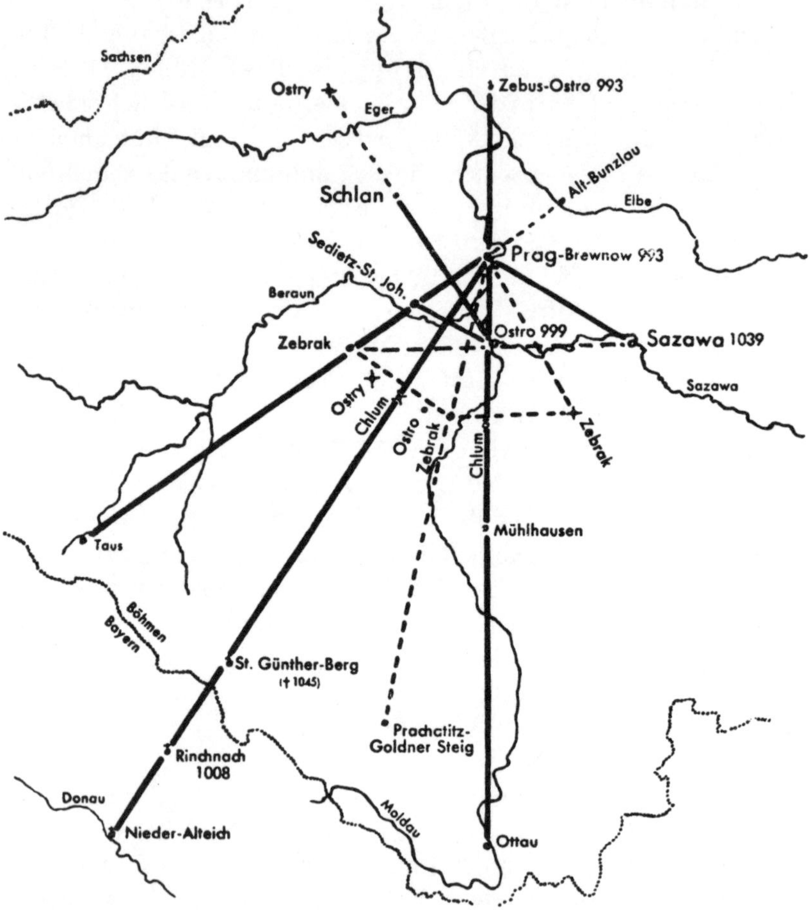

Von Prag ausgehende heilige Linien, die zu Gründungen des Benediktiner-Ordens führen.

vielleicht erfahren wir durch die mythologisierte „Entdeckung" der *Leys* durch Alfred Watkins dieselbe Enthüllung von bis dahin geheimen Erdmysterien.

Die hieratische Veränderung der Landschaft war sicherlich eine esoterische Kunst in der Zeit des Mittelalters und wurde für die Gründung von Städten als fundamental angesehen. Die neuen Städte Frankreichs und Englands, die während des späten dreizehnten und vierzehnten Jahrhunderts auf Befehl der englischen Könige Edward I und II gegründet wurden, sind hervorragende Beispiele dieses rigoros angewandten Systems geheiligter Geographie. Die Gründungsriten zum Beispiel trugen wenige Spuren christlicher Tradition, waren jedoch in direkter Fortführung von früheren heidnischen Gebräuchen abgeleitet, wie die Errichtung eines zentralen Markierungspunktes demonstriert, dem Gegenstück zum *Dagsmark* der nordischen Landschafts-Astronomie oder dem *Irminsul* der germanischen Heiden.[10] König Edward I von England war an der Gründung und Planung neuer Städte oder *Bastides* maßgeblich beteiligt. Einer seiner Titel lautete denn auch *Rex et Bastidor* (König und Bauherr). Es heißt, daß der König die geomantischen Methoden, die in seinen Städten angewendet wurden, während seiner Reisen in den Nahen Osten kennengelernt hatte und sich nach seiner Rückkehr nach Europa an die Gründung neuer Städte in Frankreich begab mit der Absicht, englische Regeln hier weiterzuführen.

Die erste der vielen *Bastides* Edwards I wurde im November 1272 in Beaumont de Perigord gegründet. Edward I beauftragte seinen Seneschall, damals Luke de Thenney, „Städte oder *Bastides* im Namen des Königs zu errichten", wo immer in der Gascogne er es für richtig hielt. Die Anlage dieser Städte war einfach — ein Rechteck mit netzartig angelegten Straßen mit einem Marktplatz als Mittelpunkt, auf dem alle Geschäfte der Stadt abgewickelt wurden. Oft waren die Straßen so angelegt, daß die Tore von strategisch plazierten Bogenschützen gegen Angriffe verteidigt werden konnten. In den „Ansiedlungs-Städten" der Gascogne wurde der zentrale Pfahl unweigerlich im Mittelpunkt des Platzes errichtet, an dem die Straßen und Stadtteile zusammentrafen. Dieser Pfahl, in der Gascogne *pol* oder *pau*, trug eine Fahne oder ein Wappen mit dem Emblem des Stadtgründers. Als Edward II 1321 offiziell die Gründung der Stadt Toulouzette in der Gascogne bestätigte, vollzog William von Toulouse, der Seneschall des Königs in der Provinz Landes, die geomantische Gründungszeremonie. Er grub ein Loch, in das er den *pol* hineinsetzte und befestigte. Nachdem er das Ritual ausgeführt hatte, verlas er alle Paragraphen der Vorrechte des Ortes im Namen Gottes, der Gesegneten Jungfrau Maria und der Heiligen, und händigte den neuen Stadtoberhäuptern die Stadturkunde aus.

Doch es war nicht nur in Frankreich, wo englische Könige diese „Geomantie der Eroberung" ausübten. Ihr eigener Machtbereich in England war ebenso reif für solche Entwicklungen. 1296-97 berief König Edward I seine Geomanten, Henry le Waleys und Thomas Alard zu einer Stadtgründungskonferenz, um die zukünftigen Pläne für mehrere Orte festzulegen, im Besonderen die Wiedererbauung der Grenzstadt Berwick-on-Tweed, einer bedeutenden Festung an der schottisch-englischen Grenze.

Doch das vielleicht willkommenste Beispiel von Stadtgeomantie aus dem dreizehnten Jahrhundert in England ist New Winchelsea in der südlichen Grafschaft Sussex. Die Zerstörung des wichtigen Hafens von Old Winchelsea durch die See um 1273 und in den darauffolgenden Jahren bewog die Einwohner, den König um eine neue Stadt zu bitten, und so wurde im November 1280 Henry le Waleys nach Sussex gesandt, um die möglichen Plätze für ein neues Winchelsea in Augenschein zu nehmen. 1281, nachdem die rechte Stelle ausgewählt worden war, begann man mit der Anlage der Anwesen. Der König hatte angeordnet: „Ihr sollt planen, Richtungen für Straßen und Wege angeben und passende Plätze für einen Markt und zwei Kirchen zuweisen." Die neue Stelle lag auf dem Hügel von Iham, sicher vor der Küstenerosion, die die alte Stadt zerstörte. Le Waleys legte die Stadt als netzwerkartigen Plan an, indem er 39 *insulae* (Inseln) schuf, die in 716 *placea* (Anwesen) unterteilt waren. Frühere Grundbesitzer in Old Winchelsea, das schließlich im großen Sturm vom Februar 1287 vollkommen weggefegt wurde, erhielten Land von gleicher Größe und gleichem Wert zugewiesen, wie sie es in der alten Stadt besessen hatten.

New Winchelsea wurde lange als ein Modell für Stadtplanung bewundert. In einem Bericht aus dem Jahre 1570 wurde festgestellt: „Sie besaß ausgezeichnete Proportionen, unterteilt in XXXIX Viertel, die meisten davon rechteckig, mit Straßen sehr groß und breit, alle gerade, als ob sie mit einer Schnur gezogen wären".[11] Obwohl die tatsächlichen Methoden der Anlage von New Winchelsea nicht aufgezeichnet wurden, existieren jedoch noch Aufzeichnungen von Schnüren, das heißt Meß-Schnüren, die von Edwards I Geomanten anderswo gekauft wurden. „Stadtgründungen", die oft auf den archetypischen geviertelten Quadraten oder rechteckigen Mustern basierten, wurden häufig an der Kreuzung wichtiger Straßen angelegt: wir haben das schon bei der Templer-Stadt Baldock in Südengland bemerkt. Wie so oft in geomantischer Praxis diente diese Plazierung doppelten Zwecken, denn solche Orte waren zugleich geheiligte Stätten der Erdenergie und strategisch so plaziert, daß sie vom vorbeiziehenden Handel profitierten. Von den englischen „Stadtgründungen" dieser Art fallen uns die berühmte Universitätsstadt Oxford und die „Omphalos-Stadt" Dunstable auf. Diese Tradition geht weit zurück, denn die iranische Stadt Ekbatana, gegründet 715 v. Chr., war ähnlich angelegt, wie auch alte römische, chinesische und amerikanische Städte. Diese Städte und Ortschaften, ob sie im mittelalterlichen England oder im Peru vor Kolumbus lagen, stellten geomantische Archetypen dar, die das mystische Konzept des Kosmos wiederspiegelten.

Diese geomantische Anlage einer heiligen Stadt oder eines Hügels, die im Mittelpunkt eines Systems von heiligen Linien oder Straßen lagen, war nirgendwo mehr ausgebaut als im alten Inkareich in Peru. Dort spiegelten die Straßen buchstäblich die kosmische Ordnung wieder, da sie sowohl dem weltlichen Verkehr dienten als auch geheiligte Kräfte in sich trugen. Hernando de Soto, der erste Europäer, der einen Bericht über das Straßensystem der Inkas verfassen sollte, schrieb, daß von dem Großen Platz in Cuzco, der Hauptstadt des Inkareichs, „vier Straßen ausgingen, die in alle Teile des Reiches führten". Diese vier Landstraßen waren die Arterien, die den Sitz des Königs mit den vier *suyus* oder Teilen des Reiches verbanden.[12] Die Straße, auf der De Soto zuerst reiste, die Chinchay-Suyu, führte nach

Quito im Nordosten, 500 Meilen entfernt. Die Cuntu-Suyu lief gen Südwesten; die Colla-Suyu zu „einem großen See“ und die Anti-Suyu führte in die Dschungel im Nordwesten. Diese vier heiligen Hauptstraßen ergaben ein geheiligtes Ganzes, das als Tawantin-Suyu, „Die Vier Gegenden (Himmelsrichtungen) der Welt“ bekannt war. Wie in vielen Ländern dienten die Hauptstraßen der Nation als Aufteiler der vier Gegenden (Himmelsrichtungen).

Die Geschichtsschreibung von Bernabe Cobo enthält eine Passage mit dem Titel *Relacion de las huacas* (Verbindung der Heiligtümer), die das bemerkenswerte System geomantischer Linien beschreibt, die von der Inka-Hauptstadt, Cuzco, ausgehen.[13] Diese heiligen Linien, unter ihrem Ortsnamen *Ceques* bekannt, wurden von den spanischen Eroberern *rayas*, „Strahlen“, genannt. Neuere Untersuchungen von R. Tom Zuidema haben gezeigt, daß das System aus 41 strahlenförmigen Linien bestand, die auf die Coricancha, den Sonnentempel im Herzen der Hauptstadt, zentriert waren.[14] Diese *Ceques* strahlen über die Landschaft als unsichtbare Linien aus, die einige heilige Plätze verbinden — die *huacas*. Wie die traditionellen geheiligten Stätten Asiens, Europas und Afrikas, so waren diese geheiligten *huacas* Felsen, Quellen, Berggipfel oder andere bedeutende topographische Merkmale, oder auch von Menschenhand geschaffene künstliche Heiligtümer. Um Cuzco herum gab es insgesamt 329 dieser geheiligten Stätten, die im Detail in den Werken Cobos beschrieben sind. Cobo stellt fest, daß die 329 *huacas*, die auf den 41 *Ceques* angelegt sind, in vier Untergruppen eingeteilt waren — die vier Himmelsrichtungen. Das örtliche *Ceque*-System, das Cuzco umgab, war nur bis zum Horizont angelegt, so wie er von der Coricancha sichtbar war. Andere geheiligte Stätten, die nicht zum *Ceque*-System gehörten, bestanden zusätzlich zu den 329 *huacas*, doch diese hatten einen anderen Symbolgehalt und eine andere Funktion als jene auf den geomantischen heiligen Linien. Einige der heiligen Linien hatten außerdem eine astronomische Funktion und waren auf bedeutende Vorgänge im Jahresablauf ausgerichtet, so wie Mittsommer-Sonnenaufgang. Auf diese Weise waren die astronomischen Funktionen der geomantischen Ausrichtungen, wie bei Stonehenge und den Externsteinen, in das nicht-astronomische System der heiligen Linien integriert.[15] Bedeutende Positionen der Sonne wurden durch hervorstehende Türme oder Tore am Horizont markiert, über denen oder durch welche die Sonne zur entsprechenden Zeit sichtbar wurde. Ein grundlegend wichtiger Aspekt der *Ceques* und heiligen Straßen weltweit sind geheiligte Tore, Orte, wo der Strom des Verkehrs, der Pilger usw. zeitweilig angehalten wird. Diese Tore können physikalischer Art sein, wie die Tore, die eine heilige ummauerte Stadt umgeben oder sich über einen Pilgerweg wie bei Oka in Quebec, Kanada, spannen, oder sie können konzeptioneller Art sein, „magische" Tore.

In seinem Buch *In the Magic Land of Peyote* (Im Magischen Land des Peyote) beschreibt Fernando Bénitez die Rituale des mexikanischen Eingeborenenstammes der Huichol bei seiner jährlichen Pilgerreise.[16] Wie die meisten Pilgerfahrten, schließt die Reise den Besuch einer Anzahl heiliger Plätze der Reihenfolge nach ein, deren jeder eine andere Tugend oder Eigenschaft als der vorhergehende besitzt. An jeder Stätte werden bestimmte vorgeschriebenen Riten ausgeführt, um den Pilger zu reinigen und ihn oder sie für die Ankunft im Geheiligten Zentrum, Wirikuta, vorzubereiten, den Platz, an dem die geheiligten Riten des halluzinogenen Kaktus *Peyote* vollzogen werden. Bei jedem magischen Tor entlang der Pilgerstrecke wird eine bestimmte Opfergabe dargebracht, und dann öffnet der Schamane den Weg für die Priester. Die Stätten auf der Pilgerfahrt nach Wirikuta sind die typischen Plätze, die in Peru *huacas* bilden, oder die *Ley*-Punkte von Alfred Watkins *Old Straight Trackways* in England. Diese Stätten entlang der Landstraßen sind universal, und sind in vielen Ländern mit Anhäufungen von Steinen oder *cairns* gekennzeichnet. Diese *cairns* tragen verschiedene Namen in den Ländern, in denen sie vorkommen, doch wie immer sie auch genannt werden mögen, das Prinzip ist dasselbe: jeder Reisende, will er in Sicherheit vorbeiziehen, muß seinen eigenen Stein oder Brocken zum Haufen hinzufügen. So können in Madagaskar, Tibet, Wales, Mexiko, Peru usw. ansonsten unerklärliche Haufen von Steinen am Straßenrand gesehen werden, manchmal an hervorstechenden Plätzen, wo sie als Markierungspunkte für Reisende und geodätische Hinweise auf heiligen Linien dienen, doch genausogut an scheinbar unbedeutenden Plätzen, wo nur die Forderungen der nichtmateriellen Welt erfüllt werden.

Durch einen feinen, aber dauerhaften Faden werden die Elemente Straße, Hügel, Markierungspunkt (Wahrzeichen) und Heiligkeit mit bemerkenswerter Beständigkeit überall in der Welt zusammengehalten. Das Wiederauftauchen der Themen: heiliger Hügel, geheiligte Straße, Markierungspunkt, heilige Linie ist die Ursache für die Verwunderung anthropologisch geneigter Forscher gewesen: ist es der Beweis für eine Ausbreitung? Sind die Praktiken an einem einzigen Ort entstanden und wurden sie dann von einer einstigen und nun vergessenen Kultur über die Welt verbreitet? Die Antwort ist fast mit Sicherheit nein. Die Formen und Praktiken entstanden aus der Wechselbeziehung psychologischer menschlicher Archetypen mit feinstofflichen Kräften in der Erde, also geophysikalischen Mustern, die überall bestehen, und sind von Geomanten auf der ganzen Welt erkannt und beeinfluß worden.

VII

Das Erd-Gitternetz — Eine greifbare Manifestation

Während der letzten 60 Jahre haben viele Sensitive wahrgenommen, daß auf der Oberfläche des Planeten Erde ein lebendes und sich entfaltendes Energie-System liegt, das aus Linien und geometrischen Formen besteht. Uraltem Glauben und auch den eher experimentell verifizierbaren Untersuchungen moderner Forscher zufolge können diese Manifestationen des planetarischen Energie-System durch „spirituelle" Handlungen modifiziert werden: die Durchführung von geheiligten Ritualen, Meditationen oder Visualisationen. Colin Bloy hat gezeigt, daß diese Wechselbeziehung zwischen den feinstofflichen Energien der Erde und den Kräften, die durch beabsichtigte Handlungen gesteigerten Bewußtseins hervorgerufen werden, die tatsächliche innere Struktur der Energie-Muster verstärkt, wie sie durch das Rutengehen geortet werden.[1] Diese Verstärkung nimmt gewöhnlich die Form einer erweiterten Anzahl von individuell bestimmbaren Linien an, die parallel entlang einer *Ley*- oder einer tellurischen Linie laufen, oder zeigt sich in der Entstehung geometrischer Energiefelder um die Person oder den Platz herum, die so energetisch aufgeladen wurden. In einem späteren Kapitel werde ich die Theorien über diese sehr wichtige Beobachtung im Detail beleuchten.

Eines der ungewöhnlichsten Experimente auf diesem Gebiet ist kürzlich in Brighton in Sussex durchgeführt worden, wo eine Organisation, die sich die *Fountain Group* nennt, versucht hat, diese Entdeckungen praktisch anzuwenden. Im Sommer 1981 wurde die Fountain Group gegründet. Sie bestand aus Menschen aus allen Bereichen des Lebens, die durch die Überzeugung verbunden waren, daß Meditation oder Gebet auf eine besondere Stelle im System der Energie-Linien in Brighton gerichtet und diese so wieder mit Energie aufgeladen werden könne. Dies, so glauben sie, kann Verbrechen reduzieren, Streß abbauen (und damit auch mit Streß verbundene

Krankheiten), Rowdytum und Vandalismus reduzieren und ein größeres Gemeinschaftsbewußtsein unter der Bevölkerung bewirken. Die Methoden, die von der *Fountain Group* angewendet werden, sind dieselben, die ein Heiler für einen kranken Patienten benutzen würde. Vorhergehende Forschungen wurden angestellt, um den besten Punkt für die Anwendung der „Erd-Heilung" zu bestimmen. Er wurde im Springbrunnen von Old Steine im Zentrum der Stadt gefunden, eine alte geheiligte Stätte, von der man annahm, daß sie auf den Überresten eines prähistorischen Steinkreises gebaut war. Da er ein Mittelpunkt tellurischer Energien war, wurde dieser Springbrunnen als die Stätte ausgewählt, auf welche die heilenden Energien gerichtet werden sollten, um somit Kraft in das tellurische Liniensystem der Gegend zu leiten.

Am Michaelistag, dem 29. September 1981, hielt die Gruppe einen Andachtsgottesdienst in der Sankt Bartholomäus-Kirche in Brighton.[2] Michaelis wurde gewählt, da Sankt Michael der christliche Schutzherr hochgelegener Stellen und somit der Zentren tellurischer Energie ist. Unter der Gemeinde in der Sankt Bartholomäus-Kirche befanden sich Andrew Bowden, das örtliche Parlamentsmitglied, und einige Geistliche der Umgebung. Der Andachtsgottesdienst stellte den offiziellen Beginn des außergewöhnlichen Projektes dar. Schon vor dem Gottesdienst jedoch hatte die Ankündigung des Vorhabens und das allgemeine psychische Bewußtsein, daß das Konzept angewendet werden sollte, eine meßbare Auswirkung am Springbrunnen und seiner unmittelbaren Umgebung. Die tellurische Hauptlinie, auf der der Springbrunnen steht — eine „Hauptenergielinie", die Rosslyn in Schottland, St. James in London, Brighton, Notre Dame in Paris und Santiago de Compostela in Spanien verbindet — wurde spürbar aufgeladen. Colin Bloy berichtete, daß zum Zeitpunkt der offiziellen Einweihung des Projektes die tellurische Linie am Springbrunnen, die vorher drei Gruppen von 64 parallelen Linien gehabt hatte, sich nunmehr zu einer aus 6400 x 64 Strahlen bestehenden Linie ausgedehnt hatte. Doch im Moment des Andachtsgottesdienstes kehrte sich diese massiv aufgeladene Linie wieder zu einer dreifachen 64 um. Trotz dieser Umkehrung und Stabilisierung wurde bald festgestellt, daß nun rund um den Springbrunnen und in dem ganzen Gebiet ein Schachbrettmuster von „Netzwerklinien" durch Rutengehen geortet werden konnte. Diese „Netzwerklinien" bestanden aus 8 parallelen einzelnen Linien und waren in Quadraten von ungefähr 50 Fuß Seitenlänge angeordnet. Das Muster wurde mit Ruten abgegangen, um zu sehen, wie weit es sich ausbreitete, und es stellte sich heraus, daß es das gesamte Stadtgebiet von Brighton bedeckte. Im Osten erstreckte es sich bis zur Roedean Schule, im Norden reichte es bis zu den Zwillingssäulen, die ein „geheiligtes Tor" auf der Hauptstraße nach London bilden, und im Westen erreichte das Netzwerk die Shoreham Hafengrenze.

Auf irgendeine Weise hatten die Energien, die durch Gebet, Meditation und das lediglich Denken guter Gedanken in das Gitternetz geströmt waren, ein zu ortendes Netzwerk geschaffen, das den gesamten bewohnten Bereich durchzog. Interessanterweise war an der Ortsgrenze eine qualitative Veränderung des Gitternetzes festzustellen. Dort hörte das Gitternetzmuster augenscheinlich auf, doch nach einer Unterbrechung von 20 Yards formte sich das Muster wieder, diesmal aufgeteilt in kleine einander nicht berührende Quadrate, die Platz genug für den Durchlaß anderer Energie-Linien ließen. Dem Leiter und Initiator des Projektes, Colin Bloy, zufolge, ist dieses Gitternetz eine Form des „Schachbrettes" — dem berühmten „karierten Bodenbelag" der Freimauer — ein Symbol für die Enthüllung bei der Einweihung: buchstäblich ein Maß-Brett des Menschen. „Der Mensch ist das Maß aller Dinge", wie es der griechische Philosoph Protagoras (480-410 v. Chr.) ausdrückte. Symbolisch gesehen ist es das Schachbrett, auf dem das Spiel des Lebens gespielt wird. Bloys neues „Erd-Gitternetz" hat die Form angenommen, die traditionellerweise bei der Einweihung benutzt wird; sie ist spontan entstanden in Verbindung mit einer bewußt ausgeführten psychischen Aufladung eines geomantisch festgelegten Platzes durch hunderte von Menschen. Als dieses Manuskript entstand, dehnte es sich immer noch über die Landschaft außerhalb Brightons aus, andere bereits existierende Energiesysteme überlagernd, aber sie nicht störend.

Dieses Gitternetzmuster, das auf dem Land ausgelegt wurde, wird von nordamerikanischen Lesern unverzüglich als die Grenzabsteckung der Landschaft in den Vereinigten Staaten und in Kanada erkannt werden. In den Vereinigten Staaten ist dieses Gitternetz, oder „rechteckige Landvermessung“, allumfassend, während es in Kanada weitaus weniger regelmäßig ist, da es aus einem eher auf die Örtlichkeit zugeschnittenen Planungsvorgehen entstand. Heutzutage kann niemand, der Nordamerika besucht, darüber hinwegsehen, daß das Land in Form eines riesigen Schachbrettes oder Gitternetzes angelegt ist, definiert durch Straßen und Grundbesitzgrenzen. Mit einer jungfräulichen Landschaft konfrontiert, entschieden sich die europäischen Siedler, das neue Land in einer formalisierten Art und Weise anzulegen, was ihrer Meinung nach eine demokratische Verteilung des Landes sichern und eine vergleichbare Methode für die Steuereinschätzung ergeben würde. Selbst vor der Unabhängigkeitserklärung 1776 neigte man zu einer gitternetzartigen „Schachbrett“ Landschaft, besonders im Hinblick auf die Anlage von Städten. In den französischen und spanischen Hoheitsterritorien Nordamerikas waren die alten geheiligten Stätten der Urbevölkerung Amerikas in die christliche geheiligte Mutterkirche einbezogen worden. Die Jesuiten und Franziskaner hatten „Missionen“ auf alten Heiligtümern in den spanischen Kolonien Arizonas, New-Mexico und Kaliforniens angesiedelt, wie es die Geistlichen der französichen Besitzungen in Louisiana und Quebec gemacht hatten. Städte wie New Orleans und Quebec waren auch geomantisch geplant worden, doch jede Anlage von Gitternetzen in der Landschaft war auf mehr oder weniger unabhängige Ansiedlungen beschränkt. Süd-Ontario, als Teil von Neu-Frankreich, ist ein gutes Beispiel dafür.

1717, ein wichtiges Datum in den Annalen des Okkultismus, war das Jahr, in dem Robert Montgomery seinen Plan für die „Markgrafschaft von Azilien“ in South-Carolina veröffentlichte. Dies war ein Gitternetz für ein sehr weitflächiges Gebiet — 116 Quadrate, von denen jedes 640 Morgen betrug, mit vier Quadraten, die als bewaldete Parklandschaften vorgesehen waren. Leider endete auch die als Gitternetz geplante Markgrafschaft Azilien, wie so viele andere utopische Vorstellungen, im Nichts. Die Idee von Gitternetzen als Ursprung von Harmonie und Ordnung bestand jedoch weiter. Die

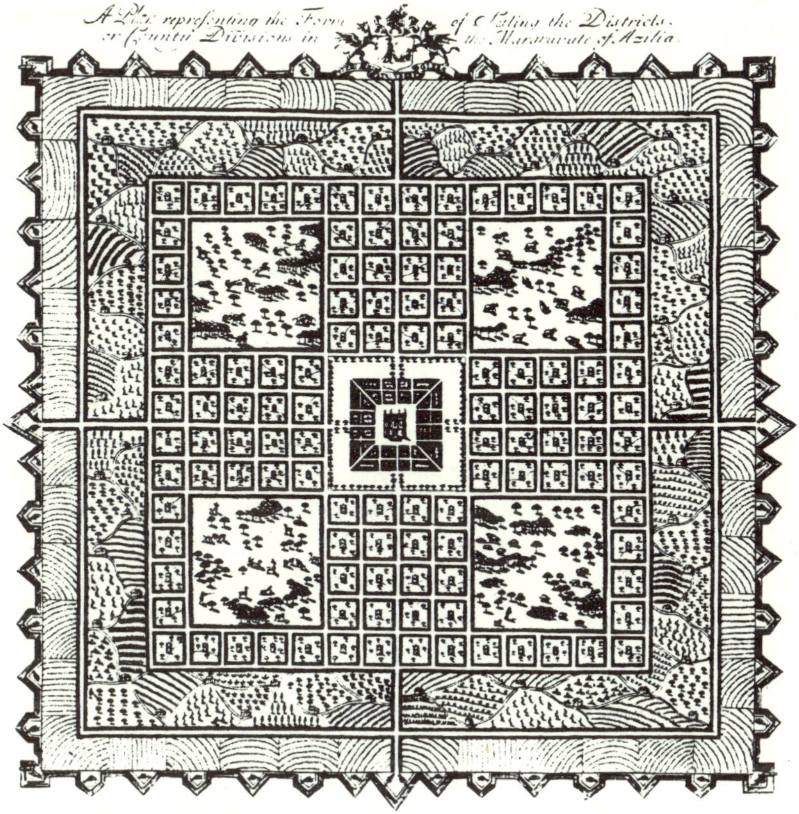

Historischer Grundriß für Jeffersons „Markgrafschaft von Azilien“.

„ideale Stadt“ Philadelphia, ein Bestandteil von William Penns großer Vision von christlicher Bruderliebe ist als Gitternetz angelegt. Im kolonialen Georgia wies New Ebenezer, ein weiteres religiöses „Utopia“, eine ähnliche Form mit mathematischer Präzision in der Anlage auf. Alle diese ersten Gitternetze waren jedoch auf Orte beschränkt, und eine allgemeine Vermessung Nordamerikas war bis dahin weder vorhanden, noch technisch möglich. Erst nach der erfolgreichen Vermessung eines parallelen Breitengrades durch die englischen Landvermesser Charles Mason und Jeremiah Dixon im Jahre 1767 — die Mason-Dixon-Linien, die Grenze zwischen Pennsylvania und Maryland — war ein Fixpunkt vorhanden, von dem aus das ganze Land als das „ideale" gradlinige Gitternetz angelegt werden konnte.

Als die Beute des Unabhängigkeitskrieges von 1776 verteilt worden war, wandten sich die Regierenden der neuen Vereinigten Staaten der Kolonisation und Erschließung ihres Landes zu. 1784 wurde Thomas Jefferson vom Kontinentalen Kongress als Vorsitzender eines Komitees nominiert, das gebildet worden war, um einen Plan für die effektive Regierung der westlichen Territorien zu entwickeln. Diese Verordnung von 1784 legte fest, daß neue Staaten als Teil der Union gegründet werden konnten, wenn die Bevölkerung jedes Territoriums 20.000 überschritt. Im März 1784 griff Jefferson auf sein okkultes Wissen zurück, um eine Methode für die Grenzfestlegung dieser neuen Staaten vorzuschlagen: in seiner Ansprache vor dem Kongreß schlug er vor, daß die neuen Staaten „in folgender Weise, so genau wie solche Grenzziehungen das zulassen, abgegrenzt werden sollen, das heißt im Norden und Süden von parallelen Breitengraden, so daß jeder Staat von Süden nach Norden zwei Breitengrade umfassen soll, beginnend mit einunddreißig Grad nördlich vom Äquator . . ." Diese strikte Planungsweise wurde jedoch nicht ohne Änderungen akzeptiert. George Washington stimmte nicht zu, Staatsgrenzen festzulegen, ohne die Landschaft tatsächlich in Augenschein genommen zu haben, und so wurde in einer Verordnung von 1787 ein neuer Plan entworfen, der nicht mehr als fünf und nicht weniger als drei Staaten vorsah. Nur zwei Meridiane wurden vorgeschlagen. Diese wurden später die östliche und westliche Grenze des Staates Indiana. Die ursprünglichen Grundgedanken aus Jeffersons Plan von 1784, die vorsahen, jede Zehntel-Meile gerade Linien in nord-südlicher Richtung zu ziehen und die westlichen Territorien in Quadrate von 100 geographischen Meilen einzuteilen, wurden jedoch im Prinzip übernommen. Dieses unveränderliche quadratische Gitternetz, ohne Berücksichtigung der Landschaftsbeteiligung angewandt, und seine quadratischen Unterteilungen bildeten das grundlegende Konzept bei der späteren tatsächlichen Landvermessung der Vereinigten Staaten.

Jeffersons Mitarbeiter beim Entwickeln des Gitternetz-Planes war

Hugh Williamson, ein Mathematiker und Astronom aus Pennsylvania, der einen Doktortitel der Universität Utrecht in den Niederlanden besaß. Die Verbindung zu den Niederlanden mag hier vermerkt werden wegen der Vorliebe der holländischen Kanalbauer für die Verwendung gerader Linien, wie man sie auch heute noch an den Mustern der Entwässerungsgräben in Holland und in den englischen Fens (Marschland) sehen kann. Der Jefferson-Williamson-Plan sah ursprünglich vor, das Gitternetz in geographischen Meilen auszulegen, mit Unterteilungen in Hundert. Das Dezimalsystem war 1790 die große Mode, als Jefferson die Währung reformierte und den Dollar und seinen hundertsten Teil, den Cent, als Standardwährung für die Vereinigten Staaten einführte. Zwei Jahre später stellte eine metrologische Kommission, die von den Republikanern in Frankreich ins Leben gerufen wurde, das revolutionäre metrische System der Maße und Gewichte vor, das die meisten der traditionellen Meßsysteme der Welt verdrängt hat. Dieses Maß (der Meter) war Jefferson nicht zugänglich, und so schlug er vor, eine neue Maßeinheit einzuführen, die auf einer Modifikation der traditionellen Kette von 22 Yards basierte. Leider schloß er dieses Vorhaben nie ab, und so wird in den Vereinigten Staaten heute noch das Alt-Englische System von Maßen und Gewichten benutzt. Selbst in der Raumfahrt wird mit nautischen Meilen navigiert. Das Überleben des traditionellen englischen Systems entstammt der Entscheidung von 1785, Jeffersons geographische Meile auf eine einfache „Englische Meile" zu verändern, und ein Sieben-Meilen-Quadrat anstatt Jeffersons ursprünglichem Zehn-Meilen-Quadrat oder „Hundert" zu benutzen. Die neue Verordnung sah vor, daß diese Quadrate mit Seitenlängen von sieben Meilen (als „Townships", Verwaltungsbezirke, bekannt) in Parzellen von 320 *acres* unterteilt werden sollten, in Fortführung eines militärischen Ansiedlungssystems aus den Zeiten vor Jefferson. Dies hatte 1781 im Staate New York begonnen, wo ehemaligen Armeeangehörigen „militärische Prämien-Länder" als ein Pensions-Recht (Abfindung) für Dienste im Revolutionskrieg verliehen wurden. Verschiedene Besitze wurden, dem Rang entsprechend, zugewiesen, und in den neu festgelegten Territorien wurde ein komplexes System von Landzuteilungen entwickelt, mit der Absicht, daß die Prinzipien der Gleichheit, auf denen die Vereinigten Staaten gegründet waren, in die Praxis umgesetzt werden sollten.

1785 wurde die praktische Anwendung dieser Idealvorstellung mit dem Beginn der Landvermessung vorangetrieben. Als Standpunkt nahmen die Vermesser den Platz, an dem die Ausdehnung der südlichen Grenze von Pennsylvania (die Mason-Dixon-Linie) auf den Ohio trifft. Von hier aus, einem gut definierten und vermessenen Punkt, wurde ein Meridian nordwärts zum Erie-See vermessen. Verwaltungsbezirke wurden in Abständen von sieben Meilen begonnen, von 1 aufwärts numeriert, und man plante, die Vermessung von Osten nach Westen fortzuführen, bis sieben vollständig waren.

Obwohl diese großartige rechteckige Landvermessung schließlich einmal den gesamten Kontinent bedecken sollte, ist die Erdoberfläche ja nicht flach, und dementsprechend laufen unendliche Ausdehnungen von geraden Linien irgendwann einmal zusammen. Dieser Konflikt von euklidischer und nicht-euklidischer Geometrie ist in der Praxis vertretbar, wenn man ihn auf alltägliche Objekte von der Größe eines Fußballfeldes oder Parkplatzes anwendt. Es wird jedoch kritisch, wenn Gebiete betroffen sind, die zehn und hunderte von Quadratmeilen umfassen. In einem dynamischen System, so wie Bloys feststellbaren Gitternetzen, können die geraden Seiten eines Quadrats leicht abweichen, um dieses Paradox unterzubringen. Ein gradliniges Gitternetz, das von Experten vermessen wurde, hat jedoch genau gradlinig zu sein. Kurz nachdem die Vermessungen begonnen hatten, wurde dies als ein potentielles ernsthaftes Problem erkannt, vielleicht ernst genug, um das gesamte Projekt zu gefährden. Ein solcher Einspruch ist noch in einem Brief erhalten, den Colonel Timothy Pickering an eines der Komiteemitglieder in Massachusetts sandte. „Es scheint mir", schrieb Pickering, „daß man es als nicht durchführbar finden wird. Jedes Hundert soll zehn Quadratmeilen betragen, und jede Meile soll aus sechstausend und sechsundachtzig Fuß bestehen. Dennoch sollen die Linien, die die östliche und westliche Grenze markieren, wahre Meridian-Linien sein. Doch Meridiane konvergieren, je höher der Breitengrad liegt, in solch einem Ausmaß, daß, wenn man zum Beispiel einen Meridian beim 39. Breitengrad aufnimmt, auf dieser Parallele zehn geographische

Meilen abzählt . . . und daraufhin nordwärts geht bis zum 41. Breitengrad, dort denselben Meridian bildet, indem man die gleiche Anzahl von zehn geographischen Meilen abzählt, dann wird ihre Ausdehnung ungefähr achtzehnhundert Fuß jenseits des Meridians der gleichen Ausdehnung bei der Parallele von neununddreißig Grad liegen."[3]

Trotz dieses ernsthaften Problems, das nicht zufriedenstellend gelöst werden kann, bestanden die Verantwortlichen in den Vereinigten Staaten auf ihrer Absicht, die rechtwinklige Vermessung weiterzubetreiben. Das Problem wurde schließlich 1804 gelöst, als „Korrektur-Linien" von Jared Mansfield, dem Generalvermesser, eingeführt wurden. Sein System war von einem wahren Meridian und einer Grundlinie abgeleitet, die als „Gitternetz-Koordinaten" von einem „willkürlich" ausgewählten Punkt im südlichen Indiana ausgingen. Somit hatten die Vereinigten Staaten von Amerika einen willkürlichen *Omphalos*, etwas in der Geschichte der Landschafts-Geometrie noch nie Dagewesenes, das heißt, wenn nicht die Stätte eine den Vermessern unbekannte Bedeutung besaß. Was auch immer die Bedeutung dieses Punktes sein mochte, die Korrektur-Linien, die von ihm ausgingen, wurden nach jedem vierten Verwaltungsbezirk eingefügt, so daß die Meridiane wieder in Nord-Süd-Richtung verlaufen konnten. Dies machte die beabsichtigte rechtwinklige Landvermessung zu einem nicht ganz regelmäßigen Gitternetz, der Nachteil der Anwendung ebener Geometrie auf einer gebogenen Oberfläche.

Bei der tatsächlichen Durchführung entwickelte sich die Vermessung von ihrer von ihren Gründern beabsichtigten ursprünglich rigiden Form weg. 1804 hatte das alte System von 1785 gänzlich versagt, und Verwaltungsbezirke von 36 anstatt 49 Quadratmeilen wurden angelegt. Diese wurden wiederum in „Sektionen" von 640 *acres* geteilt und in streng geregelter Weise numeriert: die nordöstliche Sektion war Nummer eins (wie zu erwarten war von einem System, das durch den „karierten Bodenbelag" der Freimaurer beeinflußt worden oder entstanden war), und die Zahlen setzten sich abwechselnd westlich und östlich durch den Verwaltungsbezirk fort. Eine Verordnung von 1796 legte dieses Format offiziell fest und verfügte, daß die

Hälfte der Verwaltungsbezirke abwechselnd als Viertel-Bezirke von 9 Quadratmeilen unterteilt werden sollten. „Sektions-Linien“ sollten gekennzeichnet werden, indem man Bäume durch Abschälen der Rinde in Abständen von einer Meile markierte. Die Form dieser Markierungen unterschied sich für Bezirke und Sektionsecken.

Die Verordnung von 1796 legte im Gegensatz zu Jeffersons weniger entwickelten Ideen fest, was heute die archetypische amerikanische Landschaft geworden ist. Indem sie Jeffersons Plan übertrumpfte, bekräftigte diese Verordnung den Gebrauch des Englischen Fußes und seiner Ableitungen: Gunters „Meßkette“ von 22 Yards wurde gesetzlich als aus 4 „Ruten“ von je 16 ½ Fuß Länge bestehend festgesetzt, übereinstimmend mit einem Standardmaß der Amerikanischen Vermesser, das im Büro des Generalvermessers aufbewahrt wurde. Und bis zum heutigen Tage trifft man auf das Maß einer „Kette“ bei der Breite der amerikanischen Straßen, die einen Teil der Vermessung darstellten. Straßen waren entlang aller Sektionsgrenzen anzulegen. Diese Charakteristik ist heute noch in den Vereinigten Staaten erkennbar, wo Straßenbiegungen von 90 Grad und scharfe Kurven entlang der „Korrektur-Linien“ kontinuierliche Ursache für Verkehrsunfälle sind — ein Überbleibsel utopischer Vision aus dem achtzehnten Jahrhundert! Viele dieser merkwürdigen Erscheinungen sind durch Verbesserungen an den Straßen überwunden worden, doch sie sind immer noch zahlreich genug, um Probleme zu schaffen.

Mit fortschreitender Ausbreitung der Vereinigten Staaten wurde die weitere Unterteilung der „Sektion“ für wünschenswert erachtet. Die Verordnung von 1804 sah die Unterteilung der Sektionen in Viertel vor und führte damit eine der charakteristischsten Merkmale des rechtwinkligen Vermessens ein. Das Viertel, das aus 160 *acres* bestand, konnte entweder eine Ost-West oder Nord-Süd-Ausrichtung haben, und nach 1832, als eine weitere Verordnung den Ankauf von Viertel-Sektionen in vier 40-*acre*-Anwesen gestattete, war jede Form, die sich aus der Zusammenstellung von vier Quadraten ergab, möglich. 1820 waren halbe Viertel-Sektionen eingeführt worden, und bis zur endgültigen Zerteilung der Landschaft dauerte es nur noch zwölf

Jahre. In vier geteilte Viertel-Sektionen, wie man diese 40-*acre*-Anwesen nannte, wurden gestattet, die von gleichweit entfernten Punkten zwischen Halbsektionspunkten auf Nord-Süd und Ost-West gerichteten Sektionslinien bestimmt waren. Diese „Vierziger“ oder „Viertel-Viertel Sektionen“ wurden bald zur grundlegenden Einheit des Landvermessens in fast ganz Nordamerika, und sind dies bis zum heutigen Tag geblieben. Obwohl die Vermessung die ganzen Vereinigten Staaten bedecken sollte, angefangen vom Osten und sich nach Westen vorarbeitend, war der von den Mormonen gegründete Staat Utah eine Ausnahme, die später eingegliedert werden mußte. Die Gründer der Mormonen-Religion, deren Lehre das Leben Christi betreffend und deren Praxis der Polygamie von vielen Bürgern der Vereinigten Staaten abgelehnt wurden, siedelten sich mit ihren Anhängern im damals noch nicht kolonialisierten Staat Utah an, um sich von Mißbilligung und Einmischung der übrigen Bevölkerung abzusondern. Der geomantische Charakter der Ansiedlungen der Mormonen ist sehr wohl belegt. 1847 hatte der Mormonen-Prophet Brigham Young die Stätte für die spätere Stadt Salt Lake City gefunden, und war dann drei Tage lang durch das Gebiet gewandert. Nach diesem langen „Durchkämmen“ der in Frage kommenden Plätze für den Tempel ritzte Young schließlich mit seinem Hirtenstab ein Kreuz in die Erde. An der Stelle, wo sein Stab die Erde gefurcht hatte, errichteten seine Anhänger den großen zentralen „Tempel der Heiligen der Letzten Tage“. Der Tempel selbst wurde nach der geheiligten Geometrie des Tempels Salomons erbaut, und seine geomantischen Vermesser zogen genaue Linien nordsüdlich und ost-westlich von der Stelle, die Young bezeichnet hatte. Sie legten ein Rechteck von 40 *acres* für die Tempelanlage an. Später wurde die Tempelanlage auf die Größe von 10 *acres* reduziert, doch hier war die Meridian-Linie der Mormonen: noch heute zeigt eine Tafel in der Tempelmauer an, daß der ursprüngliche Punkt bei 11 ° 45’ 00” westlich von Greenwich und 40 ° 35’ 04” nördlich des Äquators liegt. In Übereinstimmung mit alter Freimaurer-Tradition steht dieser Markierungsstein, der *Omphalos* der Mormonen, an der Ecke des geheiligten Bauwerkes. So wie die alten Perser Nimrud als ihren geheiligten Meridian-Punkt besaßen, und das britische Reich Greenwich gewählt hatte, so errichtete der neue Orden der „Heiligen der Letzten

Tage“ sein eigenes kosmologisches System auf der Erde.

Doch Utah gehörte immer noch zu den Vereinigten Staaten von Amerika, und nach einigen Unruhen und einer im Keim erstickten Rebellion der Mormonen behauptete die Regierung ihre Autorität. 1885 wurde die Vermessung des Mormonengebietes formell an die rechteckige Vermessung der Vereinigten Staaten angeglichen. Der Oberste Vermesser für Utah, David H. Burr, gab bekannt, daß die Vermessung durch die Mormonen mit einer Abweichung von nur fünfzig Fuß zum kontinentalen Gitternetz ausgeführt worden war, eine bemerkenswerte Leistung. Mit der Angleichung des Mormonen-Systems in Utah war das allumfassende Gitternetz der Vereinigten Staaten vollständig. Schließlich erstreckte sich das Gitternetz ununterbrochen von Küste zu Küste als ein konzeptionelles System, das alle Teile der Union untrennbar verband.

Bis vor kurzem konnte man das Gitternetz der Vereinigten Staaten lediglich als ein nützliches, wenn auch monotones System der Landaufteilung ansehen, oder im Extremfall, als einen kapriziösen Ausdruck der Freimaurer-Herkunft der Gründungsväter der Vereinigten Staaten. Diese Gründungsväter waren tatsächlich größtenteils Mitglieder esoterischer Gruppen. Franklin, Jefferson und Washington waren sicherlich Freimaurer. Washington war 1752 in der Virginia-Loge Nr. 4 in Fredericksburg, Virginia, in die Zunft eingeführt worden. Freimaurertum hatte eine lange Geschichte auf dem amerikanischen Kontinent. Es reichte wahrscheinlich bis Anfang 1658 zurück, als fünfzehn jüdische Familien aus den Niederlanden in Newport auf Rhode Island ankamen und Freimaurer-Wissen mit sich brachten. Das Haus von Mordechai Campannall in Newport diente als ihre Loge, wo die ersten drei Grade erarbeitet wurden. Die Abkömmlinge dieser jüdischen Familien führten die Loge bis 1742 fort und gaben zweifelsohne das Wissen und die Riten an ortsansässige Nichtjuden weiter. In der Mitte des achtzehnten Jahrhunderts, als sich die erste Loge auflöste, gab es bereits andere Logen, die ihre Existenz unzweifelhaft der ursprünglichen Loge verdankten. Wie bereits bemerkt, wurde George Washington 1752 eingeweiht, und 1758 eröffnete Philadelphia seine Loge Nr. 69, die von den Londoner Freimaurern als authentisch anerkannt wurde und eine Urkunde zuerkannt bekam.

Die Freimaurer glaubten an die Freiheit und Gleichheit aller Menschen, und die konsequente Gründung einer neuen Republik basierte auf diesen Idealen. Solche Ideen waren seit dem siebzehnten Jahrhundert geläufig und wurden bei der Gründung vieler nordamerikanischer Kolonien einbezogen: Massachusetts und Pennsylvania waren zum Beispiel ganz speziell als religiöse „Utopias" gegründet worden. Doch der neue Republikanismus transzendierte religiöse Sekten: seinen Grundsätzen zufolge sollte eine neue Ordnung geschaffen werden, eine, die sich an ewigen Wahrheiten als Richtlinien orientierte, nicht an den willkürlichen Launen irdischer Prinzen. Sie sollte auf eine Regierung nach demokratischen Prinzipien gegründet sein, seine Republik, die es allen ihren Bürgern ermöglichen sollte, ihre zugewiesenen Pflichten als integrierte Mitglieder einer vollkommenen Gesellschaft zu erfüllen. Verschiedene Versuche, die mystische Republik zu gründen, waren schon in Europa gemacht worden. Der Untergang des Traumes im englischen Bürgerkrieg und seine Nachwirren hatten viele dazu geführt, die englischsprechende Neue Welt als das Land der Verheißung anzusehen. Süd-, Mittel- und das südliche Nordamerika waren nicht zu haben: sie befanden sich bereits im eisernen Griff der spanischen Katholiken. Ähnlich Neu-Frankreich, welches die heutigen kanadischen Provinzen von Quebec und Süd-Ontario einschloß. New-England, andererseits, bot eine einzigartige Möglichkeit. Es gab keine gefürchtete Inquisition, und die Kirche dort war protestantisch und noch nicht etabliert. Neue Ideen, ja sogar Häresien konnten ohne Einmischung der Obrigkeit florieren.

Die Ideale, die die neuen Siedler zur Flucht aus ihren Heimatländern bewogen hatten, waren die gleichen, die sie bewußt dazu führten, eine neue Ordnung auf dem Land zu gründen, eine neue Form der Landschaft, die psychisch in Einklang mit dem Ethos der Gleichheit des mystischen Republikanismus stand. Das Gitternetzmuster der neuen Landschaft konnte sicherlich nicht unwissentlich entworfen worden sein, gerade durch Männer wie Jefferson, dessen esoterisches Wissen offenkundig war. Thomas Jefferson und Benjamin Franklin hatten das mit Symbolkraft erfüllte berühmte Motiv des Auge-im-Dreieck des Großen Siegels der Vereinigten Staaten entworfen, wie auch die Leitsprüche *Annuit Coeptus* („Unser Unternehmen") und *Novus Ordo Seclorum* (Eine neue Ordnung der Gesellschaft). Es ist kaum anzunehmen, daß das karierte Fliesenmuster der Freimaurer nicht mit dem rechtwinkligen Landvermessen verbunden war. „Eine neue Ordnung der Gesellschaft" läßt darauf schließen, daß ein großes soziales Unternehmen absichtlich bei der Gründung der Vereinigten Staaten geschaffen worden war. Logischerweise erfordert eine neue Gesellschaftsordnung auch eine neue räumliche Ordnung des Landes, und die neue Landvermessung lieferte diese.

Von den Ideen der Freimaurer, die in jenen Tagen geläufig waren, können wir einen Eindruck bekommen, wenn wir uns ihre Schriften ansehen, die Mitte des achtzehnten Jahrhunderts zirkulierten. Seit den Anfangstagen des Freimaurertums wurde das Gebiet der inneren Loge, die Enklave, innerhalb derer alle Rituale vollzogen werden, auf den Fußboden des Raumes gezeichnet, in dem die Zeremonien stattfinden sollten. Vor Beginn der Riten zogen die Logenbrüder die Umrisse der inneren (eigentlichen) Loge in Kreide oder Holzkohle, und nach der Zeremonie wischten sie sie wieder aus. Traditionellen Schriftstellern der Freimaurer zufolge waren diese frühen Logen auf das quadratische Gitternetz gegründet, das die tatsächlichen Umrisse jeder Loge zu einem symbolischen Gebäude machte, die konzeptionelle Form, die der konkreten Realität zugrundelag.[4] Die rechtwinklige Landvermessung der Vereinigten Staaten muß auf dem Hintergrund dieses Symbolismus betrachtet werden. So wie Freimaurer oder Architekten den Grundriß eines geplanten Gebäudes auf Milimeterpapier entwerfen, so wurde der große Plan für die zukünftige mystische Republik buchstäblich über den Kontinent ausgebreitet.

Ausübende zeremonieller Magie werden die Parallelen zwischen der Schachbrett-Basis der Freimaurer-Loge und der magischen Enklave, die traditionellerweise die Form eines Kreises annimmt, wiedererkennen. Dieser Kreis war eine gebräuchliche symbolische Enklave bei den mittelalterlichen Handwerkszünften, zum Beispiel bei den Zimmerleuten oder Schmieden, die ihre „Mysterien" vor den neugierigen Augen jener, die sich nicht der Einweihung und Lehrzeit unterzogen hatten, geheimhielten. Ähnlich ist auch die Freimaurer-Enklave oder Loge, in okkulten Begriffen der Kreis oder die Logen-Enklave, ein psychisch abgeschlossener Raum, innerhalb dessen magische Handlungen, die Konzentration des Willens usw. frei von äußeren Einmischungen stattfinden können. Wenn man eine umgebende Grenzlinie mit vollem Wissen und Willen zieht, schafft dies eine psychische Barriere, die für die Dauer der Zeremonie wirksam bleibt. Nach Beendigung des Rituals wird die Barriere bewußt durchbrochen, die Kreide ausgewischt, und der geheiligte Raum, der zeitweilig von der Welt abgeschlossen war, wird ihr wieder zurückgegeben.

Eine unregelmäßig erscheinende Freimaurer-Publikation aus dem Jahre 1762, also der Zeit von Jeffersons Aktivitäten, liefert uns eine wertvolle Einsicht in das esoterische Denken hinter dem Gitternetz:
Frage: „Welche Form hat deine Loge!"
Antwort: „Die eines rechtwinkligen Vierecks."
Frage: „Wie lang, Bruder?"
Antwort: „Von Osten nach Westen."
Frage: „Wie breit, Bruder?"
Antwort: „Zwischen Norden und Süden."
Frage: „Wie hoch, Bruder?"
Antwort: „Von der Erde zum Himmel."
Frage: „Wie tief, Bruder?"
Antwort: „Von der Oberfläche der Erde bis zum Zentrum."
Dieser Austausch ist von äußerstem Interesse, wenn man die makrokosmische Anlage der Vereinigten Staaten bedenkt, denn diese Anlage kann ohne weiteres mit den Begriffen einer Freimaurer-Loge erklärt werden. Eine Illustration zeigt eine Loge, die ost-westlich ausgerichtet ist, mit dem Platz des Großmeisters im östlichen Zentrum. Und in den Vereinigten Staaten finden wir, daß im östlichen Zentrum Washington liegt, der Sitz des Präsidenten und der Legislative, das politische Equivalent zu den Beamten der Loge. So diente das

zeremonielle Freimaurertum des achtzehnten Jahrhunderts als ein Modell für die neue Nation. Die esoterische Geschichte der Vereinigten Staaten zeigt, daß viele Ereignisse und Strukturen, die mit der Errichtung der neuen Ordnung zusammenhängen, esoterische Hintergründe haben. In diesem Zusammenhang ist auch interessant, das die Gründung der Mission (heute Stadt) von San Francisco am 4. Juli 1776, dem Tag der Unabhängigkeitserklärung, stattfand. Obwohl die Mission in der spanischen Kolonie von Kalifornien lag und von den Vereinigten Staaten erst 1846 eingenommen wurde, deutet das Gründungsdatum der Mission darauf hin, daß dieselbe wichtige astrologische oder magische Bedeutung von den protestantischen Freimaurern im Osten und den katholischen Franziskanern der Westküste unabhängig voneinander gewählt wurde. Die Aufnahme von San Francisco in die Vereinigten Staaten 1846 vervollständigte dann das Land als eine Loge, denn das *Golden Gate* wurde der westliche Eingang, flankiert von den mystischen Säulen Boaz und Jachin. Ob diese Faktoren nun absichtlich oder zufällig entstanden, sie betonen noch den Symbolgehalt der rechtwinkligen Landvermessung.

Das Phänomen und die Struktur des „Erd-Gitternetzes", das die Rutengänger wie Peyre, Wüst und Wimmer, Harvalik usw. entdeckten, wird im nächsten Kapitel noch im Detail abgehandelt werden, doch soll hier schon eine kurze Beschreibung des Konzeptes vorausgeschickt werden. Während der letzten fünfzig Jahre haben Rutengänger behauptet, daß die Erdoberfläche ein durch Rutengehen zu ortendes Phänomen besitzt, das die Form eines Schachbrettmusters anzunehmen scheint, das sich über den ganzen Globus spannt. Verschiedene Forscher haben dieses Gitternetz unabhängig voneinander gefunden. Ihre Funde zeigten ein beachtliches Maß an Übereinstimmung in ihren Formen, Dimensionen und damit verbundenen Phänomenen. Es ist mehr als ein bemerkenswertes Zusammentreffen, daß man ein zu ortendes Gitternetz entdeckte, nachdem eine ganze Nation in ähnlicher Weise von Leuten angelegt wurde, deren erklärtes Interesse an mystischen Prinzipien wohlbekannt ist. Dies erscheint umso verblüffender, wenn ein spirituelles Experiment, das 1981 in England unternommen wurde, identische Resultate hervorbringt. Die Überlegung, ob die rechtwinklige Landvermessung der Vereinigten Staaten ein Experiment spiritueller Baukunst, ein Versuch, geomantisch eine bestimmte Art von psychischer Atmosphäre in den Vereinigten Staaten herzustellen, war, oder ob es wenig mehr als eine symbolische Laune darstellte, muß bislang noch eine Vermutung bleiben. Das endgültige Resultat der rechtwinkligen Vermessung jedoch formte Nordamerika zu einem ununterbrochenen Gitternetz, das mit feststellbaren Erdmustern übereinstimmte.

Es gibt gewisse Anzeichen dafür, das zumindest einer der Gründungsväter der Vereinigten Staaten — Benjamin Franklin — Geheimwissen besaß. Franklin, ein Freimaurer und Rosenkreuzler, ist berühmt für seine Experimente über die Natur des Blitzes. 1752 baute er einen Drachen, flog ihn während eines Gewitters und produzierte am Boden Funken aus einem Metallschlüssel. Obwohl dies ein erinnerungswürdiger Vorfall war, der in die Geschichte einging, ist es nicht korrekt, Franklin die Entdeckung der Luft-Elektrizität zuzuschreiben. Franklins Experiment schlug nahezu fehl: wenn es nicht stark geregnet hätte und seine Drachenschnur nicht naß genug gewesen wäre, hätte es keinen Funken gegeben. Das Experiment wurde im folgenden Jahr von Romas de Nerac in Südfrankreich sachgemäß durchgeführt, der gehärteten Draht in seiner Drachenschnur benutzte und genug Elektrizität zu Boden brachte, um drei Meter hohe Funken zu erzeugen, die von Donner am Boden begleitet wurden. Dies ist an sich interessant genug, doch sein Nachspiel wirft Licht auf Franklins Vorgänger. Als de Romas Experiment veröffentlicht wurde, kamen Gelehrte mit dem bis dahin verborgenen Wissen auf, daß die Könige Numa Pompilius und Tullus Hostilius im alten Rom ähnliche Kunststücke mit Blitzen vorgeführt hatten. Und der Physiker Lichtenberg behauptete dann, daß die alte hebräische Bundeslade, als sie sich im Tabernakel befand, aus Apparaten bestand, die mit Elektrizität aus der Luft aufgeladen waren. Außerdem wurde festgestellt, daß der Tempel des Salomo auch durch Blitzableiter geschützt gewesen war. Dieses alte Wissen war bis zu den Zeiten Franklins verborgen gewesen. Nun konnte es nicht länger nur in den geschlossenen Kreisen der magischen Techniker verbleiben. Die große geomantische Kapelle des King's College in Cambridge besaß zum Beispiel schon 1688 Blitzableiter, als Loggans berühmte Inschrift geschaffen wurde, und hatte sie wahrscheinlich schon von Anbeginn. Franklin kann eher als Enthüller denn als Entdecker des Wissens von Luft-Elektrizität in die Geschichte eingehen, und als einer der ersten Exponenten des Konzeptes des „Neuen Zeitalters“, daß es keine Geheimnisse gibt; ein allgemeiner Zugang zu Erkenntnissen, für den der Aufstieg der Wissenschaft als Beispiel diente. Franklins Interesse an der Manipulation elektrischer und ätherischer Kräfte mag aus seinem Wunsch entstanden sein, geomantische Manipulation zu verbessern, und vielleicht wurde die rechtwinklige Landvermessung als eine Methode zur Bekräftigung geomantischer Konformität auf einem ganzen Kontinent betrachtet.

Als entgültiges Ergebnis der rechtwinkligen Landvermessung ergab sich, daß Nordamerika zum größten Teil wie ein riesiges Schachbrett angelegt war, das von Straßen durchzogen wurde, die meistens eine Nord-Süd oder eine Ost-West-Anordnung besitzen. Staats- und andere Grenzen sind auf Meridiane, Parallelen und Flüsse beschränkt. Von diesen stellen nur die letzteren natürliche Markierungen dar, wie sie allgemein in anderen Ländern als Grenzen benutzt werden. Vielleicht war dieses unnatürliche Schachbrettmuster der Landvermessung der Vereinigten Staaten, wie es im neunzehnten Jahrhundert erschien, die Inspiration für Lewis Carrols Landschaft in seinem berühmten 1871 erschienenen Buch *Through the Looking Glass* (Alice hinter den Spiegeln): „Einige Minuten lang stand Alice sprachlos da, blickte in alle Richtungen über das Land — und was für ein äußerst merkwürdiges Land es war. Es gab eine Anzahl von winzig kleinen Bächen, die von einer Seite zur anderen schnurgerade dahinliefen, und das Land dazwischen wurde durch eine Anzahl grüner Hecken in Quadrate aufgeteilt, die von Bach zu Bach reichten. ‚Es ist geradso wie ein riesiges Schachbrett angelegt!‘ sagte Alice schließlich. . . . Es ist ein riesengroßes Schachspiel, das gespielt wird — überall in der Welt — wenn dies überhaupt die Welt ist, weißt du.“[5]

Carroll, dessen Interesse am Okkulten in einem anderen, weniger berühmten Werk, *Sylvie and Bruno* zum Ausdruck kommt, sah in dieser Landschaft eine Allegorie für das Spiel des Lebens, das geradlinige Schachbrett von abwechselndem Licht und Dunkel, das im Fliesenmuster der Freimaurer enthalten war.[6] Und nicht ohne Grund wählte Charles Lutwidge Dodgson den Namen Lewis Carroll, denn Lewis ist der christliche Name, der dem Sohn eines Freimaurers traditionellerweise gegeben wird.

Der psychische Einfluß der rechtwinkligen Vermessung ist eine greifbare Realität. Sie ist verantwortlich für die fast ausnahmslos geradlinige Anlage der meisten nordamerikanischen Städte, in denen alles der geraden Linie unterworfen ist. In den extremsten Fällen bildete sie sogar die Ursache für die geometrische Plazierung der Städte selbst, wie zum Beispiel Ellsworth, der Bezirkshauptstadt von Pierce County in Winsconsin, das 1861 an der Kreuzung der Diagonalen des quadratischen „Bezirks"-Gitternetzes gegründet wurde — buchstäbliche Landschaftsgeometrie! Die zentrale Lage ohne Berücksichtigung der Landschaftsbeschaffenheit wurde als vorteilhaft angesehen, eine Wiederspiegelung des aus der alten Welt stammenden geomantischen Konzeptes der zentralisierten *Omphalos*-Stadt im Mittelpunkt der Nation.

Viele Sensitive haben sich zu den unheilvollen Auswirkungen geäußert, die solch eine Landschaft auf ihre Bewohner haben kann. Der Komponist Igor Strawinsky, ein Theosoph, bemerkte, daß der Blick aus seinem Appartment in Manhattan aus nichts anderem bestand als aus „Büroschrank-Architektur", doch es muß auch angemerkt werden, daß ein anderer theosophischer Künstler, Piet Mondriaan, die Anlage der Landschaft als Abbild seines „Neo-Plastizismus" in den höchsten Tönen lobte. Seine letzten Gemälde, die „Boogie-Woogie-Serie", sind denn auch eine Huldigung der rechtwinklig angelegten New Yorker Stadtlandschaft.

Diese überwältigende Monotonie von vollkommener Geradlinigkeit ist nirgendwo besser eingefangen als in Sinclair Lewis' Buch *Main Street*.[7] Das Bild der Haupstraße in der imaginären, jedoch archetypischen amerikanischen Stadt Gopher Prairie war „die Fortsetzung von Haupstraßen überall", die gerade Straße der Grenzlinie des Landvermessers. In den Augen von Lewis' Heldin, Carol Kennicott, werden alle Werte und Lebensweisen von dieser durch die Regierung verordneten Landschaft beeinflußt. Sie lehnt die „übertriebene Breite und Gradlinigkeit der aufklaffenden Straßen" ab, „so daß es kein Entrinnen vor den Stürmen und dem Anblick der erbarmungslosen Weite des Landes gibt, noch irgendwelche Windungen, um den Bummler weiterzulocken, während die Breite, die bei einer Palastallee majestätisch wirken würde, die niedrigen schäbigen Läden, die die typische Hauptstraße säumen, um so armseliger erscheinen läßt."

Der letzte Widerspruch ist, daß man annehmen könnte, eine solche Anlage müsse als Ganzes genommen leblos und zerstörerisch wirken, wenn man sie mit der typischen europäischen Landschaft vergleicht. Die Menschen erleben dies jedoch auf verschiedene Weise. Einige empfinden, daß die offensichtliche Lebenskraft und Vitalität Nordamerikas, die vielleicht durch das Gitternetz entsteht, die visuelle Monotonie überwiegen. Vielleicht hatten die Gründungsväter der Vereinigten Staaten genau dies im Sinn, nämlich eine Geomantie der Vitalität zu erschaffen, bei welcher der Durchlaß von Energie nicht behindert wurde. Wenn dem so ist, dann haben sie einen Erfolg errungen.

VIII

Erdenergien — Die geophysikalischen Faktoren

Das Magnetfeld, das den Planeten Erde umhüllt, ist nicht statisch. Das kann es auch gar nicht sein, denn es wird von verschiedenen Kräften innerhalb und außerhalb des Planeten gebildet. Die tatsächliche Form des Feldes und die Position der beiden Pole fluktuieren ständig und produzieren dadurch das geographische Phänomen der „magnetischen Variation". Dies ist schon im Kapitel 4 bei der Ausrichtung kurz berührt worden. Es wurde zuerst von chinesischen Geomanten vor über tausend Jahren beobachtet und zuerst von dem englischen Seemann Stephen Burrowes 1553 gemessen. Seitdem sind Aufzeichnungen über das sich verändernde Feld gemacht worden. Neuere Studien von alten Töpfer-Brennöfen, die die Magnetfeldrichtung aus der Zeit, zu der sie zum letzten Mal geheizt worden sind, beibehalten, haben in Kombination mit anderen wissenschaftlichen Datierungstechniken zu der Ansammlung einer „Magnetfeld-Chronologie" und der Entwicklung der neuen Wissenschaft des Archäomagnetismus geführt.

Man glaubt, daß das Magnetfeld der Erde durch die ungleichmäßige Rotation und die darauf folgende wirbelförmige Energieübertragung des geschmolzenen Nickel- und Eisenkerns des Planeten entsteht.[1] Diese Instabilität hat in der Vergangenheit zu einer wiederholten Umkehrung des Magnetfeldes in unregelmäßigen Abständen geführt, die bei Zeiträumen von 100 000 bis 1 Million Jahre liegen. Die gegenwärtige Richtung des Feldes ist seit ungefähr 100 000 Jahren stabil. Zusätzlich zu den wandernden Polen und den Veränderungen in der Polarität zeigt die tatsächliche Stärke des Magnetfeldes beträchtliche Variationen, sowohl räumlicher als auch zeitlicher Art. Am Äquator beträgt seine Stärke ungefähr 0,25 Gauß, während die beiden Pole je verschiedene Werte haben: 0,7 Gauß am südlichen Magnetpol und 0,6 Gauß am nördlichen Magnetpol. Die allgemeine Intensität des Magnetfeldes nimmt zur Zeit ab, bei einer ungefähren

Rate von 0,00027 Gauß pro Jahr, was zu Spekulationen über eine bevorstehende geomagnetische Umkehrung geführt hat.

Während Navigatoren und Physiker sich schon lange mit den Eigenschaften des Magnetfeldes intensiv beschäftigt haben, ist das Interesse der Biologen und Mediziner bis vor kurzem nur minimal gewesen. Die Fähigkeit einiger Menschen, im magnetischen Feld des Planeten oder seiner Richtung Veränderungen festzustellen, wurde von der orthodoxen Wissenschaft lange als zu den Bereichen der Spinnerei oder Phantasie gehörend gerechnet. Doch diese Haltung änderte sich nach 1976, als Dr. Robin R. Baker von der Universität Manchester in England eine Serie von Experimenten begann, die diesen Irrglauben für immer beseitigen sollte. Baker, der bis dahin Experimente mit Brieftauben durchgeführt hatte, um ihren Orientierungsmechanismus zu untersuchen, entschloß sich in diesem Jahr, ähnliche Experimente mit einer Gruppe von Studenten an seiner Universität zu beginnen. 1976 und 1978 führte Baker seine Experimente mit Zoologiestudenten des dritten Studienjahres durch. Bei jedem Experiment wurden den Studenten die Augen verbunden und sie wurden über eine komplizierte und anstrengende Strecke zu Orten in 6 bis 52 Kilometern Entfernung von der Universität transportiert. Bei der Ankunft am Ende der Fahrt entstiegen die Studenten einer nach dem anderen dem Transportfahrzeug und wurden gebeten, drei Dinge zu tun. Ohne die Augenbinde zu entfernen, wurden sie zuerst danach gefragt, in welcher Richtung, d.h. Süd, Nord-Ost, usw. von der Universität sie sich zu befinden glaubten. Zweitens wurden sie gebeten, in die Richtung zu zeigen, aus der sie zu kommen glaubten. Schließlich, nachdem man die Augenbinde entfernt hatte, wurden sie aufgefordert, nochmals in Richtung der Universität zu zeigen.[2] Baker erwartete, daß die Studenten die Richtung der Universität erraten könnten, während sie die Augenbinde trugen, doch sich leicht „heimwärts" orientieren würden, wenn die Augenbinde entfernt würde. Es stellte sich heraus, daß das Gegenteil der Fall war. Mit verbundenen Augen waren die Richtungsschätzungen und im Besonderen „Kompaß-Empfindungen" der Studenten im allgemeinen äußerst akkurat, doch wenn die Studenten wieder sehen konnten, waren sie desorientiert.

Baker war von dieser Genauigkeit überrascht und fragte die Studenten, wie sie das zustandebrächten. Keiner wußte es. Verschiedene Theorien wurden geäußert, einschließlich unbewußt eingeprägter Landkarten, der Hitze der Sonne durch die Fensterscheiben des Fahrzeugs usw. Keine davon waren jedoch stichhaltige Hypothesen, da man beobachtete, daß die Ergebnisse nicht vom Wetter oder anderen variablen Faktoren abhingen.

Weitere Forschungen, die von Baker und seinen Kollegen durchgeführt wurden, führten schließlich zum Erfolg.[3] Das Vorhandensein magnetischen Materials in Organismen, die Heimkehrvermögen besaßen, einschließlich Menschen, wurde festgestellt. Die ersten Organismen, in denen das Eisenoxid Magnetit entdeckt wurde, waren Bakterien, die sich entlang der Linien natürlicher oder künstlicher Magnetfelder orientieren konnten. Später wurde dasselbe Material in Bienen, Brieftauben und Delphinen entdeckt, und schließlich im Menschen. Baker, Mather und Kennaugh entnahmen Knochenproben aus verschiedenen Schädelteilen kürzlich Verstorbener. Speziellen Tests unterworfen, wurde „induzierbare magnetische Remanenz“, die die Anwesenheit von magnetischem Material anzeigte, in den Wänden des *Spenoid Sinus* (Stirnhöhle) gefunden. (Remanenz = Magnetismus, der nach Beendigung der Induktion noch vorhanden ist) Magnetometrische Messungen an „weichen“ Geweben des menschlichen Schädels zeigten keinen signifikanten Magnetismus. Obwohl die Forschung auf diesem faszinierenden Gebiet noch weitergeführt wird, ist es höchst wahrscheinlich, daß das magnetische Material in den menschlichen Sinusknochen eine wichtige Rolle bei der menschlichen Orientierung spielt, oder dies in der Zeit vor der Entfesselung der elektromagnetischen Apokalypse tat. Der amerikanische Rutengänger Zaboj Harvalik entdeckte, daß 90 % der Menschen, die er getestet hat, eine Variation von nur einem 100000stel Teil in der Stärke des Magnetfeldes der Erde feststellen können, wenn sie nur lernen können, dies zu erkennen. Wenn dies der Fall ist, dann sind die Schäden durch die elektrische „Verschmutzung“, deren Felder ja millionenmal stärker als der natürliche Magnetismus auf dem Planeten sind, unabsehbar.

Diese Wechselbeziehungen zwischen dem menschlichen Körper und Magnetfeldern wurden lange von der orthodoxen Wissenschaft als Phantasie abgetan. Man hatte keine Instrumente, die empfindlich genug waren, um diese leichten Fluktuationen zu messen, die der menschliche Körper wahrnehmen konnte. Doch seit langer Zeit schon hatten Ärzte in einigen Bereichen eigenartige Zusammenhänge zwischen solchen unsichtbaren irdischen Phämomenen und Krankheiten festgestellt. Zum Beispiel wurden das Auftreten von Hirnhautentzündung in der Stadt New York und auch das Vorkommen von „Wiedererkrankungsfieber" in der Sowjetunion statistisch mit Perioden von außergewöhnlich hoher Sonnenaktivität in Verbindung gebracht. Man beobachtete, daß das Vorkommen bestimmter Krankheiten während geomagnetischer Stürme anstieg. Sowohl die Einlieferungen in Psychiatrische Krankenhäuser, die Gesamtzahl der Krankenhausaufnahmen und die Anzahl der Tode in Krankenhäusern war nachweislich mit verstärkter geomagnetischer Aktivität verbunden. Andere Forscher in Frankfurt am Main und Kopenhagen fanden eine statistische Verbindung zwischen der Sterblichkeit von nerven- und herzbedingten Krankheiten und magnetischen Stürmen.

Eine kürzlich von sowjetischen Ärzten vorgenommene Studie demonstrierte, daß akute Anfälle der Augenkrankheit Glaukom, die durch verstärkten Druck im Augeninnern verursacht wird, mit höchster Wahrscheinlich während plötzlicher Störungen des geomagnetischen Feldes auftreten, ausgelöst durch Sonnenstürme, die magnetisierte Partikelchen in den Kosmos und auf die Erde senden. Trotz dieser Langzeituntersuchungen und der vielen Behauptungen der Wirksamkeit des Magnetismus als Kur für verschiedene Krankheiten wurde bis vor kurzem angenommen, daß die Erzeugung und Übertragung von elektrischer Energie keine Auswirkungen auf die Erde oder lebende Organismen habe. Während des achtzehnten Jahrhunderts hatten Pioniere wie Franz Anton Mesmer außergewöhnliche Behauptungen über die Wirkungen magnetischer Behandlungen auf den menschlichen Körper aufgestellt. Als Antwort darauf hatten Mediziner und die Schulwissenschaft geglaubt, daß das bloße Abtun seiner Behauptungen automatisch jegliche andere, weniger dramatische Auswirkung widerlegte.

Doch mit der stetig zunehmenden Stromstärke, die von oberirdischen und unterirdischen Stromleitungen transportiert wird, fingen mehr und mehr Menschen an zu behaupten, die negativen Effekte der von den Leitungen ausströmenden Strahlungen spüren zu können. Wenn sie sich jedoch bei den zuständigen Behörden beschwerten, wie sie dies immer wieder taten, wurden ihre Beschwerden ohne Untersuchung abgewiesen, und sie fanden sich selbst als „Spinner" oder sogar geisteskrank gebrandmarkt. Die Entwicklung der elektrischen Technologie fand jedoch in einem Zeitalter statt, als die medizinischen Auswirkungen des Elektromagnetismus noch nicht in Betracht gezogen worden waren, und so ging der Fortschritt ungezügelt weiter. Doch die Feinkalibrierung moderner Instrumente änderte dies alles. 1978 wurde ein Bericht im angesehenen Journal *Science* veröffentlicht, der jeden Zweifel über die schädlichen Nebenwirkungen der Strahlung von Stromleitungen ausräumte.[4] Die Auswirkungen sind global. Man entdeckte, daß Nieder-Frequenzwellen (NF), wie sie beim Radio vorkommen und durch Stromleitungen transportiert werden, in die Magnetosphäre der Erde laufen und stark mit energetischen Elektronen interagieren, die im Magnetfeld eingeschlossen sind.[5] Als ein Ergebnis dieser künstlich hergestellten Wellen-Partikel-Wechselbeziehung kann die natürliche Wellenstromlänge während eines einzigen Durchlaufs durch den Bereich der Wechselwirkungen um einen Faktor von 1000 oder mehr verstärkt werden. Die Auswirkungen dieser Wechselwirkungen erzeugen verstärkte Ionisation, Hitze, Licht und Röntgenstrahlen. Solche Wechselbeziehungen sind natürlich sehr ernstzunehmen und können unvorhergesehene weitreichende Auswirkungen auf alle Lebewesen der Erde haben, und auch auf Wetter und Klima. Stromleitungen auf der Erdoberfläche produzieren feststellbare Wirkungen in der ganzen Erdhülle und in den Weltraum hinaus. Frühe Studien, die auf magnetosphärischen Observationen in der Antarktis basierten, bemerkten, daß NF-Aktivität, die durch Stromleitungsstrahlung verursacht wurde, sich unmittelbar nach geomagnetischen Störungen verstärkt. Luftbilder von Satelliten haben gezeigt, daß permanente anomale Zonen verstärkter Wellenaktivität in der unittelbaren

Erdumgebung auf große Stromverteilungssysteme am Boden zurückgeführt werden können.[6] Zum Beispiel ergaben kontrollierte Sendeexperimente, die in Siple in der Antarktis (76° S, 84° W) durchgeführt wurden, daß die meisten Störungen, die dort auftraten, von dem übermäßigen Stromgebrauch im nordöstlichen Nordamerika stammten. Kein Platz auf der Erde, wie abgelegen er auch sein mag, bleibt verschont.

Die meisten Stromkraftwerke der industrialisierten Welt arbeiten mit einer Frequenz von 50 oder 60 Hertz, doch dies allein könnte keine größeren Störungen in der Magnetosphäre verursachen. Andere nicht-lineare Ladungen wie zum Beispiel Gleichrichter und schadhafte Geräte verursachen höhere Frequenzen auf Oberwellen der ursprünglichen Frequenz und addieren sich zu vielen Kilohertz. Stromleitungen, die diese Oberwellen transportieren, strahlen Radiowellen über große Frequenzbereiche aus. Diese Wellen durchdringen die Ionosphäre und schalten sich in die natürlichen magnetischen Wellenleiter ein, die die Wellen in die Interaktionszonen leiten. Die Auswirkungen dieser Strahlungen sowohl auf die Magnetosphäre der Erde als auch auf den menschlichen Organismus waren zur Zeit der Untersuchung, also 1978, noch fast unbekannt. Weitere Experimente befinden sich jedoch schon in Durchführung.

Neue Berichte aus der Sowjetunion, den Vereinigten Staaten und Großbritannien aus den frühen 80er Jahren zeigten an, daß die Wahrnehmungen der gewöhnlichen Bürger, die sich über die unangenehmen Nebeneffekte der Stromleitungen beschwert hatten, nicht bloß Paranoia oder Spinnerei waren. Verschiedene unabhängige Beobachter stellten dieselben Symptome bei Menschen, die in der Nähe von Stromleitungen wohnten oder daran arbeiteten, fest — Störungen des Kreislaufs oder Nervensystems, Depression, Reduzierung der Spermamenge usw. Gegen Ende 1981 berichtete eine Arbeit im amerikanischen Journal *Health Physic*, daß in den englischen Midlands eine Untersuchung des Allgemeinmediziners Dr. Stephen Perry einige ernstzunehmende Verbindungen zwischen anomalen Magnetfeldern und Selbstmord festgestellt hatte. Perry und drei andere Ärzte maßen die Magnetfelder um die Häuser von 590 Menschen, die sich das Leben genommen hatten. Die Ergebnisse zeigten eine klare Verbindung zwischen den Selbstmorden und anomal starken Magnetfeldern.

Die Schlußfolgerungen dieser Studie waren so verblüffend, daß die Britische Elektrizitäts-Gesellschaft *British Central Electricity Generating Board* unverzüglich Experimente mit Freiwilligen über die Effekte der elektrischen Felder von Hochspannungsleitungen einleitete. Diese Effekte des Magnetismus, der Elektrostatik usw., die durch wissenschaftliche Untersuchungen festgestellt wurden, bilden eine Wiederentdeckung der geomantischen Effekte, die in früheren Zeiten beobachtet, jedoch in poetischen oder „abergläubischen" Begriffen umschrieben wurden. Natürlich hatte keiner der Wissenschaftler, die diese Studien betrieben hatten, jemals von *Feng-Schui* mit seiner Verwendung des magnetischen Kompasses zur Bestimmung von guten und schlechten Plätzen gehört.

Ein anderes merkwürdiges Phänomen, das aus dieser Erneuerung des Interesses an den Nebenwirkungen elektrischer Felder entstand, ergab sich aus der Vermutung, daß das Wohnen unter Hochspannungsleitungen tatsächlich süchtig machen kann.[7] Dr. Cyril Smith von der Salford Universität in England behauptete, daß die physiologischen Effekte bei Menschen, die unter Hochspannungsleitungen leben, ausreichen, um die körpereigene Produktion der natürlichen Schmerzmittel, der *Endorphine*, zu erhöhen. Man hat festgestellt, daß diese *Endorphine*, außer den Schmerz zu lindern, auch Euphorie verursachen, und wie künstlich hergestellte Opiate kann die Langzeitwirkung süchtig machen. Dr. Smith sagt, daß jemand, der unter einer Stromleitung lebt, sich bei einem hohen Magnetfeld um die Leitung herum sehr wohl fühlen kann, doch wenn der Strom unter dieses Maximum sinkt, dann kann es zu Entzugserscheinungen ähnlich wie denen bei Drogenabhängigkeit kommen, was in Extremfällen zum psychischen Zusammenbruch oder sogar zum Selbstmord führen kann.

Frank Harlen zufolge, dem Sicherheitsoffizier der Britischen Nationalen Strahlenschutz-Behörde (*British National Radiological Pro-*

tection Board) „sind die Werte der elektrischen Verunreinigung in der Atmosphäre hundertmal höher als jene, an die sich die Menschheit über Jahrmillionen der Entwicklung angepaßt hat". Dies kann uns nur mit der größten Besorgnis erfüllen. Während der letzten fünfzig Jahre ist dies zu einem Hauptproblem geworden, da zusätzliche Quellen elektrischer Verschmutzung laufend hinzugekommen sind. Unbeabsichtigte Übertragung fehlgeleiteter Energien aus Stromleitungen ist schon schwerwiegend genug, doch ein unmittelbares Problem ist das der beabsichtigten Funkübertragungen speziell im Mikrowellenbereich.

Die fortschreitende Entwicklung des Funks während des zweiten Weltkrieges führte direkt zur Entwicklung von Mikrowellengeräten. Frühe Radarsysteme benutzen sehr lange Wellenlängen, doch Versuche, Radargeräte auf Flugzeugen zu montieren, führten zu der Entwicklung von Kurzwellengeräten, da dies viel kleinere Antennen erforderte und gleichzeitig viel größere Reichweiten und Präzision garantierte. Die schädlichen Auswirkungen, an die man zuerst nicht einmal dachte, traten bald zutage. Techniker, die Mikrowellen-Radareinrichtungen bedienten, bemerkten, daß Vögel in der Nähe der Masten starben, von den Strahlen intensiver Energie im Fluge „gegart". Aus dieser Beobachtung entstand nicht etwa das Verbot der Mikrowellenübertragung als Gefahr für menschliches und tierisches Leben, sondern ihre Anwendung in Mikrowellenherden, also bewußt garen anstatt unabsichtlich.

Die Eigenschaft der Mikrowellen, die sie zugleich für lebendes Fleisch immens gefährlich macht und für die Gastronomie als Segen erscheinen läßt, ist die Tatsache, daß Fleich die Energie der Mikrowellen absorbiert. Wenn ein Tier oder eine Person unglücklicherweise in den Weg eines Strahles gerät, kann die Energie bis zu zehn Zentimeter eindringen und innere Verbrennungen verursachen, ohne die Nervenenden der Haut zu aktivieren. Das bedeutet, daß jemand schwere, ja sogar tödliche innere Verbrennungen erhalten kann, bevor er oder sie überhaupt merkt, was geschieht. Der empfindlichste Teil des menschlichen Körpers ist die Linse des Auges. Anders als die meisten anderen Organe erhält die Linse keine Blutversorgung, und so kann die Hitze, die selbst von niedrigen Mikrowellen erzeugt wird, nicht verteilt werden. Wenn sie den Wellen wiederholt ausgesetzt wird, verursacht dies fortschreitende Schäden, die schließlich zu Grauem Star und Blindheit führen.

Wegen der Verwendung von Mikrowellengeräten für militärische Zwecke wurden die Beweise für ihre schädlichen Auswirkungen jahrelang zurückgehalten. Doch 1973 hielt die Weltgesundheitsorganisation in Warschau, Polen, eine Konferenz ab, auf der die Auswirkungen, die nicht länger ignoriert werden konnten, diskutiert wurden. In den mehr als 40 Jahren, seit Mikrowellen zum Problem wurden, sind die Standardwerte, die man als „sicher" ansieht, fortwährend herabgesetzt worden, und selbst heutzutage sind die Langzeitwirkungen nicht in vollem Ausmaß bekannt. Auf der ganzen Welt werden Milliarden von Megawatt an Strom ständig von militärischen Einrichtungen, Satelliten-Kommunikations-Verbindungen, Marine- und Flugradar, Radiotelefonen und anderen verborgenen Kommunikationsnetzen abgegeben und umgeben die Erde mit einem unsichtbaren Energiefeld von fluktuierender Stärke. Da Mikrowellenverschmutzung unsichtbar ist, wie die Ausstrahlungen von Stromleitungen, wird sie von der Masse der Bevölkerung übersehen — „Aus den Augen, aus dem Sinn", wie das Sprichwort sagt. Bei der Konferenz des Jahres 1973 war die Frage der Mikrowellen-Blindheit jedoch das Hauptthema für die Teilnehmer. Dr. Milton Zaret, Amerikas größte Kapazität für durch Mikrowellen verursachte Krankheiten, ließ bei der Konferenz seinen angekündigten Vortrag über den Grauen Star fallen und trug stattdessen verblüffende Beweise für die Verbindung zwischen Herzkrankheiten und Hochfrequenz-Funkübertragungen vor. Einige Jahre lang hat das phänomenal hohe Vorkommen von ernsthaften Herzerkrankungen in der finnischen Provinz Karelien an der sowjetischen Grenze die medizinische Fachwelt verwirrt und beunruhigt. Verschiedene Vermutungen, die dieses Phänomen auf Ernährungs- und Arbeitsgewohnheiten sowie sozialen Stress zurückführten, waren geäußert worden, doch Zarets Theorie kam als ein Schock. Er bemerkte, daß gerade jenseit der Grenze von Karelien die sowjetischen Militärbehörden massive Radarinstallationen ähnlich denen des westlichen Abwehrnetzes bei Orford

Ness in England errichtet hatten. Über Jahre hinweg war ein konstanter Ansturm von Mikrowellenstrahlung über die unglücklichen Finnen hinweggegangen. Zaret unterstützte seine Theorie mit Statistiken, die zeigten, daß das Vorkommen von Herzerkrankungen und Krebs anstieg, je näher zur Grenze und damit zu den Sendern die Menschen lebten.

Dr. Zarets Interesse an Mikrowellen-Krankheiten begann, als er Grauen Star und andere Krankheiten bei Technikern diagnostizierte, die früher die EC 121 „Constellation" Maschine der Luftwaffe der Vereinigten Staaten gewartet hatten. Flugzeuge, die als Aufklärer dienten. Von 70 Männern, die mit dieser Aufgabe beschäftigt waren, erkrankten nicht weniger als zwölf am Grauen Star und anderen Krankheiten, eine viel größere Anzahl, als durch Zufall auftreten würde. Diese Gruppe geriet in das Licht der Öffentlichkeit, als klar wurde, daß Mikrowellen die Ursache waren. Aufgrund dessen wurde eine Organisation der Radaropfer *(Radar Victim's Network)* ins Leben gerufen, die es sich zur Aufgabe machte, für jene, die von der Krankheit ernsthaft betroffen waren, die durch ihre Arbeit mit Mikrowellengeräten entstanden war, um Entschädigung zu kämpfen. Der Gründer der Organisation, Joseph H. Towne, prozessierte gegen die amerikanische Flugzeuggesellschaft Lockheed, Hersteller des Radarflugzeuges, und erhielt 50000 Dollar Entschädigung für den Grauen Star, an dem er an beiden Augen erkrankt war.

Ein anderer Vorfall, der zu einem Bewußtsein über die schädlichen Wirkungen von Mikrowellen führte, war der merkwürdige Fall der Botschaft der Vereinigten Staaten in Moskau, nur daß dieses Mal die elektrische Verschmutzung wahrscheinlich beabsichtigt war. Über zwanzig Jahre lang bestrahlten die sowjetischen Behörden das Botschaftsgebäude mit Mikrowellenenergie — in einem Versuch, entweder geheime Funkübertragungen zu stören, oder, was schlimmer wäre, die gesundheitliche oder geistige Verfassung des Botschaftsstabes direkt zu beeinträchtigen. Daß es mit Absicht geschah, steht außer Zweifel, denn Maria Sadcikova und Evgenia Labanova, beide Mitglieder der Moskauer Akademie für medizinische Wissenschaften, entdeckten, daß Mikrowellen eine meßbare Wirkung auf den Hypothalamus haben, den Teil des Gehirns, der das autonome Nervensystem steuert, und durch dieses das Hormonsystem des Körpers. Dieses wiederum reguliert den emotionalen Zustand des Menschen. Stimulierung des Hypothalamus durch Strahlung an einer geheiligten Stätte könnte also auch den Bewußtseinszustand hervorrufen, den wir als „religiöse Erfahrung“ bezeichnen, und die Energie-Hypothese der „erwarteten Halluzination“ bei der UFO-„Begegnung der dritten Art“ macht auch Gebrauch von dieser Beobachtung.

Das sowjetische Bombardement der Botschaft der Vereinigten Staaten war Thema vieler offizieller Proteste in dem Zeitraum von zwanzig Jahren, die es andauerte. Einsprüche kamen von den höchsten Ebenen amerikanischer Politik — sogar Präsident Ford und Henry Kissinger brachten die Angelegenheit bei der sowjetischen Regierung zur Sprache. Die Sowjets konterten jedoch mit der vollständig legitimen Antwort, daß die Strahlung sich noch innerhalb der Sicherheitsgrenze befand, die von der Regierung der Vereinigten Staaten selbst festgelegt worden war. Als die amerikanische Umweltschutzbehörde in verschiedenen Städten in den USA die Strahlung, die von Fernseh- und Radiostationen ausging, maß, stellten sie fest, daß diese in der Tat größere Strahlenmengen abgaben als das sowjetische „Moskauer Signal“. Dies beschwichtigte jedoch nicht die Befürchtungen der amerikanischen Behörden. Das Außenministerium begann eine Studie zur Gesundheitsüberwachung der Botschaftsmitarbeiter, nachdem der Botschafter, Walter J. Stoessel, 1976 die Botschaft nach einer Reihe von unerklärlichen Blutkrankheiten verlassen mußte. Danach reihte das Außenministerium die Botschaft in die Reihe der „ungesunden Posten“ ein und bot allen Botschaftsmitgliedern eine Versetzung an, wenn sie dies beantragten. Das Außenministerium beauftragte auch Professor Abraham Lilienfeld von der Johns Hopkins Universität, eine Gesundheitsuntersuchung an allen Botschaftsangehörigen bei ihrer Rückkehr in die USA durchzuführen. Während der 60er Jahre hatte Lilienfeld entdeckt, daß die Kinder von Beschäftigten an Radaranlagen ein höheres Vorkommen von Down’schem Syndrom — Mongolismus — zeigten als der Durchschnitt, und daß bei den Angehörigen der US-Botschaft in Moskau ein höheres Vorkommen von Blutkrankheiten zusätzlich zu unerklärlicher Müdigkeit und Kopfschmerzen auftrat. Mikrowellenauswirkungen auf das Blut führten Kliniker dazu, vor dem Einsatz von Mikrowellenherden für die Erwärmung von Blutkonserven zu warnen, die für Transfusionen benutzt werden sollten. Dies ist mittlerweile verboten, da durch Mikrowellen erwärmtes Blut als nutzlos angesehen wird.

Zusätzlich zu den Wirkungen von Mikrowellen auf das Blut haben Forscher entdeckt, daß Mikrowellenimpulse das Herz unmittelbar schädigen können. Ein amerikanischer Biophysiker, Dr. Allen Frey, setzte Frösche Mikrowellenimpulsen aus, die auf ihre Herzen gerichtet waren. Folgerichtig hörten die Herzen auf zu schlagen. Die Frequenzen der üblicherweise benutzten Übertragungen können im schlimmsten Fall auch noch mit biologischen Rhythmen zusammentreffen und so größeren Schaden als sonst anrichten. Professor Joseph Battocletti, ein Biophysiker der Abteilung Neurochirurgie der Wisconsin Medical School behauptet, daß diese Wirkung am schwerwiegendsten ist, „wenn Frequenzen, die mit biologischen Frequenzen übereinstimmen, benutzt werden". Die sichtbarsten Wirkungen auf den Menschen waren jene, bei denen die Mikrowellenenergie die Funktion nicht abgeschirmter Herzschrittmacher gestört haben.

Unmittelbare Auswirkungen auf das menschliche Nervensystem sind beobachtet worden, wenn neue Mikrowelleninstallationen in Betrieb genommen wurden. Als die Frühwarnstation bei Fylingdales in Yorkshire, England, eine Radareinrichtung für weite Entfernungen, die interkontinentale Raketen beim Anflug orten sollte, in den frühen 60er Jahren in Betrieb nahm, fingen Ortsansässige an, sich über „knackende" Empfindungen im Kopf zu beschweren. Dies war der Radarimpuls. Nach dem üblichen Verdrängen der Realität der Erfahrungen fingen die Behörden an, wiederholte Beschwerden ernstzunehmen. Ursprünglich bestand die Hypothese, daß die betroffenen Leute tatsächlich Empfänger der Energie waren, doch weitere Untersuchungen zeigten, daß Menschen, die an „Taubheit" der Nerven litten, die von Mikrowellen erzeugten Impulse auch „hören" könnten. Andere hörbare (auditive) Effekte wie zum Beispiel summen, zischen und knacken — das klassische Syndrom, das als „Ohrensausen“ bekannt ist — können auch durch Mikrowellen von relativ niedriger Intensität verursacht werden, auch wenn sie niedriger als die akzeptierten „Sicherheitsgrenzwerte“ sind.

Um es nochmal zu betonen: diese Auswirkungen auf das Gehirn stellten sich als mehr denn nur unangenehme Geräusche heraus. Dr. William Jones von der Duke Universität in Carolina, USA, untersuchte das „Ohrensausen-Symptom“ und entdeckte, daß die auditiven Symptome von Persönlichkeitsveränderungen begleitet wurden, scheinbar eine Bestätigung der Arbeit der Moskauer Akademie über den Hypothalamus. Jones stellte fest, daß Gefühle von Desorientierung und Feindseligkeit erzeugt werden, ähnlich denen, die durch direkte elektrische Stimulation bestimmter Gehirnteile entstehen. Dies kann mit relativ kurzen Zeiten der Einwirkung bei Mikrowellen auftreten, und so müssen längere Zeiten des Exponiertseins offensichtlich größere und länger andauernde Auswirkungen haben.

Die Beobachtung, daß die Kinder von Beschäftigten an Radaranlagen anfällig für genetische Defekte waren, veranlaßte Dr. Mickey und Dr. Heller vom Medizinischen Institut von New England in den USA zu Untersuchungen. Sie lieferten Beweise dafür, daß Mikrowellen biologische Systeme zusammenbrechen lassen oder stören können. Schließlich bewiesen sie, daß Mikrowellenstrahlung die Chromosomen des menschlichen Zellkernes beschädigen kann — den genetischen Code, der der Zellteilung zugrundeliegt, und dessen Schädigung Krebs und andere mit Zellen in Zusammenhang stehende Krankheiten verursachen kann. Später berichtete Professor Paul Tyler der New Yorker Akademie der Wissenschaften, daß die elektrischen Eigenschaften der Zellen, die für ihre Struktur und Morphogenese wichtig sind, unmittelbar durch Mikrowellen verändert werden können.

Dieses Beweismaterial ist äußerst beunruhigend, denn es ist offensichtlich, daß die ungehinderte Nutzung höher entwickelter Energiesysteme die Struktur lebender Zellen zerstören kann. Unmittelbare Auswirkungen ergeben auf das menschliche Gehirn Persönlichkeitsveränderungen — und verursachen psychische Störungen, physikalische Änderungen in der Blutzusammensetzung, Störungen des natürlichen Körperrhythmus und zerstören sogar das genetische Material, das die Zellstruktur kontrolliert, die Produktion von Materie, die für das Leben und die richtige Ausformung des Ungeborenen notwendig ist.

Jedes Ding auf Erden hat seine guten und seine schlechten Seiten — das alte Gesetz von der Einheit der Gegensätze, das von den alten Weisen des Ostens gepredigt wurde. Doch die Anwendung der Mikrowellenenergie scheint nur in die kontrollierte und die unkontrollierte eingeteilt zu sein — und beide zum Schaden. Bei der Warschauer Konferenz von 1973 verkündete der polnische Genetik-Forscher Premyslaw Gerski seine Entdeckung, daß die kleinsten Strahlungsmengen, so niedrig wie 0,5 Milliwatt, die Anzahl der Blutzellen verringern, die Produktionsrate der Antikörper absinken lassen und die Effektivität der Lymphozyten-Bildung im Blut reduzieren können, was zu einem allgemeinen Absinken der Widerstandskraft des Körpers führt.

Alle diese Beweise, einschließlich der Beobachtung von S. Baranski, daß Gehirnwellen durch Mikrowellenenergie desynchronisiert werden, griffen die militärischen Kräfte als eine „gute Sache“ auf, die man für die Kriegsführung weiterentwickeln könne. Weitere von der Regierung finanzierte Forschungen wurden am Queen Elizabeth College in London durch Professor Edward Grant durchgeführt, dessen Beitrag die Entdeckung war, daß nur einige Milliwatt von Mikrowellenenergie genügen, um die Anzahl der Substanzen, die die Grenze vom Blut zum Gehirn passieren, zu verändern, und so die kritischen Mengen der Chemikalien, die in das Gehirn gelangen, zu kontrollieren.

Diese Beobachtungen, die zuerst gemacht wurden, als neue energetische Systeme anfingen, ihre Auswirkungen auf die Menschen zu zeigen, haben eine große Bedeutung für die Theorie, die hinter der Geomantie steckt — das Auffinden guter und schlechter Orte auf der Erde und ihre Modifikation zum Wohle der Menschheit. Der menschliche Körper ist ein elektro-chemisches System, und es sollte klar sein, daß die wechselnden Felder, die uns zu allen Zeiten umgeben, einen feinen, jedoch nicht unmeßbaren Effekt besitzen. Medizinische Studien an gehirngeschädigten Patienten haben eindeutig erwiesen, daß sehr viele verschiedene Bewußtseinszustände existieren. Diese Bewußtseinszustände, Gefühle, und sogar ganze audiovisuelle Erfahrungen können durch mechanische oder elektrische Stimulation bestimmter Gehirnteile erzeugt werden. Es ist auch festgestellt worden, daß der elektrisch unstabilste Teil des Gehirns — der Schläfenlappen (lobus temporalis) — solche Erfahrungen produziert, wenn direkte Stimuli angewendet werden. Erfahrungen, die von Wachträumen, die nachher als erlebte Wirklichkeit erinnert werden, bis zu der Sammlung von Erfahrungen und Gefühlen reichen, die wir „spirituelle Erfahrungen“ nennen; ein Gefühl der uneingeschränkten Harmonie mit der Schöpfung und der Einheit mit der Unendlichkeit, können ebenso durch künstliche Gehirnstimuli erzeugt werden. Auf diesem Hintergrund verstehen wir, daß seit undenklichen Zeiten bestimmte Plätze auf der Erdoberfläche als besonders betrachtet werden und als „heilig“ verehrt worden sind. In der frühesten Periode der Existenz der Menschheit wurden diese Stätten durch Zufall gefunden, doch später kamen künstliche Methoden auf, die es den Geomanten ermöglichten, neue Stätten zu entdecken, oder, als sich die Techniken noch weiter verbessert hatten, solche Plätze künstlich herzustellen.

Doch was genau sind diese geheiligten Stätten? Was unterscheidet sie von anderen, vom Aussehen her identischen Plätzen auf der Erde? — Die Antwort lautet: Erdenergien.

Weiter vorne in diesem Buch habe ich die meßbare Verbindung zwischen Erdenergien und geheiligten Stätten belegt. Doch zu demonstrieren, daß Energien an solchen Orten existieren oder existierten, ist nur Teilwissen, denn ohne Wertschätzung ihrer Funktion verbleibt einem nur wenig mehr, als eine interessante Beobachtung. Heute jedoch, da bekannt ist, daß meßbare Energien einen direkten Einfluß auf das Gehirn haben und darüberhinaus noch Wirkungen erzeugen, die bekanntermaßen mit geheiligten Plätzen in Verbindung stehen, können wir beginnen, die Technologie zu rekonstruieren, die den Strukturen von Heiligtümern und heiligen Plätzen in der ganzen Welt zugrundeliegen.

In alten Zeiten wurde häufig „über den Daumen gepeilt". Die Dinge wurden ausgesprobiert, und wenn sie funktionierten, wurden sie beibehalten, wenn nicht, wurden sie ad acta gelegt. So funktioniert die traditionelle Methode von Probe und Irrtum. Heutzutage haben wir eine andere Methode — die wissenschaftliche, die auf die Geomantie angewendet werden kann, wenn wir uns nur darüber klar sind.

Viele berühmte Heiligtümer der heutigen Zeit wurden von spontanen Manifestationen geschaffen, und durch eine Untersuchung dieser Orte können wir das Wissen gewinnen, das für die Entstehung einer neuen Wissenschaft der Geomantie erforderlich ist. Diese spontanen Manifestationen, von der Kirche als „Wunder" bezeichnet, wurden häufig von einer Handvoll Zeugen beobachtet, oft von Kindern. Die klassischen modernen Beispiele fanden in Lourdes in Frankreich und in Fatima in Portugal statt, wo sich einfachen Kindern die Erscheinung der Heiligen Jungfrau Maria, so glaubten sie, zeigte. Sie brachten später andere an den Ort zurück, damit sie ähnliche Manifestationen erfahren konnten. In frommen und orthodoxen religiösen Begriffen gesehen, waren diese Manifestationen tatsächliche Erscheinungen eines göttlichen Wesens, mit der Absicht, daß der Glaube wieder bestärkt werden sollte. Doch es gibt auch andere Erklärungen, die in den Entdeckungen von Rutengängern, Forschern der Geomantie und Physikern begründet sind.

UFO-Forscher haben die Hypothese aufgestellt, daß die ungeheuren elektromagnetischen Felder, die UFOs in Bodennähe umgeben, unmittelbar auf die Gehirne der Beobachter einwirken.[8] Viele Vorfälle der die UFOs umgebenden Felder, die Automotoren stoppen oder Radioübertragungen unterbrechen, sind über viele Jahre hinweg berichtet worden, was darauf hinweist, daß es sich um Energie-Manifestationen handelt. Es ist auch vorgeschlagen worden, daß die elektromagnetischen Wirkungen auf die Schläfenlappen der Gehirne von Beobachtern halluzinatorische Erfahrungen produzieren, die später als tatsächliche Realität erinnert werden. Auf diese Weise können die zahlreichen Geschichten von unheimlichen Begegnungen mit UFO-Passagieren erklärt werden. Die Theorie von der „Erwartungs-Halluzination" erklärt das Phänomen, wobei verschiedene Zeugen behaupten, verschiedene Dinge gesehen zu haben, und daß ähnliche Vorgänge in der Vergangenheit als Besuche der Engel oder dämonischer Wesen anstatt als Fremde Wesen aus dem Weltall aufgenommen wurden. „Erwartungs-Halluzinationen" erzeugen im Beobachter jene Dinge, die sie oder er zu sehen erwartet. In früheren Zeiten waren Geschichten von Dämonen, Ungeheuern, Trolls, Engeln oder Phantomen gang und gäbe, und das war es, was die Leute beobachteten. Heute, in einer technologischen Welt, tun die meisten Leute die Möglichkeit von Dämonen oder Engeln ab, doch die Hypothese von Leben auf anderen Planeten wird weit und breit anerkannt. Daher ersetzt heute der Raumfahrer im schimmernden Anzug den geflügelten Engel oder die Heilige Jungfrau Maria aus alten Zeiten.

Schlagende Beweise für diese Theorie entstammen den Umständen, die die wahrscheinlich größte religiöse Manifestation des zwanzigsten Jahrhunderts umgeben: das sogenannte „Wunder von Fatima". 1917 beobachteten drei Bauernkinder im Dorf Famita in Portugal die Erscheinung eines Wesens, das sie für die Heilige Jungfrau Maria hielten, eine Erscheinung, die den drei Glücklichen einige „kosmische Geheimnisse" mitteilte. Es sprach sich herum, und eine nochmalige Erscheinung wurde angekündigt. Zu der vereinbarten Stunde beobachteten die versammelten Massen ein Phänomen, das als ein Ball von Licht photographiert wurde. Fromme Pilger sahen es jedoch anders; einige beobachteten die Jungfrau Maria, während andere den Heiligen Joseph sahen. Es war auffällig, daß jene, die dem „Feuerball" am nächsten waren, die tiefsten religiösen Gefühle erlebten und göttliche Wesen sahen; während jene, die ganz hinten in der Riesenmenge standen, und so vom elektrischen Feld des Phänomens weiter entfernt waren, nur einen Feuerball sahen. Es ist offensichtlich, daß die Erfahrung von der Manifestation von der Entfernung des Beobachters zum Zentrum des Energiefeldes abhing.

Wenn ein solches Zentrum einmal als geheiligte Stätte etabliert worden ist, dann wird die Wechselwirkung der frommen Pilger mit den dort anwesenden Energien das Phänomen eher verstärken und vielleicht zusätzliche Phänomene erzeugen. Vielleicht ist dies denn auch die Erklärung für die fortlaufende Serie von scheinbar wundersamen Heilungen, die in Lourdes erfahren werden. Es ist offensichtlich ein ergiebiges Gebiet für Nachforschungen, denn sollte einmal der Tag anbrechen, wenn solche Orte künstlich erschaffen werden können, dann werden wir nicht weit davon entfernt sein, die Leiden, die die moderne Menschheit plagen, zu beseitigen.

IX
Gesundheit, Erdenergien und Geomantie

1973 wurde eine sehr ungewöhnliche Entdeckung von der Sowjetunion bekanntgegeben: der Nachweis eines Kristall-Gittermusters in der Erdstruktur. Diese Entdeckung wurde drei Sowjetbürgern aus verschiedenen akademischen Disziplinen zugeschrieben: Vyacheslav Morizov, einem Ingenieur; Nicolai Goncharov, einem Historiker; und Valery Markarov, einem Elektronik-Spezialisten. Im wissenschaftlichen Journal *Khimiya i Zhinzn* (Chemie und Leben) versicherten sie, daß es ein „kristallines Gitternetz"-Muster gibt, das den ganzen Globus umspannt. Dieses Gitternetz, so schrieben sie, weist duale Formen auf, bestehend aus einem Ikosader von 20 gleichseitigen Dreiecken, und einem Dodekaeder von 12 Pentagonen. Diese Formen bilden die vierte und fünfte der Serie von geometrischen Formen, die man als die „Platonischen Körper" kennt, die geometrisch-regelmäßigen dreidimensionalen Formen der klassischen griechischen Geometrie, und die ihr zugrundeliegende Struktur von Myriaden natürlicher Konfigurationen. In platonisch-pythagoräischem Gedankengut besitzen diese Körper jeweils spezifische esoterische Eigenschaften. Der Ikosaeder wird symbolisch dem Element Wasser zugerechnet, der Farbe Blau (die die vorherrschende Farbe unseres Planeten ist) und fortlaufender Regeneration. Der Dodekaeder dagegen ist symbolisch für das wissenschaftlich diskreditierte Element Äther (das in Wahrheit eine esoterische Beschreibung des vielgesuchten „unifizierten Feldes" der Physik sein könnte), für die Vereinigung von Kräften, und die Farbe Gelb-weiß.

Die sowjetischen Forscher glaubten, daß dieses Gitternetz mit bedeutenden Punkten der Erde zusammenhinge. An den Scheitelpunkten der planen Figuren, die die Körper ergaben, sollten verschiedene Zentren von Phänomenen existieren. Die zwanzig Knotenpunkte des Dodekaeder-Gitters, zum Beispiel, bezeichnen Punkte konstanter meteorologischer Phänomene, da sie Orte von ständigem hohem oder niedrigem Luftdruck darstellen, Punkte, an denen Zyklone, Hurrikane und Taifune ihren Ursprung nehmen.

Von diesen Ursprungspunkten, so glaubten die Autoren, wandern die Stürme entlang den „Streben" des Kristallgitters in einem regelmäßigen und vorhersehbaren Muster. Diese Theorie wurde bestärkt, als Vitaly Kabachenko 1973 in einem anderen sowjetischen Journal berichtete, daß eine merkwürdige lineare streifenförmige Wolkenformation, die auf von Wettersatelliten gemachten Photographien der Erde erkennbar war, tatsächlich ein geometrisches Muster formte, das dem kristallinen Gitternetz verwandt war. Kabachenko bemerkte, daß die Vorläufer dieser Wolkenbänke aus schwachen Linien von Wolkenfetzen bestanden, die mit ähnlichen dunklen Linien, die auf dem Ozean sichtbar waren, übereinstimmten. Diese Linien, die keine Schatten der Wolken sind, scheinen auf unbekannte Weise die Formation der Wolken zu beeinflussen. Sie wurden als Unregelmäßigkeiten auf dem Meeresboden erklärt und sind wahrscheinlich mit der geologischen Struktur der Erdfalten verbunden, die wiederum mit dem Kristallmuster in Verbindung stehen kann. Beweise für diese Annahme stammen von bestimmten tellurischen Phänomenen, die mit ozeanischen Formationen in Zusammenhang gebracht werden: den Gebirgen in der Mitte des Ozeans. Diese riesigen Gebirgsrücken auf dem Meeresboden bezeichnen große Brüche in der Erdkruste und bilden Grenzen zwischen den gewaltigen „tektonischen Platten" von Krustenmaterial, das auf dem dichteren metallischen Kern des Planeten „treibt". An bestimmten Punkten geraten diese sich bewegenden Platten in Kollision, und ihre Wucht hat Gebirgszüge wie die des Himalaya aufgeworfen, während sie an anderen Punkten auseinandertreiben, und das Emporquellen der geschmolzenen Lava von unterhalb der Kruste hat die mittelatlantischen Rücken gebildet und gelegentlich Inseln wie Island hervorgebracht. Verschiedene wichtige tellurische Spalten werden von den Streben des kristallinen Gitters bezeichnet: eine solche Grenzlinie läuft entlang des mittelatlantischen Rückens; eine andere definiert den tiefsten Teil des Pazifischen Ozeans, den Marianen-Graben. Ein größerer Graben, der zuerst aus dem Weltraum beobachtet wurde und von Pakistan nach Marokko verläuft, trifft mit anderen Streben des Kristallgitters zusammen. Die Verbindung terrestrischer Phänomene mit Erdfalten ist von Paul Devereux bemerkt worden[1], und die Verbindung dieser Streben über die Oberfläche des Globus mit

UFOs ist eine weitere Theorie, die einiges an Glaubwürdigkeit gewonnen hat.[2]

Die wahrscheinlich erste Verbindung, die je zwischen geraden Linien auf der Erde und UFOs gezogen wurde, stammte von Tony Wedd.[3] Wedd, ein früherer Pilot der Königlichen Britischen Luftwaffe, hatte viele Jahre lang ein navigatorisches Interesse an aus der Luft sichtbaren Orientierungspunkten gehabt, als er eine Theorie entwickelte, um die Beobachtungen zu erklären, die einige Jahre zuvor von dem französischen UFO-Forscher Aimé Michel gemacht worden waren — daß man UFOs beobachtet hat, die entlang ausgeprägten, geraden Flugwegen schwebten, denen man den Namen *orthotenies* gab. 1955 hatte Michel die Resultate seiner Untersuchungen über die berühmte französische UFO-„Manie" des Jahres 1954 veröffentlicht. Michel stellte fest, daß „Landungen" und „Annäherungen" von UFOs in Bodennäher in ausgeprägten, geraden Linien vorkamen.

Wedd war gut mit der Literatur über die englische Landschaft vertraut und war daher die erste Person, die Michels *orthotenies* mit den von Alfred Watkins beschriebenen *Leys* in Verbindung brachte.[4] Er verschmolz Michels Theorien mit einer auf den neuesten Stand gebrachten Version von Arthur Lawtons Konzept der *Leys* als Kanäle für tellurische Kräfte. Wedd schloß daraus, daß die Antriebssysteme der UFOs in irgendeiner Weise mit dieser Kraft verbunden sein könnten, entweder, indem sie Kraft aus der Erde zogen oder durch Benutzung der *orthotenies* als Leitsystem. Wedds Erfahrung als Militärpilot führte ihn zu der Theorie, daß fremde Kosmonauten die Markierungspunkte von Watkins' *Leys* als navigatorische Hilfen benutzten, obwohl er nicht die Frage stellte, warum es für die Fahrzeuge notwendig war, sich in die Linien terrestrischer Energie „einzuschalten". Wedd erklärte seine Theorien in einem kleinen Buch mit dem Titel *Skyways and Landmarks* (Himmelswege und Orientierungspunkte), das tatsächliche Beispiele der UFO-Ley-Verbindung in England zeigte.

Doch obwohl die Idee von den *orthotenies* ihre kurze Stunde der Popularität in den mittfünfziger Jahren erlebte, und dann nochmal in

Wedds Theorie, blieb die Vorstellung von UFOs in Verbindung mit terrestrischen Energien hypothetisch und unbewiesen, bis über zwanzig Jahre später Paul Devereux in seiner Arbeit über die ungewöhnlichen Phänomene, die er in der englischen Grafschaft Leicestershire erfahren hatte, zu der Schlußfolgerung kam, daß UFOs, die so lange ohne schlagkräftige Beweise für fremde Raumschiffe gehalten worden waren, tatsächlich „Erdlichter“ darstellten, sichtbare Manifestationen von Erdenergien. Seine Arbeit mit dem *Dragon Project* Team, das die beim Rollright-Steinkreis in Oxfordshire, England, vorhandenen Energien über mehrere Jahre hinweg aufgezeichnet hat, erbrachte mit dieser Theorie übereinstimmende Resultate: Beobachtungen von „UFO“-Vorkommen haben die unleugbare Verbindung zwischen dem Phänomen und unterirdischen Verwerfungslinien demonstriert. Devereux glaubt, daß die Energien, die von unsichtbaren tektonischen Bewegungen in den darunterliegenden Felsenschichten solche Manifestationen wie Lichter hervorbringen können, von menschlichen Beobachtern interpretiert oder vielleicht psychisch aktiviert werden. Lichter, die sich bei Nacht entlang der „Feenstraßen“ von Irland bewegten, wurden vor sechzig Jahren von Evans-Wentz beobachtet und sogar einer Art undefinierter „magnetischer Kraft“ zugeschrieben, die die Arbeit von Devereux vorausahnen ließ. Diesen Ideen zufolge entstehen sowohl UFOs als Geister (und auch Manifestationen der Heiligen Jungfrau Maria und andere „religiöse“ Erscheinungen) aus einer tellurischen Entladungserscheinung, die mit dem Beobachter auf die in Kapitel 8 festgestellte Weise in Wechselbeziehung stehen kann.

Erdlichter sind während Erdbeben beobachtet und photographiert worden, und es gibt einen vielsagenden statistischen Zusammenhang zwischen diesen Phänomenen und tellurischen Verwerfungslinien. Auch solche Linien können durch Rutengehen geortet werden, was uns wieder zurückbringt zum bereits bestätigten Phänomen bestimmter durch traditionelle Methoden beobachteter Erscheinungen, die zu einem späteren Zeitpunkt mit Hilfe wissenschaftlicher Geräte wiederentdeckt werden. Das Phänomen ist kürzlich auch im Labor produziert worden. Dr. Brian Brady vom Labor des Bergbauamtes der Vereinigten Staaten in Denver, Colorado, setzte Proben von quarzhaltigem Felsen enormem Druck von 2252 kg/cm^2 aus. Gerade vor dem Auseinanderbrechen produzierte der Felsen kurzlebige Lichtbälle, die durch die auseinanderbrechenden molekularen Bindeglieder zwischen den einzelnen Elementen des Felsens entstanden. Diese winzigen Lichtbälle schwebten und flogen. Sie wurden produziert und kontrolliert von den wechselnden Energiemustern in und um den Felsen herum, als er auseinanderbrach. Solche Lichter entstehen durch heiße ionisierte Gase, gespeist von Radiofrequenzstrahlen, die durch das Auseinanderbrechen der Bindeglieder entstehen, die ihrerseits die Kristalle in ihrer starren geometrischen Form halten.

Heilige Männer in Ländern, die so weit auseinander liegen wie Peru, Australien und Rußland, haben Kristalle in ihren Ritualen benutzt, doch erst jetzt können wir einen ungetrübten Blick auf ihre Wirksamkeit werfen. Brady mußte fast unvorstellbar hohen Druck anwenden, um Licht aus Kristallen zu erzeugen, doch wir dürfen im Lob unserer eigenen Technologie nicht so arrogant sein und die Möglichkeit verwerfen, daß es andere, einfachere Wege geben mag, um die selbe Wirkung zu erzeugen. Daß etwas Ähnliches im Altertum vorgekommen sein mag, wird durch den Autor Josephus angedeutet. „Ich will nun behandeln, was ich vorher ausgelassen habe", schrieb er in *Antiquities* (Altertümer), „das Gewand des Hohenpriesters (der Juden), denn er ließ keinen Raum für die bösen Machenschaften von Propheten; doch wenn etwas dieser Art versuchen sollte, die göttliche Autorität zu mißbrauchen, so überließ er es Gott, bei seinen Opferzeremonien anwesend oder abwesend zu sein, ganz wie er es wünschte. Und er wollte, daß nicht nur die Hebräer dies wußten, sondern auch die anwesenden Fremden. Denn jene Steine, von denen wir schon erzählt haben, die der Hohenpriester auf seinen Schultern trug, und die aus Sardonyx bestanden ... der eine davon glänzte mit besonderem Glanz, wenn Gott bei ihren Ofperzeremonien anwesend war. Ich meine das, was als ein Knopf auf seiner rechten Schulter diente, sandte dann funkelnde Strahlen aus und wurde sogar von jenen gesehen, die sich ganz hinten befanden. Solcher Glanz war dem Stein vorher nicht gegeben gewesen." Diese Phänomene hörten ungefähr 200 Jahre, bevor Josephus seine *Antiquities* schrieb, auf, doch alles weist darauf hin, daß eine Aufladung mit Energie im Tempel stattfand, die durch den Stein in Licht umgewandelt wurde. Der Hohenpriester befand sich in dem geweihtesten und somit dem energetischsten Teil des Tempels, und der Stein war damit am richtigen Platz, um aktiviert zu werden. Die ganze Frage von Energien und Kristallen betont wiederum die Verbindung zwischen festen geometrischen Strukturen, Energie und Geomantie.

Von allen menschlichen Aktivitäten, die einst durch eine geomantische Ethik geleitet wurden, demonstriert die Architektur die vollständigste Umkehrung, eine Änderung in der Einstellung, die zu der fortschreitenden Entweihung der Welt parallel läuft. Mit dieser Entweihung sind Krankheiten des modernen Lebens einhergegangen, teilweise verursacht durch Überbevölkerung, chemische und elektrische Verunreinigungen und teilweise auf Streß zurückzuführen. Dieser allgemeine Mangel an Wohlbefinden und Glücksempfinden beruht zum Teil auf der Zerstörung oder Störung der Energieströme in der Erde, doch vielleicht wichtiger ist hier die Art und Weise, wie wir unsere Häuser bauen. Die Störung der Energie-Matrix der Erde in den letzten zweieinhalb Jahrhunderten hat nur deswegen stattgefunden, weil die westliche Wissenschaft nicht erkennt, daß es überhaupt eine Energie-Matrix gibt, die man stören kann. In früheren Zeiten, und in nicht westlichen Kulturen, wurde die Existenz solch eines ineinandergreifenden Netzes von Energien erkannt, obwohl es natürlich oft in „spirituellen" Ausdrücken beschrieben wurde, selbst wenn die Existenz einer zusammenhängenden Matrix nicht erwähnt wurde. Obwohl Geomantie in Europa bis ins achtzehnte Jahrhundert hinein praktiziert wurde (wie zum Beispiel in Westfalen, wo Fachleute für die Anlage von Gebäuden und Grenzen hinzugezogen wurden), war bis zum neunzehnten Jahrhundert jedes Wissen in solchen Angelegenheiten von der herrschenden Klasse vergessen worden. So finden wir, daß die europäischen Missionare und Kolonisatoren aus Ländern, die noch Geomantie benutzten, durch den scheinbar lächerlichen „Aberglauben" der „Eingeborenen" verwirrt waren. Die Anpassung Chinas an den Westen wurde viele Jahre lang von Praktizierenden des Feng-Schui verhindert, die klare Warnungen gegen die unbedenkliche Errichtung von Telegraphenleitungen, Eisenbahnen,

Chinesische Darstellung eines Geomanten, der eine Vermessung durchführt.

neuen Straßen und Gebäuden an bestimmten Plätzen der Landschaft aussprachen. Dies wurde zu solch einem Problem für die „Modernisierer", daß die Literatur diese Periode mit Beispielen von dem „Feng-Schui-Aberglauben der heidnischen Chinesen" und ähnlichem gespickt ist.

Der Geistliche Eitel, ein früher christlicher Missionar und Kommentator des *Feng-Schui*, schrieb 1873: „Als vorgeschlagen wurde, einige Telegraphenmasten aufzustellen, als der Bau einer Eisenbahn der chinesischen Regierung nahegelegt wurde, als lediglich eine Straßenbahn vorgeschlagen wurde, um die Kohlengruben des Binnenlandes zu nutzen, die chinesischen Funktionäre verbeugten sich jedesmal höflich und erklärten, das Vorhaben sei wegen *Feng-Schui* unmöglich."[5]

Die meisten europäischen Kommentatoren sahen dieses *„Feng-Schui"* in vereinfachten Begriffen: lediglich ein Aberglaube eines ungebildeten und rückständigen Volkes gegenüber Veränderungen, ein institutionalisierter Konservatismus, der eine stagnierende Kultur (so wie sie es sahen) aufrechterhielt. Andere, wie Eitel und Joseph Edkins, beschäftigten sich eingehender mit der Materie und erklärten die Verfahren, während sie sich über die Prinzipien ausschwiegen, welche sie offensichtlich nicht verstanden. Von all den westlichen Kommentatoren kam nicht ein einziger auf den Gedanken, daß es praktische Gründe für *Feng-Schui* geben mochte, und selbst jüngere Arbeiten haben es mehr als ästhetische Übung oder eine primitive Form von menschlichem ökologischem Gleichgewicht mit der Umwelt abgehandelt. Der Gedanke, daß es vielleicht eine Art von Energiefluß in und über der Erde gäbe, dessen Bewahrung für die Erhaltung der Biosphäre notwendig sein könne, hätte ihnen nicht ferner liegen können. Sie glaubten an die materialistische Wissenschaft des neunzehnten Jahrhunderts, an den unbegrenzten Fortschritt, der unabwendbar und wünschenswert sei, und daran, daß jegliche andere Art zu denken nicht existierte, mit der einzigen Ausnahme der christlichen Lehre. Um gerecht zu sein, muß man sagen, daß die allegorische Sprache des *Feng-Schui*, die von Weißen Tigern, Azurblauen Drachen, Geheimen Pfeilen und ähnlichem spricht, oberflächlich betrachtet kaum mit Erdenergien zu tun haben scheint. Es liegt jedoch nur daran, daß die moderne Wissenschaft sich im allgemeinen von solch poetischen Begriffen distanziert hat und eine rein neutrale Spezialistensprache geworden ist, so daß viele wissenschaftliche Konzepte als vernünftiger angesehen werden.

Die Alchemisten des alten und mittelalterlichen Europa gebrauchten eine ähnlich komplizierte technische Sprache, die auf symbolischen Übereinstimmungen aufbaute, doch dies kann mit relativer Leichtigkeit in moderne chemikalische Terminologie „übersetzt" werden. Tatsächlich tragen viele Chemikalien immer noch volkstümliche Namen, die aus der Alchemie stammen. Ähnlich benutzt auch die Astronomie noch die mythologischen Konstellationen aus der alten Astronomie und Astrologie: sie sind Gedächtnisstützen, Hilfen für die Beschreibung und Erinnerung. Diese allegorischen und mythologischen Assoziationen werden sehr wohl als beschreibende Gedächtnishilfen anerkannt, doch die gleichermaßen allegorischen Beschreibungen des *Feng-Schui* werden als nichts weiter denn als Kauderwelsch von Orthodoxen betrachtet, welche die alten Wissenschaften als einen wertlosen Aberglauben abtun.

Vielleicht wird eines Tages eine neue „wissenschaftliche" Terminologie der Geomantie formuliert werden, und dann wird diese Wissenschaft dem Bereich des „Aberglaubens" entsteigen und unter die anwendbaren Wissenschaften wie zum Beispiel die Medizin eingereiht werden. Es ist ein historisches Problem, daß *Feng-Schui* zu einer Zeit entdeckt wurde, als seine schreibende Sprache und seine Theorien in solch einer oberflächlichen Weise von hauptsächlich ablehnenden Kommentatoren des Westens aufgezeichnet wurden. Wäre es von der westlichen Wissenschaft im Jahre 1970 anstatt 1870 entdeckt worden, dann hätte dies sicherlich einen beträchtlichen Unterschied für die Vorgehensweise bedeutet. Das anwendbare Kernwissen, das der äußeren Form unzweifelhaft zugrundeliegt, wäre analysiert, herausgefiltert und vielleicht im Westen praktisch angewendet worden. Erst heute, da die vielen scheinbar zusammenhanglosen Stücke von Geomantieforschung zusammengesetzt werden, können wir ein diese Elemente verbindendes Grundmuster erkennen.

Ohne jegliche Kenntnisse der alten Wissenschaften zu besitzen, die solche Folgen wirksam bekämpfen konnten, kamen viele unabhängige Forscher, besonders in Deutschland, darauf, daß die Lage menschlicher Behausungen über oder in der Nähe von Plätzen mit schädlichen Energien zur Krankheit ihrer Bewohner führte. Während der 20er Jahre beschlossen H. Winzer und W. Melzer in Stuttgart, das Vorkommen von Krebs von einem geographischen Standpunkt her zu untersuchen. Sie sammelten Daten über Krebsfälle in der Stadt, fanden jedoch entgegen ihren Annahmen keine Verbindung mit den Felsenschichten, die den Untergrund der Stadt bilden. Doch als Rutengänger ihnen vorschlugen, das Vorkommen von Krebs in Zusammenhang mit Erdverwerfungen zu untersuchen, die unter der Stadt verlaufen, entdeckten sie bald einen überzeugenden Zusammenhang zwischen der Krankheit und den fünf Erdfalten unter Stuttgart. Winzer und Melzer vertraten darauf die Meinung, daß die Hauptursache für Krebs die Strahlung sei, die von den Erdfalten aufsteige.[6]

Die Stuttgarter Arbeit wurde bald darauf von Gustav Freiherr von Pohl aufgegriffen. 1929 begann er eine systematische Analyse des Problems von Krebsvorkommen beim Menschen und seiner Verbindung mit unterirdischen Energien[7]. Er untersuchte die Stadt Vilsbiburg in Bayern, indem er sie mit Ruten abging, und er spürte auf einer Karte im Maßstab 1:1000 die Energie-Adern auf, die seiner Meinung nach genügend Kraft hatten, um die Gesundheit der Menschen nachhaltig zu beeinflussen. Dann verknüpfte er die Lage der unterirdischen Adern mit Daten von Todesfällen durch Krebs, die von Herrn Bernhuber, dem Gesundheitsbeamten der Stadt, gesammelt worden waren. Von Pohl untersuchte auch Häuser, die nur teilweise durch die Adern beeinflußt waren, und stellte fest, daß die Betten von Krebsopfern über solchen Adern gestanden hatten.

Leider wurde von Pohls Forschungsarbeit und seine Mutmaßung, daß Krebs durch schädliche Erdstrahlen verursacht wurde, die von unterirdischen Adern ausstrahlten, von skeptischen Wissenschaftlern nicht gut aufgenommen. So entschloß er sich, seine Theorien anderswo auszuprobieren, und fragte die örtlichen Gesundheitsbehörden nach dem Namen der Gemeinde, die das niedrigste Krebsvorkommen in Bayern aufwies. Es war Grafenau, eine andere kleine Stadt. Von Pohl begab sich dorthin und ging sie am 4. und 5. Mai 1930 mit der Rute ab. Es war keine Überraschung für ihn, als er feststellte, daß jede Person, die dort seit 1913 an Krebs gestorben war, ihr Bett über Gegenden von schädlichen Erdstrahlen plaziert hatte. Eine Wiederholung der Untersuchung 1932 zeigte, daß weitere zehn Opfer, die über den Strahlenzonen lebten und schliefen, ebenfalls an der Krankheit gestorben waren.

Winzer und Melzer waren der Ansicht gewesen, daß Strahlung, die vom Inneren der Erde ausging, aus den Erdspalten aufstieg und Krebs verursachte. Und in der Tat hat ionisierte Strahlung, wie sie durch Kernspaltung produziert wird, den Effekt, die Krankheit zu erzeugen. Dies wurde auch von einem französischen Ingenieur, Pierre Cody, während der 30er Jahre untersucht, als er Häuser untersuchte, in denen viele Krebstode vorgekommen waren. Cody benutzte ein Elster-und-Geitel-Elektrometer und stellte damit die Ionenkonzentration der Atmosphäre an bestimmten Punkten in den Kellern der Häuser unter den Betten der Krebsopfer fest. Cody fand bedeutende Ionen-Konzentrationen direkt unter den Stellen, wo die Betten standen. Seine Schlußfolgerung, daß die Energie radioaktiven Ursprungs war, führte ihn dazu, mit Methoden zu experimentieren, die die potentiellen Opfer vor der Energie abschirmten. Blei ist natürlich der beste bekannte Schutzschild für Strahlung, und Cody plazierte also Platten dieses Metalls unter die Elektrometer, die er in seinen Experimenten benutzte. Nach einer Reihe von Versuchen kam er zu dem Schluß, daß die schädlichen Energien tatsächlich abgeblockt werden konnten, und daß der Gebrauch von Bleischutzplatten unter „Krebsbetten" sich als förderlich erweisen würde.[8]

Nach dem Zweiten Weltkrieg, der sich als große Lücke für die geomantische und Rutengänger-Forschung erwies, führten verschiedene deutsche Forscher die von Winzer, Melzer und von Pohl begonnen Arbeiten fort. In seinem *Das Rätsel der Wünschelrute* hatte Johannes Walther vor dem Krieg über die Gefahren unterirdischer Strahlung und „Krebsbetten" geschrieben.[9] Er erfand die Bezeichnung „geopathisch" für die Beschreibung dieser krankheitserzeugenden Gegenden und erhielt nach dem Krieg einen Ehrendoktortitel für seine Arbeit. Seit den 50er Jahren ist Deutschland führend in diesem wichtigen Forschungsgebiet. 1955 demonstrierte Joseph Wüst mit einem Geigerzähler Codys Hypothese, als er „Krebsbetten" in Pleutersbach untersuchte. Aus diesen Forschungen und aus einer Erkenntnis heraus, daß mit der modernen Bautechnologie nicht alles zum Besten bestellt ist, entstand die Wissenschaft der *Baubiologie.*

Es ist eine Anklageschrift gegen die moderne Einstellung zur Welt, daß es nicht für wichtig angesehen wird, unterirdische Energien mit einzubeziehen, wenn man Behausungen baut oder plaziert. Daß dies eine vollständige Abkehr von den Bräuchen früherer Zeiten ist, wurde schon ausreichend dargelegt.[10] Die traditionellen Heilmethoden für schädliche Strahlungen, zum Beispiel die geomantischen Spiegel des *Feng-Schui,* können nun im Licht moderner Forschung als praktischen Wert besitzend beim Abwehren schädlicher Ausstrahlungen gesehen werden. Solche traditionellen Methoden konnten auf ganze Gebiete angewendet werden oder auch nur auf einzelne Punkte eines einzigen Gebäudes. Wenn schädliche Energien in einer bestimmten Gegend erzeugt wurden, in der eine Stadt angelegt werden sollte, errichteten die *Feng-Schui* Meister Chinas verschiedene Strukturen, um die sonst gefährlichen Wirkungen abzulenken oder abzuleiten. Unter den gebräuchlichsten Methoden befanden sich die Erbauung künstlicher Hügel und die Errichtung der typisch chinesischen geomantischen Bauten — der Pagoden.

Fast jede chinesische Stadt besaß einst ihre Pagode. Ein Beispiel wird genügen, um uns zu zeigen, welche Aufgabe der Pagode zugeschrieben wurde, und auch, warum Europäer dies nicht ernstnehmen konnten, weil sie ein poetisches Anliegen zugleich mit seinem praktischen Zweck abtaten. Die Stadt Ch'uan Chou war wie ein Karpfen geformt, eine glückbringende Form im *Feng-Schui.* Unglücklicherweise wurde seine nutzbringende Form jedoch zunichte gemacht durch die Form einer Nachbarstadt, die wie ein Netz angelegt war. Die Geomanten von Ch'uan Chou begegneten diesem Problem, indem sie zwei große Pagoden erbauten, die das Netz davon abhielten, sich über der Stadt zu „schließen". Offensichtlich war die Analogie vom Fisch und dem Netz ein allegorischer Weg, um eine geomantische Beziehung zu erklären. Ohne Zweifel könnte heute in einer neuen geomantischen Wissenschaft eine andere, weniger absurd klingende Sprache benutzt werden. Der Vorteil der Methode der Baubiologie ist, daß sie in modernen Zeiten entwickelt wurde, und „schädliche Erdstrahlen" klingt ein gut Teil glaubwürdiger als „der Geheime Pfeil". Dennoch beschreiben diese beiden Begriffe wahrscheinlich dasselbe Phänomen.

Im *Feng-Schui* werden diese Energien als „Atem" bezeichnet; im esoterischen westlichen Okkultismus heißen sie „Geister". Der große Eingeweihte Leonardo da Vinci, von dem viele moderne okkulte Organisationen behauptet haben, daß er zu ihrer Sekte gehörte, wußte von der Erde als einem lebenden Körper, der von zirkulierenden Kanälen durchzogen ist. Im *Leicester Manuscript* schreibt Leonardo von der Ebbe und Flut der inneren Geister der Welt und ihren Einflüssen auf den menschlichen Körper. Diese Tradition, die zweifellos weit in die Geschichte lange vor Leonardo zurückgeht, ist in den Werken des deutschen Physikers Georg Bauer ersichtlich, der besser unter seinen lateinischen Pseudonym Agricola bekannt war: *De Re Metallica* (Von den Metallen). 1556 veröffentlicht, befaßte sich dieses fruchtbare Werk mit allen Aspekten des Bergbaus und der Metallsuche. Unter den Methoden zum Aufspüren metallhaltiger Adern befand sich das Rutengehen, und Agricola glaubte, daß ein Rutengänger Metalladern fand, indem er die „Exhalationen" (Ausdünstungen), die von dem Metall ausgingen, entdeckte. Doch Forschung in dieser Richtung wurde bald von der Reformation verhindert, die die Reaktion beim Rutengehen den „Geistern" zuschrieb, die dem damaligen Glauben zufolge für Abgesandte des Teufels gehalten wurden, und daher vermieden werden mußten. Diese von Agricola entdeckte „Exhalation" wäre jedoch von einem chinesischen Geomanten sofort als das *qi (ch'i)* oder kosmischer Atem erkannt worden. Im *Feng-Schui* kann bei der unglücklichen Plazierung eines menschlichen Werkes entweder durch allgemeine Nachlässigkeit oder durch den unglücklichen Einfluß eines neuen Gebäudes in der

Nähe dieses *qi* in *sha qi* umgewandet werden, den „Atem des Unglücks". *Sha qi* soll in geraden Linien verlaufen, wie die Energien, die von modernen geomantischen Forschern entdeckt werden, und kann durch Gegenmittel wie Dämme, Schutzschilde, Zäune oder einen Spiegel, speziell einen nach Maß angefertigten geomantischen Spiegel, abgeleitet werden.

Daß diese Energie oder *qi* dieselbe Kraft ist wie jene, die von den Rutengängern geortet wird, darüber kann kein Zweifel bestehen: die Arbeiten von Autoren wie Captain Boothby[11] oder Tom Graves[12] haben hinreichend bewiesen, daß dies der Fall ist. Der präzise Mechanismus und die Bedingungen, die das ganze Gebiet beherrschen, müssen noch genau bestimmt werden; dennoch ist es schon offensichtlich, daß geomantische Forschung nahe daran ist, die definitive Antwort zu finden. In einem früheren Kapitel habe ich die schwerwiegenden Auswirkungen beschrieben, die aus unglücklichen Wechselbeziehungen mit Radiowellen (Hochfrequenzwellen) und Stromleitungsstrahlung entstehen können. Darunter war das merkwürdige Phänomen, demzufolge das Leben unter Stromleitungen tatsächlich süchtig machen kann. Die genauen Wirkungen von Stromleitungsstrahlen müssen noch vollständig definiert werden, dennoch können wir jetzt schon sehen, wie dies weitere Auswirkungen auf Leute haben kann, die in aus modernen Materialien errichteten Gebäuden leben, welche die Energien von sowohl der Erde als auch von Übertragungen kanalisieren, verstärken oder transformieren.

Seit der Erfindung des Wolkenkratzers während des letzten Teils des neunzehnten Jahrhunderts in Chikago sind Stahlrahmenkonstruktionen immer populärer geworden. Heute ersetzt Stahl sogar Holz als Baumaterial für Dachbalken in einfachen Häusern. Stahlrahmen-Apartmentblocks verhalten sich wie „Faraday'sche Käfige" (abgeschlossene Käfige, die Radiowellen, Magnetismus etc. abblocken). Jeder, der in solch einer Umgebung lebt, wird von äußeren Einflüssen subtiler Art abgeschirmt, so wie dem Magnetfeld der Erde, während gewaltige Stimuli in verstärktem Maße in den Block geleitet werden, was erwiesenermaßen bei schädlichen Erdenergien der Fall ist. Einige Forscher glauben sogar, daß Metallfedern in

Möbeln und Betten auch dazu beitragen, mögliche schädliche Energien zu verstärken, die aus der Luft oder aus dem Untergrund ausstrahlen.[13]

Aus allen diesen Beweisen können wir ersehen, daß die Plazierung von Gebäuden, Betten usw. in Lagen, die keine Probleme aufwerfen, viele komplizierte Faktoren einschließt. Dies ist vor allem anderen das Hauptproblem, mit dem wir es zu tun haben, wenn wir uns mit der Anerkennung von guten und schlechten Kräften in der Umwelt auseinandersetzen. Die Erforschung vergangener Methoden ist offensichtlich unumgänglich, obwohl ein unkritisches Übernehmen alter Techniken im modernen Zeitalter auf keinen Fall Erfolg haben kann. Beim 33. Kongress für Heilpraktiker, der in Freudenstadt abgehalten wurde, stellte Dr. W. Kaufmann fest, daß, obwohl der gefeierte römische Autor Vitruvius über die Gesundheit von Bauplätzen schrieb, moderne Architekten diese Wahrheit aus den Augen verloren haben. Heutzutage wird Kies als Untergrund aufgeschüttet und Zement als Fundament gegossen. Metallstreben und potentiell schädliche Materialien werden bei der Konstruktion verwendet, und nicht einmal bei Krankenhäusern und Kliniken wird eine einzige Konzession an die biologischen Auswirkungen der Bauplätze und der Materialien gemacht.

Die Abschwächung schädlicher Wirkungen ist wohlbekannt. Leider richten sich viele der verwendeten Methoden eher nach der Daumenregel und beinhalten wenig verstandene Prinzipien. Dennoch werden in den meisten Fällen diese schädlichen Effekte nicht abgeschwächt: das Opfer wird behandelt anstatt die Ursache. Bestimmten Berichten britischer und amerikanischer Gesundheitsorganisationen zufolge führen mehr als 9 von 10 Menschen in zivilisierten Ländern kein gesundes Leben. Zweifellos ist einiges an dieser Misere auf schlechte Eßgewohnheiten und Mangel an Bewegung zurückzuführen, doch ein wesentlicher Faktor — nämlich Häuser- und Städteplanung — wird niemals in Frage gestellt. All dies ist umso frustrierender, wenn man sich klarmacht, daß diese Methoden bekannt sind und bis vor ein paar Jahrhunderten sowohl in Europa als auch Nordamerika fast universell angewendet wurden. Die größten Errungenschaften des technologischen Zeitalters, Stahlrahmenkonstruktionen mit Klimaanlagen, haben sich als unzulänglich in jener Hinsicht herausgestellt, die von grundlegender Wichtigkeit für das Wohlergehen der Menschheit ist: Zweckmäßigkeit. In Hong Kong kommen wohlhabende Leute um dieses Problem herum, indem sie einen Geomanten anstellen, der für sie herausfinden soll, ob das gewählte Apartement oder Büro ein angenehmer Platz ist, oder ob bestimmte helfende Maßnahmen ergriffen werden können, um es in einen solchen zu verwandeln, sollte dies nicht der Fall sein.

Eines der Hauptprobleme im Zusammenhang mit gesunder Lebensweise ist als das Ergebnis der modernen Bewegung in der Architektur entstanden; ein weiteres kam auf durch die Existenz von Stadtplanungs-Behörden, die im geomantischen Training nicht bewandert sind; ein drittes kommt von den finanziellen Realitäten modernen Kommerzes. Letztere Problemstellung ist von größter Bedeutung, denn sie stellt die Kosten-Nutzen-Rechnung über jegliche andere Überlegung. Bauplätze, die für Krankenhäuser ausgesucht werden, liegen zum Beispiel üblicherweise auf Grundstücken, die relativ günstig zu erwerben sind, ungeachtet dessen, ob diese Plätze gesund sind oder nicht. Wenn eine der wenigen Organisationen, die geomantische Überlegungen noch anerkennt, ein Grundstück für ein Gebäude erwerben will, setzt darüberhinaus Ungläubigkeit bei den Behörden ein, wenn der billigste vorhandene Bauplatz nicht gewählt wird. Ein Vorfall dieser Art fand in den späten 70er Jahren in Cardiff in Wales statt. Die islamische Gemeinschaft in dieser Stadt beschloß, daß sie eine geeignete Moschee für ihre Andachten benötigte, und so wendete sie sich an die Stadtverwaltung bei ihrer Suche für eine passende Stelle. Doch obwohl sie genügend Geld besaßen, ein großes Landstück zu kaufen, lehnten die Moslems mehrere Male Grundstücke, die ihnen angeboten wurden, ab. Ihre Architekten für die Moschee untersuchten die Stellen und wiesen sie dann als unpassend zurück, was unglaublichen Ärger bei den Stadtvätern verursachte, die ihr Bestes taten, um eine ethnische Minderheit in ihrer Stadt nicht vor den Kopf zu stoßen. Schließlich, nach langer Suche, wurde eine Stelle gewählt. Die Moslems von Cardiff wendeten bei ihrer Suche nach einem Platz für die Moschee geomantische Prinzipien an, und dies ist ein schwieriges Unterfangen in einer in Fertigbauweise erstellten Stadt. Natürlich wäre es nutzlos gewesen, wenn sie versucht hätten, ihre nicht-kommerziellen Motive für die Auswahl einer passenden Stelle zu erklären.

Es ist immer noch eine Sache des Stolzes, natürliche Materialien in sakraler Architektur zu verwenden, wie der Besuch einer modernen Kirche zeigt. (Dies scheint allerdings für England eher zuzutreffen als für Deutschland, wo besonders moderne Kirchen auch aus Beton erbaut sind.) Der Stolz auf die Handwerkskunst und ein Wunsch, Gott nur das Beste darzubieten, ist offensichtlich Teil dieser Praxis, doch ob bewußt oder nicht, es hat noch tiefere Bedeutung. Geheiligte Stätten in der ganzen Welt sind jene Plätze, wo der Gläubige unmittelbar mit der ewigen Wirklichkeit in Kontakt treten kann. Hier findet eine Loslösung von der alltäglichen Welt statt. Dies wird durch die Erschaffung von Heiligtümern erreicht, was ich im nächsten Kapitel noch ausführlicher behandeln werde. An einem bestimmten Platz, in einer bestimmten Haltung, mit der Regulierung des Atems, der Verbannung aller eindringenden Gedanken, durch Konzentration und die ganze allgemein geweihte Atmosphäre ist es möglich, einen speziellen Zustand in dem Kommunikaten zu schaffen. Daß diese Art von Umgebung künstlich geschaffen werden kann, ist schon früher bemerkt worden. Ihre Beziehung zu mehr oder weniger physikalischen Kräften ist noch kaum in Betracht gezogen worden, dennoch demonstriert eine Analyse der Faktoren, die für andächtigte Übungen notwendig sind, die Wirklichkeit.

Die Haltung der Ehrerbietung, die uns in religiösen Traditionen in der ganzen Welt begegnet, ist absichtlich so beschaffen, um alle physischen Ablenkungen auszuschließen, während der Körper in eine Position gebracht wird, in der er die wohltuenden Effekte der tellurischen Ströme am geheiligten Platz des Gebetes empfangen kann. Zusätzlich plaziert die Ausrichtung innerhalb einer Kirche den Körper in einen präzisen Winkel zum Magnetfeld der Erde und bringt so die Ströme der Gehirnelektrizität in Harmonie mit den feinen Feldern der verschiedenen Erdströme. Knien, und sogar das Ausstrecken auf dem Kirchenboden in Form eines Kreuzes, wie es beim griechisch-orthodoxen Glauben und bei den Priesterweihen der römisch-katholischen Kirche geschieht, bringt den Körper diesem tellurischen Feld näher. Ein ähnlicher Effekt wird bei der Gebetshaltung der Moslems erreicht, wo der Gläubige sich auf einer Gebetsmatte auf den heiligen Stein in der Ka'aba in Mekka ausrichtet. Diese Handlungen und der Rückzug der Aufmerksamkeit von der alltäglichen Welt erlauben Konzentration auf andere Realitäten. Dies geschieht im Gebet, durch das Schließen der Augen, Unterdrückung des Berührungssinnes durch das Annehmen der bekannten rituellen Haltung und die Überwältigung der Sinne, der man sich nicht entziehen kann; Geruch und Hören, Singen, Beten und Weihrauch, alle sind sie maßgeschneidert für die Erschaffung einer besonderen Stimmung. Selbst wenn die Augen offen sind, ist der Betende von den Bildern und Abbildern des Glaubens umgeben.

Die Anlage und Proportionen des „Tempels" sind so entworfen, daß sie die automatischen Gefühle von Ehrfurcht und Ehrerbietung noch verstärken, und dienen auch dazu, die Aufmerksamkeit zu erhöhen. Okkulter Tradition zufolge erschafft dieses Konzentrieren des Verstandes ein Becken von ausgerichteter psychischer Energie, die dazu dient, die geweihte Kraft des Heiligtums zu verstärken, das ja mit der ausdrücklichen Absicht entworfen wurde, diese Kraft zu enthalten und auszudrücken.

Ignatius de Loyola empfiehlt, die Augen auf ein Kruzifix zu richten, um den richtigen spirituellen Geisteszustand zu erhalten; andere Mystiker in anderen Glaubensrichtungen beschreiben die Verinnerlichung des entsprechenden Bildes des Gottes, Heiligen oder *deva* (Gottheit). In seiner Abhandlung *Essai sur les Fondements de la Connaissance* (Abhandlung über die Grundlagen des mystischen Bewußtseins) schreibt Récéjac: „Die ganze Wirkung des mystischen Bewußtseins ist darauf gerichtet, Symbole von äußerster Suggestionskraft zu formen, damit Gott dem Herzen bekannt wird."[13] Die Erschaffung solch eines „mystischen Bewußtseins" stellt daher eines der Hauptziele sakraler Architektur dar. Dies wird erreicht durch eine Kombination kultureller und traditioneller Annahmen, psychologischer Archetypen und die Auswirkungen natürlicher Energien auf das Gehirn. Dies ist geomantische Kunst und schließt weit mehr ein als nur das Knochengerüst der Abhilfsmaßnahmen des Rutengängers. Die wissenschaftlichen, psychologischen und spirituellen Entdeckungen dieses Jahrhunderts werden miteinbezogen werden müssen, bevor eine neue Synthese geschaffen werden kann. Die alten geomantischen Traditionen aus Ost und West müssen uns als ein Startpunkt für die Erschaffung einer neuen Wissenschaft der Symbiose zwischen Erde und Menschheit dienen.

X

Das Sanktuar — Ein geheiligter Bezirk

Selbst in den 80er Jahren unseres Jahrhunderts, in denen buchstäblich nichts mehr heilig ist, behält das Wort *Sanktuar* noch die Bedeutung des Abschließens von der äußeren Welt, ein Platz, zu dem jene, die von der Willkür und dem Chaos des täglichen Lebens bedrängt sind, ihre Zuflucht nehmen können. Ein Sanktuar wird also als unter dem Einfluß und Schutz einer wohlwollenden Kraft gesehen, einer Kraft, die die unangenehmen und schädlichen Wirkungen der äußeren Welt abwehren kann. Obwohl das Wort *Sanktuar* heute für jeden Zustand des Schutzes vor äußerem Schaden angewendet werden kann, hatte es ursprünglich eine spezifisch geheiligte Bedeutung und war ausschließlich für die spezielle Einfriedung um ein geheiligtes Objekt, einen Platz, oder sogar eine Person herum reserviert.

Traditionellerweise besaß das Sanktuar eine zweifache Funktion — es war ein Bezirk, in dem keine profane Handlung, die sich auf das geheiligte Objekt schädlich auswirken konnte, vollzogen werden durfte. Zusätzlich stellte es ein Gebiet dar, das für bestimmte Klassen der Gesellschaft Schutz bot: die Priester und ihre Gehilfen natürlich, aber in vielen Kulturen auch Kriminelle, die ihre Sünden beichteten. Aus diesem Sinngehalt heraus ist die moderne Bedeutung des Wortes abgeleitet. Sanktuarien wurden um größere Heiligtümer oder Orte von geweihter Kraft herum eingerichtet, um diese vor der Entweihung zu bewahren, denn man hielt sie für unentbehrlich für das fortbestehende Wohlergehen des Glaubens und der Nation. Selbst Glaubensänderungen und Regierungswechsel konnten das Bedürfnis nach besonderen geheiligten Plätzen nicht unterdrücken, wie sich bei den Transformationen der Heiligtümer von einer Religion zur anderen gezeigt hat (Kapitel 2 und 3). Einer der hauptsächlichen Glaubenssätze, der im Zusammenhang mit allerheiligsten Bezirken bestand, besagte, daß diese Orte der Wohnsitz des Gottes oder der Götter seien, denen sie gewidmet waren. Das oberste Heiligtum im

Salomo-Tempel in Jerusalem ist ein ausgezeichnetes Beispiel für diesen Glauben. Es war ein Raum, der für so geweiht erachtet wurde, daß es nur dem Hohepriester gestattet war, einzutreten. Dieser Glaube wiederholt sich heutzutage in bestimmten christlichen Kirchen, wo das Sanktuarium in der Nähe des Hochaltares nur von geweihten Personen betreten werden darf — den Geistlichen. Im griechisch-orthodoxen Glauben ist die Gemeinde von der Geistlichkeit sogar bis zu dem Punkt getrennt, daß sie vollständig durch die *iconostasis*, einer Schutzwand, die Ikonen oder Abbilder der Heiligen trägt, ausgeschlossen ist. Daran können wir sehen, daß Sanktuarien als Kraftzentren angesehen wurden, von denen der gewöhnliche Sterbliche ausgeschlossen werden mußte. Denn man glaubte, daß die chaotischen und nicht zielgerichteten Kräfte der Welt, wenn sie zugelassen wurden, die innerhalb der Sanktuare sorgfältig aufrechterhaltene Balance mit schädlichen Auswirkungen zerstören konnte.

Ein Teil dieses Ethos der Sanktuarien kann man auch in der ihnen zugeschriebenen Kraft zum Vergeben von Sünden sehen. Soweit festgestellt werden kann, stammt dies sowohl aus der alten hebräischen als auch aus der alten griechischen Religion. Das *sanctum sanctorum* in griechischen Tempeln wurde als Asyl betrachtet, und sollte ein Verbrecher es erreichen und den Göttern opfern, wurde seine Todesstrafe in lebenslange Haftstrafe oder Exil umgewandelt. Ähnlich verhielt es sich mit den Sanktuarien in Salomos Tempel.

Die frühe Kirche übernahm viele der heidnischen Bräuche, die im spätrömischen Reich noch bestanden, und natürlich war das Sanktuar einer davon. So geschah es im Jahre 392 n. Chr., daß der Kaiser Theodosius ein Gesetz das Asylrecht in den Kirchen betreffend in Kraft setzte. Um das Schutzrecht zu erlangen, mußte der Bittsteller den geweihtesten Platz in der Kirche erreichen — den Altar. Dies findet Erwähnung in *The Life of St. Basil* (Das Leben des Heiligen Basilius) von Gregory Nazianzen, einem christlichen Autor, der erzählt, wie dieser Heilige eine Witwe beschützte, die zu dem Altar seiner Kirche ihre Zuflucht vor der Gewalt des Gouverneurs von Pontus nahm.[1]

Zunächst war nur das Innere der Kirche heilig, also der Altar, der ja die Stätte der Reliquien war, die nach damaligem Glauben die Kirche mit geheiligten Energien versorgten. Doch um das Jahr 450 dehnte Theodosius der Jüngere den Bereich des Sanktuars nach weltlichem Gesetz über die Wände der tatsächlichen Kirche hinaus bis zu den Wänden des Kirchhofes oder der Kirchenumgebung aus. Dies schloß die Häuser des Bischofs und der Geistlichkeit, Klöster, Höfe und Friedhöfe ein. Diese Satzung wurde durch Papst Leo dann bestätigt. Professor Turnhome von der Universität von Missouri schrieb 1909: „Die frühe Kirche war stark gegen jegliches Blutvergießen eingestellt und unterstützte die Verhütung von Blutbädern mit ihrer ganzen Macht. So wurde die Geistlichkeit schnell zum beliebten Vermittler zwischen Kriminellen und den Rachesuchenden und diente als Gnadenbotschafter vor dem Thron der Justiz. Flüchtlinge, die in christlichen Kirchen Zuflucht genommen hatten, erhielten Fürsprache; Sklaven, die grausamen Herren entflohren waren, wurden geschützt; unglücklichen Schuldnern, denen das Gefängnis drohte, wurde zeitweiliger Schutz gewährt, bis ein Kompromiß erreicht werden konnte. Der theodosische Kodex schloß öffentliche Schuldner, Veruntreuer oder Steuerflüchtlinge aus, sowie Juden, die vorgaben, Christen zu sein, oder Ketzer und Abtrünnige. Im sechsten Jahrhundert wurde diese Einschränkung durch Justinian auf Mörder, Ehebrecher und Vergewaltiger von Jungfrauen ausgedehnt. 441 ordnete das Konzil von Oranien an, daß kein Flüchtling, der Zuflucht suchte, ausgeliefert werden sollte, nachdem er einmal die Grenzen des Kirchenbereiches betreten hatte. Anscheinend hat es hier eine Änderung und Erweiterung des Gesetzes Theodosius des Jüngeren gegeben, denn 511 dehnte die Synode von Orleans das Vorrecht des Sanktuars auf den Wohnsitz von Bischöfen und auf ein Gebiet von 35 Schritten jenseits der Mauer des Gebäudes aus. Später gewährten das kanonische Gesetz von Gratian und Päpstliche Dekrete allen Kriminellen Schutz mit der Ausnahme von nächtlichen Räubern, Straßenräubern und denen, die schwerer Vergehen in Kirchen schuldig waren. Die Kirche weigerte sich, alle anderen Flüchtlinge auszuliefern, es sei denn, es wurde zuerst ein Eid abgelegt, der sie vor der Todesstrafe oder Verstümmelung bewahrte. Im alten England entwickelte sich ein sehr kompliziertes System von Gesetzen, die das Schutzrecht betreffen. Im Jahre 597 verkündete Ethelbert, König von Kent, einen Gesetzesentwurf, der die Verletzung des „Kirchen-Friedens" (church frith) unter Strafe stellte, die doppelt so hoch sein sollte wie für einen Friedensbruch gegenüber dem König. Ine, König von Wessex und Schutzherr des Heiligen Schreins von Glastonbury, verkündete ebenso einen Gesetzesentwurf, der das Schutzrecht erwähnte. Im fünften Kapitel heißt es: „Wenn jemand des Todes schuldig sein sollte, und flieht zu einer Kirche, laßt ihm sein Leben und Genugtuung entrichten wie es das Gesetz von ihm fordert. Wenn jemand seine Haut in Gefahr bringt (d. h. sich eines Vergehns schuldig macht, das durch Auspeitschen zu bestrafen ist) und zu einer Kirche flieht, soll ihm das Auspeitschen erlassen werden."

Im Verlauf der Jahre wurden die Gesetze, die das Schutzrecht der Sanktuarien betrafen, immer komplexer. König Athelstan, der angelsächsische König von England, erließ eine Verfügung, nach der die Person des Königs heilig war. Daher konnte Schutzrecht beansprucht werden, indem man sich in die Nähe des Königs begab, oder eines Erzbischofs, wie auch in die Gebäude und Umgebungen von Kirchen. Doch im Falle des Königs oder Erzbischofs bestand das Asylrecht nur für neun Nächte. Bei einem einfachen Bischof oder Abt war dieser Zeitraum auf nur drei Nächte beschränkt. Diese Zeitangaben sind in zweifacher Hinsicht interessant, denn sie beweisen den Glauben an eine Abstufung der Macht, deren Möglichkeiten von der Person oder dem Platz abhingen; und weiterhin belegen sie die alte germanische Tradition der Zeitrechnung in Nächten.

So wie die zeitliche Begrenzung, so hatte der Schutzraum um den König herum auch festgelegte räumliche Grenzen. Den Gesetzen Athelstans zufolge betrug das geweihte Gebiet des *Grith* des Königs (Sanktuarium, Schutzzone) 3 Meilen, 3 Achtelmeilen, 3 lineare Morgen, 9 Fuß, 9 *scaeftamunda* (Schafthände = Faustweite) und 9 Gerstenkörner — ein hervorragendes Beispiel für die alte Vorliebe der Sachsen für die Zahlen drei und neun. Jeder, der sich dem König innerhalb dieser Grenzen näherte, konnte Schutz beanspruchen, denn man glaubte, daß die geweihte Kraft des Königs bis zu dieser

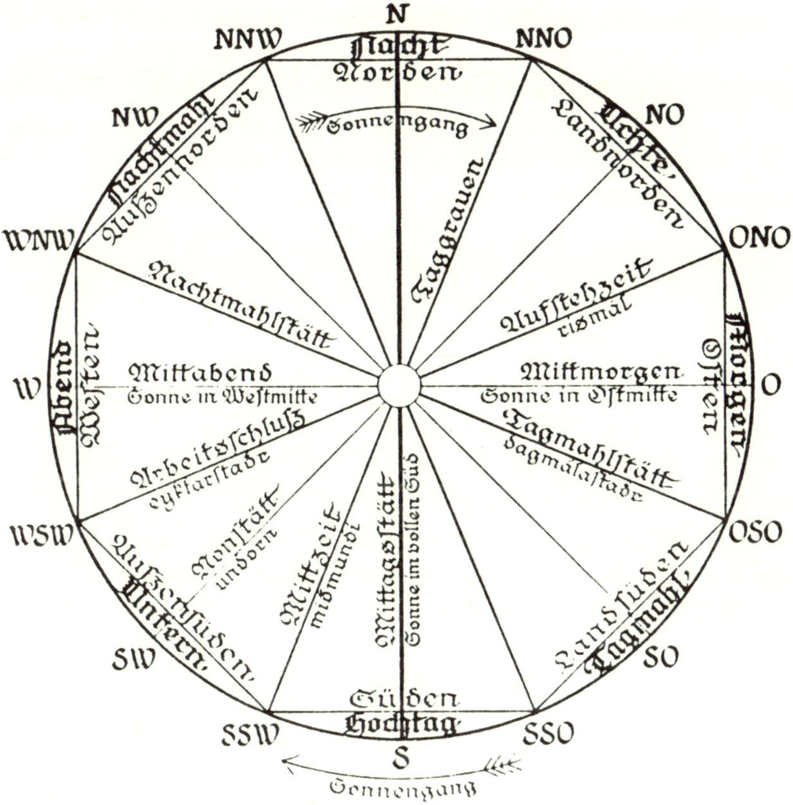

Die nordische 16fache Teilung von Himmel und Erde, Tag und Nacht

Entfernung von seinem Körper wirksam sei.

König Athelstan von England war ein starker Mann, der schließlich die alten keltischen Königreiche Dumnonia und Kernow eroberte, heute die englischen Grafschaften Devon und Cornwall. Einige seiner Gesetze befassen sich mit dem Schutzrecht. In diesem Zusammenhang ist die Feststellung interessant, daß viele Könige, deren Anliegen eine effiziente und maßgebende Regierung ihrer jeweiligen Länder war, ein mehr als nur vorübergehendes Interesse an der Geomantie bekundeten. In England gehören Alfred, Athelstan und Edward I in diese Kategorie. Athelstan wird mit dem berühmten und besonders wichtigen Schutzheiligen von Beverley in Yorkshire in England in Verbindung gebracht, und seine Eroberung von Kernow wurde mit Hilfe einer Art geomantischer Unterstützung vollbracht. Er hatte geschworen, daß er hier Schutzheiligtümer erbauen würde, sollte er die West-Waliser, wie die Einwohner jenes Landes genannt wurden, besiegen.

Das ursprüngliche Vorrecht von Beverley wurde dem Heiligtum offiziell im Jahre 937 von Athelstan zu Ehren des Heiligen Johannes von Beverley verliehen, dessen Überreste hier zwei Jahrhunderte zuvor zur Ruhe gebettet worden waren. Bei den anderen nordenglischen Heiligtümern in Durham, Ripon und Hexham wurde allen, die sich in eine gewisse festgelegte Reichweite des Heiligtums begaben, Schutz vor Verfolgung oder Gewaltausübung gewährt, und Strafen wurden über jene verhängt, die diese Regel brachen. Diese Strafen erhöhten sich, je näher zum Heiligtum dies geschah. Den Privilegien des Heiligen Johannes von Beverley zufolge erstreckte sich der Zufluchtsort von Beverley Münster 1 ½ Meilen in jede Richtung. Innerhalb dieser Entfernung gab es zwei Grenzen, als Äußere und Innere Grenze bezeichnet, deren Umkreis von reich verzierten Steinkreuzen auf den Zugangsstraßen gekennzeichnet wurde. Die Dritte Grenze begann beim Eingang zur Münsterfreiheit (Kirchhof), die Vierte an der Tür zum Kirchenschiff, die Fünfte an der Zwischenwand der Kirchengemeinde (squire screen) und die Sechste lag innerhalb des Chores, einschließlich des *Frithstool*, einem steinernen Sessel nahe dem Hochaltar. Dieser *Frithstool* besaß das höchste Schutzprivileg. Bei den äußeren Grenzen betrug die Strafe für die Übertretung des Schutzheiligtums acht englische Pfund Sterling. Dies verdoppelte sich, je näher man dem heiligen Zentrum kam, bis die Strafe für das Verfolgen eines Flüchlings jenseits der Schutzwand massive 144 Pfund betrug. Wenn jemand es wagen sollte, den heiligen Schutz innerhalb der Sechsten Enklave zu brechen, wurde er als „bootless“ (von *botalaus*, nutzlos, eigentlich: ohne Bußgeld) erklärt, das heißt, er war jemand, der ein nicht wiedergutzumachendes Vergehen begangen hatte, das mit der Todesstrafe zu ahnden war. Drei Gründe wurden hierfür angegeben: erstens, die Mißachtung, die dem Schutzheiligtum gezeigt wurde, in dem das heilige Sakrament verwahrt wurde; zweitens, Respektlosigkeit, die dem Altar des Herrn erwiesen wurde, und drittens ein Sakrileg gegen die Anwesenheit der geweihten Gebeine des Heiligen Johannes von Beverley, die im Chor des Münsters aufbewahrt wurden.

Für jemanden, der als *bootless* erklärt wurde, war die Strafe, wenn er nicht sofort gefangengenommen und bestraft wurde, die Ächtung. Dies bedeutete, daß der Gesetzesüberschreiter zur Beute jedes gesetzesfürchtigen Bürgers wurde, dessen Pflicht vor Gott und dem König darin bestand, ihn zu töten. Einen für *bootless* erklärten Mann zu töten, galt als ein Akt der Frömmigkeit. Tatsächlich stammt dies wohl eher von den vorchristlichen Menschenopfern ab, die erbracht wurden, um zornige Götter, die durch die Entweihung verletzt waren, zu versöhnen. Beverley war die heiligste Stadt in Nordengland, bis zu dem Ausmaß, daß in Zufluchtsfällen keinem Untersuchungsrichter, Sheriff oder Grafschaftsbeamten der Zutritt innerhalb der äußeren Grenzen gestattet war.

In seinen Schlachten machte sich Athelstan Beverleys heilige Kräfte zunutze. 1736 wurde im Münster ein Dolch entdeckt, den er vor der Schlacht bei Brunanburgh 933 dort hinterlassen hatte. In dieser Schlacht benutzte der König das geheiligte Banner der Kirche des Heiligen Johannes, das er aus den Händen des Erzbischofs empfangen hatte, und bei seiner siegreichen Rückkehr bedachte er das Münster mit großen Reichtümern. Jahrhundertelang wurden die Waffen des Königs — ein Bogen, mit Pfeilen angefüllte Köcher, ein zweischneidiges Schwert, eine Lanze, ein Schild, Brustharnisch und Helm — als in Ehren gehaltene Schätze im Münster aufgestellt. Das Schutzrecht wurde selten in Anspruch genommen, denn in den Jahren zwischen 1478 und 1539 nahmen 493 Menschen hier ihre Zuflucht — nur etwa acht pro Jahr. Diese setzten sich zusammen aus 208 Schuldnern, 186 Mördern, 54 Schwerverbrechern und 7 Falschmünzern. 1540 jedoch löschte ein Gesetz König Heinrichs VIII alle besonderen Rechte des Schutzheiligtums aus, und trotz eines kurzen Wiederauflebens nach Heinrichs Tod wurden sie 1557 endgültig nichtig.

Beverley dient dazu, die besonderen Eigenschaften von Schutzheiligtümern zu demonstrieren, besonders die genaue hierarchische Struktur der Enklaven. Man kann Parallelen zu den vielen nichtchristlichen Beschreibungen der Gebiete von Himmel und Hölle ziehen; die Zonen, die den Mount Meru im hinduistischen Glauben umgeben, oder die Neun Welten der Nordländer. Aus den genauen Dimensionen, die dem *frith* um den König herum und auch dem Münster gegeben sind, scheint zu folgern, daß die Macht des Heiligtums oder der Person des Königs mit sich vergrößerndem Abstand geringer wurde, wie man es auch von einem magnetischen oder elektrostatischen Feld erwarten würde. In mystischen Begriffen heißt dies, daß die Stufen der Schutzheiligkeit zum alten geozentrischen Universum des Claudius Ptolemäus in Beziehung stehen. Die Erde, oder, wie in diesem Fall, ihr Mikrokosmos, der *Frithstool (Omphalos)* im Zentrum, ist von sechs anderen „Planeten" oder Zonen umgeben, die vom Zentrum nach außen hin an Bedeutung abnehmen. Der *Frithstool* im Zentrum würde daher nicht nur die betreffende Örtlichkeit oder die Erde repräsentieren, sondern den gesamten Kosmos, und ihn zu entweihen, hieße, an den Wurzeln der Existenz zu rütteln.[2] Der bewußte Willensakt, der in einem Zeitalter des Glaubens notwendig war, um einen derartigen geheiligten Platz zu entweihen, war daher sicherlich etwas, gegen das man sich schützen mußte — und es wurde denn auch als ein Werk des Teufels angesehen.

Der *Frithstool* als ein *Omphalos*, Zentrum der Macht, war auch, wie in den Maßen der Schutzheiligtümer und den damit verbundenen Markierungskreuzen angegeben, ein geodätisches Zentrum und das Interesse von Königen wie Athelstan und Edward I an Vermessungsangelegenheiten ist dokumentarisch belegt. Zusätzlich hat der Geomant und Rutengänger Colin Bloy dieser Frage noch das psychische Element hinzugefügt. Als er beim 2. spanischen Nationalkongress für Radiästäsie, der im Mai 1979 in Barcelona gehalten wurde, sprach, sagte Bloy: „. . . angenommen, ein bestimmter Bewußtseinszustand verbindet sich mit einem richtigen Motiv, dann können sich Phänomene um eine mittelalterliche Kirche oder einen megalithischen Steinkreis herum manifestieren. Obwohl die Stätte nicht von besonderer Bedeutung sein muß, scheinen die Manifestationen einzig von dem Bewußtseinszustand der Anwesenden und derer, die ihre Aufmerksamkeit auf einen bestimmten Platz richten, abzuhängen . . . so erscheinen diese Phänomene als das Resultat verdichteten Bewußtseins, sei es nun als beabsichtigte Magie des Willens, oder sei es als Manipulation von Kräften außerhalb des gemeinsamen Bewußtseins einer Gruppe, eines Dorfes, einer Kultur oder eines Volkes. *Sie konzentrieren sich auf ihre Altäre.*"

Bloy glaubt, daß diese Altäre in der Vergangenheit natürliche geheiligte Stätten waren, doch daß dies heute in einer entweihten Welt ebenso auf Rathäuser, Hauptquartiere politischer Organisationen, Radio- und Fernsehstationen und sogar Kernkraftwerke und Atombombenlager zutrifft. Bloys Orten von Energiesystemen in Verbindung mit diesen verschiedenartigen Kategorien von Stätten haben Ergebnisse hervorgebracht, die denen von traditionellen geheiligten Stätten direkt vergleichbar sind. Die Energielinien oder tellurischen Linien, die Bloy als Verbindung zwischen Stätten fand, beziehen sich sowohl auf alte als auch auf neue „Altäre", die sich als Zentren modernen Bewußtseins in ein Energiesystem von weit höherem Alter einschalten.

Diese Überschneidung und Wechselbeziehung zwischen Antike und Moderne ist von fundamentaler Bedeutung für all jene, die aus den scheinbar chaotischen Energien, mit denen wir es bei geomantischer Forschung zu tun haben, einen Sinn herauslesen wollen. Eine andere ungelöste Frage ist das Wesen der Kräfte, die innerhalb eines abgegrenzten Gebietes angetroffen werden können und solchen, die sich weit über das Land erstrecken. Es besteht eine traditionelle Ambivalenz zwischen diesen Kräften, denn die Tradition berichtet sowohl von der Eingrenzung, wie bei Beverley, oder den heidnischen Tempeln der klassischen Antike, als auch von der geheiligten Landstraße, wie in Kapitel 6 beschrieben. Vielleicht handelt es sich hier um eine Dualität im Sinne der Wellen-Partikel-Dualität der Physik. Bestimmte Kräfte wie zum Beispiel „Lichtwellen" können entweder als individuelle Teilchen interpretiert werden oder umgekehrt als Wellen. Unter bestimmten Umständen verhalten sie sich wie beide, und können so nicht eindeutig dem einen oder anderen zugerechnet werden. Vielleicht besteht eine ähnliche Situation in Bezug auf Erdenergien. Sie werden oft von Rutengängern und Ausrichtungen suchenden als Linien, häufig gerade, betrachtet, dennoch sind sie entlang dieser geraden Linien nur als geheiligte Punkte manifestiert. In den meisten Fällen gibt es keine Zwischenpunkte, und die Linie ist nur ein Konzept, das entfernte Punkte der „Heiligkeit" verbindet, wie der „Äquator" die Erde in Hälften teilt. Sie ist lediglich als konzeptionelle, nicht als physikalisch meßbare Form vorhanden, und dennoch kann ihre „Existenz" nicht in Frage gestellt werden. Vielleicht wirken die Plazierungen von ableitenden und heilenden geomantischen Maßnahmen so, als ob dort eine Kraftlinie bestünde. Diese kann dann so interpretiert werden, weil sich die Energien an jener Stelle auf diese Weise verhalten, doch Linien als solche können nicht als zusammenhängende und kontinuierliche Ströme existieren. Wir befinden uns hier an der Tangente von Physik und Magie, womit wir ein gefährliches Terrain betreten, denn beide sind zum größten Teil unerforschte Gebiete.

Dieser gesamte Themenkreis ist aus einer anderen Richtung von einer unerwarteten Gruppe aufgegriffen worden: der Kirche von England. 1972 berichtete ein Sonderkomitee, das vom Bischof von Exeter in der Grafschaft Devon ernannt wurde, über ein Thema, das der Öffentlichkeit meist vorenthalten wird: Exorzismus.[3]

Die uralten Behauptungen der Dämonologen und die neuen Behauptungen der Rutengänger, wie z. B. von Colin Bloy, daß bestimmte Aktivitäten das örtliche „physische" Umfeld beeinflussen können, bilden heute noch einen Teil des orthodoxen Gedankengutes in der Protestantischen Kirche von England. John Mortimer, der Bischof von Exeter, berief das Komitee ein, um sich über das Thema des Exorzismus auszusprechen, da er über den großen Anstieg von „Hexerei" und „Schwarzer Magie" in seiner Diözese sehr besorgt war. Unter diese zweifelhaften Begriffe reihte der christliche Würdenträger auch Interesse am „Okkulten" ein, doch er war genügend besorgt, um eine Arbeitsbasis für die christliche Praxis des Exorzismus bereiten zu wollen. Das Komitee des Bischofs bestand aus Experten der anglikanischen und der römisch-katholischen Kirche:

Ich bestelle durch meine Buchhandlung:

folgende Bücher aus Ihrem Verlag:

Anzahl	Autor/Titel

☐ Bitte senden Sie mir regelmäßig und kostenlos Informationen über neue Werke aus Ihrem Verlag.

Name:

Vorname:

Straße:

Plz./Ort:

Datum:

Unterschrift:

Diese Karte stammt aus dem Buch:

zwei Jesuiten, ein Professor der Systematischen Theologie, andere anglikanische Geistliche und, als wichtigste Person, Dom Robert Petitpierre vom Benediktiner-Orden, anerkannt als die führende Autorität der Kirche von England für Exorzismus. Mit der bewußten Absicht, alles Schlechte zu unterdrücken und es mit Gutem zu ersetzen, stellte der Bericht detailliert die verschiedenen theologischen und historischen Aspekte des Exorzismus dar, und, was für die Ausübenden des Rituals höchst wichtig war, er beschrieb auch die zeremoniellen Aspekte beim Exorzismus. Nun mag es auf den ersten Blick so scheinen, als ob Exorzismus mit Geomantie sehr wenig zu tun hat, und es steht fest, daß es 1972 wenige Geomantieforscher gab, die die Verbindung zwischen beiden Gebieten erhellen konnten. Doch das Komitee, von uralten Traditionen durchdrungen, sah eine offensichtliche Verbindung. Schon 1926, wie sich später herausstellte, hatte Dom Petitpierre das Ritual des Exorzismus für etwas benutzt, das man nur als „okkulte Kriegsführung" bezeichnen konnte. In einem materialistischen Zeitalter wie dem unseren ist der Glaube an andere Dinge als an die Welt, die unmittelbar durch die Sinne wahrgenommen werden kann, Gegenstand der Verachtung. Und natürlich würde der moderne Materialist die Behauptungen von Christen und Okkultisten im selben Atemzug ohne Federlesen abtun. Jedoch sind es die Schriften dieser Gruppen, die uns auf eine beunruhigende Möglichkeit aufmerksam machen — der Gebrauch der Geomantie für schändliche, wenn nicht geradezu üble Zwecke. Die oben erwähnte „okkulte Kriegsführung" ist ein solcher Fall. In seinem Buch *Exorcising Devils* (Teufelsaustreibung), das vier Jahre nach dem Bereicht des Komitees des Bischofs von Exeter veröffentlicht wurde, erzählt Dom Petitpierre eine befremdende, fast surreale Geschichte.[4]

1926 erlebte England einen Generalstreik, und die Angst war groß, daß eine Revolution bevorstehe. Zu dieser Zeit besuchte Petitpierre das St. Pauls Missionary College in Burgh-le-Marsh in Lincolnshire in Nordengland. Sein Mentor, Gilbert Shaw, der auch der Vorsteher des College war, hatte das Gefühl, daß die Sowjetbehörden in Rußland eine Art „okkulten Druck" auf England anwendeten, um eine Revolte anzustiften. Shaw war im Besitz einer wahrscheinlich mündlichen Überlieferung, die besagte, daß alte Völker tellurische Linien als Träger für psychische Attacken auf ihre Feinde benutzt hatten. Bei rituellen Versammlungen, so behauptete er, würden sie psychische Kräfte hervorbringen, die dann entlang den Linien auf das beabsichtigte Ziel gerichtet wurden. Shaw glaubte, daß das College auf einer geomantischen Linie lag, die von irgendwo in Rußland bis zu Mount Snowdon, dem heidnischen heiligen Berg von Wales, verläuft.

Während des Generalstreiks nahmen Shaw und Petitpierre „intensiven psychischen Druck" wahr, der von Osten nach Westen durch die Kapelle des College hindurch ging. Shaw glaubte, daß christlicher Exorzismus dieser „dämonischen Einmischung" Einhalt gebieten könne. Mit Methoden, die nicht preisgegeben wurden, bestimmte er, daß die psychischen Energien auf einen alten vorchristlichen Grabhügel in der Mitte des Dorfes Burgh-le-Marsh gerichtet waren. Während Petitpierre Wache stand, führte Shaw das Ritual des Exorzismus aus, um die schädlichen Energien, die sich bei dem Grabhügel befanden, auszulöschen, und von dem Tage an, so behauptete Petitpierre, hörte der „psychische Druck" auf. Wie sich der Fall in Wirklichkeit auch verhalten mag, es ist offensichtlich, daß sowohl Shaw als auch Petitpierre glaubten, daß christlicher Exorzismus die kommunistische Revolution in England verhindert hatte. Doch trotz der scheinbaren Tragweite des Ereignisses wurde diese Enthüllung erst vierzig Jahre nach dem Vorfall veröffentlicht, vier Jahre, nachdem die allgemeinen Prinzipien zum ersten Mal publiziert worden waren.

Es war der Exorzismus-Bericht von 1972, in welchem dem Exorzismus von Orten große Bedeutung zugemessen wurde.[5] Seit den frühen 60er Jahren hatte das neue Bewußtsein für die Örtlichkeit, besonders jene Orte alter heidnischer Weihe, verschiedene englische Okkultisten, Heiden und Hexen dazu bewegt, solche Zentren für ihre eigenen Rituale zu benutzen. In seinem Buch *Deliver Us From Evil* (Erlöse uns von dem Bösen), das 1974 veröffentlicht wurde, bestätigt John Richards, daß sich die Aktivitäten der Okkultisten und Magier oft auf keltische Stätten wie zum Beispiel Hügelgräber oder Steinkreise konzentrieren, wo eine psychische „Nachwirkung" von früherem Gebrauch noch existieren mag.[6] Dies trifft aus irgendeinem Grund besonders für entweihte Stätten zu, und in den frühen 60er Jahren gab es eine Schwemme von „Schwarzen Messen“ und Opfern in einigen verlassenen Kirchen in Südengland. Richards behauptete, daß solche Zentren als „Verteilungszentren“ von okkulten Kräften wirken, auf welche Weise auch immer sie erzeugt würden und welcherart sie auch sein mögen. Darüberhinaus scheinen diese Kräfte auf tellurischen Linien oder Ley-Linien zwischen den einzelnen Zentren zu wandern — genau dieselbe Behauptung, die der christliche Exorzist Shaw 1926 verwendet hatte, und interessanterweise auch die Magierin Dion Fortune in ihrem Buch *The Goat-Foot God* (Der ziegenfüßige Gott) zehn Jahre später.[7]

Richards Entdeckungen wurden zwei Jahre nach dem Exorzismus-Bericht des Bischofs von Exeter veröffentlicht. Doch was genau war das fast enthüllende Material in diesem Bericht? Und warum setzt es einen Meilenstein in der geomantischen Forschung. Seine Bedeutung entstand sowohl aus seinem zeitlichen Bezug als auch aus der Aufnahme von Gedanken, die zu jener Zeit zirkulierten, wenn sie auch nicht ausgesprochen wurden. Exorzismus änderte all das: Es stellte kategorisch und überzeugend die Position der Kirche dar, was die Geomantie betrifft, doch ohne ein offenes Eingeständnis der Existenz der Wissenschaft, die, mit der christlichen Elle des Komitees gemessen, insgesamt wegen ihrer „dämonischen Herkunft“ zurückgewiesen worden wäre. Natürlich stimmt der Autor diesem nicht zu, denn moderne Kirchenmänner neigen dazu, etwas, was sie nicht von ihrem Standpunkt aus verstehen, abzulehnen, und alle magischen Technologien als ein Werk des Teufels von sich zu weisen. Ihre mittelalterlichen Vorgänger hätten dem sicherlich nicht zugestimmt.

Die Bedeutung des Exorzismus-Berichtes liegt darin, daß hierin offen die Existenz von „psychischer“ Aktivität in Verbindung mit Örtlichkeit eingestanden wurde. Es wird festgestellt, daß Orte — Kirchen, Häuser, Städte oder Gegenden im Freien — durch eine Mehrzahl von Gründen „strapaziert“ oder beeinflußt sein können, häufig sogar durch mehr als nur einen zur Zeit. Diese Einflüsse waren unter anderem als Seelen der Verstorbenen aufgezählt, meistens jene, die erst kürzlich verstorben waren; „Spuk", angezettelt und ausgeführt von Leuten, die rituelle oder natürliche Magie betrieben; menschliche „Sünde", besonders in Häusern oder an Stätten, die für „sexuelles Fehlverhalten" benutzt wurden, oft alte Fruchtbarkeits-Kultstätten, „doch ebenso das Büro einer Organisation, die sich der Habgier oder Herrschsucht verschrieben hatte". Diese Orte, so versichert der Bericht, können oft psychischen Ärger verursachen oder als ein Verteilerzentrum wirken, das die ganze Umgebung beeinflußt. Schatten des Sanktuars von Beverley!

Zusätzlich zu dieser Aufzählung von Gründen wurden auch ortsgebundene Erinnerungen als Grund für psychische Störungen angegeben; das Komitee war der Ansicht, daß neunundneunzig Prozent aller „Spukerscheinungen" von diesen unpersönlichen Spuren vergangener persönlicher Handlungen verursacht wurden, ausgelöst durch undefinierte Anlässe. Diese Gedanken waren den Werken des Archäologen und Rutengängers Tom Lethbridge entommen, der in seinen Büchern *Ghost and Ghoul* (Geist und Ghul, 1961), *Ghost and Divining Rod* (Geist und Wünschelrute, 1963), und *A Step in the Dark* (Ein Schritt in der Dunkelheit, 1967), diese bis dahin obskuren Theorien populär machte.[8] Der Bericht erwähnte auch das bekannte Energiephänomen, das als Poltergeist-Aktivität bekannt ist, obwohl seine Ursache ein Rätsel blieb. Schließlich wurden die Aktivitäten „dämonischer Einmischung" als an entweihten Stätten üblich bezeichnet, deren typische Beispiele einst geheiligte Plätze wie verlassene Kirchen und Friedhöfe bilden, die so beliebt bei gewissen Anhängern der Schwarzen Künste sind.

Die Antwort des Komitees auf alle diese Probleme war Exorzismus: in christlichen Begriffen definiert als das Binden der bösen Kräfte durch den Triumph Jesus Christus in der Anwendung von Kräften, demonstriert durch eben diesen Triumph, in und durch seine Kirche. Exorzismus ist diesem Report zufolge die Ausübung von *exousia*, der „Reinigung der Schöpfung" von den Banden des Bösen. Dieses Böse wird als eine Störung der rechten Ordnung beschrieben, die in Form intelligenter Willenskraft, entweder menschlich oder dämonisch, zustande kommt. Die Störung wird durch ihren Versuch charakterisiert, sich den menschlichen Willen untertan zu machen, und durch die Invasion und Störung der natürlichen Ordnung der Dinge. Exorzismus wird als das Befehligen und Binden solch dämonischer Kräfte beschrieben, das den betroffenen Ort von der Herrschaft jeder bösen Kraft, die dort wohnen mag, erlöst. Dies ist die Theorie hinter der Weihe von Objekten und Stätten: die Entfernung von schädlichen Kräften durch den Exorzismus vor dem Einbringen wohlwollender Kräfte durch das Ritual der Weihe.

Wenn wir diese Hypothese akzeptieren, dann sind alle Erdenergien in der Tat intelligente Willenskräfte, Geister, Dämonen, Elfen (Feen, Kobolde), *genii* oder welchen Namen auch immer man solchen „Wesen" geben will. Aus neueren Untersuchungen in der Geomantie erscheint es jedoch, daß diese Namen tatsächlich eher poetische Wege der Umschreibung von Kräften mit bestimmten offensichtlichen Wirkungen darstellen. Für diese Behauptung mögen wir zum *Feng-Schui* mit seiner ehrwürdigen und klar definierten allegorischen Spezialisten-Sprache zurückkehren. Im *Feng-Schui* ist die ideale Stätte eine, bei der alle gegensätzlichen Kräfte ausgewogen sind, nicht eine, in der das ganze Gebiet neutralisiert ist. Dies ist ein feiner, doch wichtiger Unterschied zum westlichen Konzept, das gegensätzliche Kräfte auszumerzen versucht, anstatt sie als wichtige Teile des Ganzen zu erkennen. Exorzismus löscht alles aus, ob gut oder schlecht, um es lediglich durch einen Segensspruch zu ersetzen. Die christliche Methode sieht alle Energien als unausgewogen an, wenn eine Art von Störung ersichtlich ist, wie durch psychische Phänomene manifestiert (nicht ungesunde Erscheinungen, sei hier angemerkt). Sie interpretiert sie als „Geister" und versucht, sie loszuwerden. Geomanten jedoch handeln in einer Weise, die sich bemüht, das Gleichgewicht wieder herzustellen, und dies findet eher durch Vereinigung mit den Kräften statt, als durch den Versuch, sie blindlings zu bekämpfen. Hier besteht eine offenkundige Parallele zu den Unterschieden zwischen dem chirurgischen und dem Weg der Krankheitsbehandlung durch Akupunktur: der eine versucht, die Symptome zu kurieren, während der andere den ganzen Organismus behandelt.

Trotz dieser Beschränkungen erscheint es interessant, daß das orthodoxe protestantische Christentum versucht hat, sich mit etwas auseinanderzusetzen, das im Endeffekt ein geomantisches Problem ist. Seine Interpretation der Ursachen dieser Probleme ist höchstwahrscheinlich ernstlich begrenzt, denn die allgemeinen Auswirkungen von Stromleitungsstrahlung, tellurischen Energien, Radioübertragungen, dem konzentrierten bewußten Willen und wahrscheinlich auch nichtmenschlicher Intelligenzen addieren sich zu einer massiven komplexen Reihe von möglichen Gründen für Ungleichgewicht. Es gibt viele Variablen, die man berücksichtigen muß, und eine vereinfachende Analyse wird bestenfalls einen begrenzten Erfolg haben. Eine Methode, die vielleicht ein gewisses Maß an Erfolg haben könnte, wäre die Wiedereinrichtung von Gegenden ähnlich den alten Heiligtümern der vorindustriellen Ära. Geradeso wie selbst in der griechischen Epoche Heiligtümer notwendig waren, um geweihte Energien zu binden und zu erhalten, so sind heute solche Bauwerke erforderlich, doch auf die Bedürfnisse des modernen Zeitalters zugeschnitten. Dies heißt, daß jedes neue Heiligtum die Wirkungen des elektromagnetischen Umfeldes, das künstlich um uns herum geschaffen wird, ausschließen oder verändern muß, abgesehen von der Kontrolle über die tellurischen und psychischen Effekte der Stätte.

Eine neue Geomantie, die alle diese Faktoren einbezieht, die heute kaum erkannt werden, jedoch von äußerster Wichtigkeit sind, muß den wahren Gehalt vergangener Systeme in einer neuen Form zusammenschmelzen, denn nur die Vergangenheit zu imitieren, ist von vornherein zum Scheitern verurteilt. Die moderne Welt ist qualitativ verschieden von jener, die Mitte des letzten Jahrhunderts bestand, und dies muß erkannt werden. Gruppen wie die *Fountain Group* in Brighton, England, und andere, weniger bekannte Organisationen führen Experimente durch, die ein neues System entstehen lassen können. Die meisten dieser Gruppen jedoch sind in vergangenen Methoden gegründet, die keine Hoffnung auf die erforderliche Umwandlung bringen können.

Selbst der erschöpfteste moderne Stadtbewohner kann noch erkennen, daß die geheiligten Bauwerke der Welt etwas besitzen, das über die reine körperliche Schönheit hinausgeht, diese durchscheinende Qualität, die aus der perfekten Kombination von geheiligter Geometrie und geomantischer Plazierung entsteht. Dennoch, wenn wir die modernen Gegenstücke der großen geomantischen Bauwerke wie das Taj Mahal oder Angkor Wat betrachten, werden wir das Gefühl nicht los, daß etwas fehlt. Irgendetwas ist grundlegend falsch. Nun hat der Exorzismus-Bericht das Böse als eine Störung der rechten Ordnung definiert, und wenn wir uns gewisse moderne Städte betrachten, können wir genau sehen, was dies bedeutet. Die rechte Ordnung bezieht sich nicht auf ein autoritäres politisches System, denn wir wissen nur zu gut, daß solche Systeme von fehlbaren Menschen gesteuert werden, mit all der Korruption, den Vorurteilen, und der reinen Niederträchtigkeit, die von Menschen mit ungezügelter politischer Macht ausgeht. Nein. Die rechte Ordnung bedeutet Gleichgewicht, ein Mittelmaß zwischen den Extremen des Sears Roebuck Tower in Chicago und den Shanty Towns (Elendsquartieren) in Brasilien. Rechte Ordnung bedeutet, für sich selbst und seine Umgebung zu sorgen, Aspekte, die bei den großen geomantischen Bauten der Welt oft übersehen werden, jedoch vorhanden sind, wenn man sie einmal untersucht. Denn diese großen Manifestationen bewußter Harmonie sind bemerkenswert, gerade weil ihre Schönheit und ihr Ordnungssinn aus der Natur stammen: ihre Materialien, Geometrie, klimatische Eignung, Topografie und Nationalcharakter stimmen genau, und so harmonisieren sie mit und wachsen aus der Umgebung, anstatt sie zu beherrschen und überflüssig zu machen, wie es moderne Bauwerke tun. Die großen Heiligtümer alter Zeiten waren Orte der Ruhe und Abgeschiedenheit. Sicher liegt es in den Möglichkeiten des modernen Zeitalters, neue Häfen des Friedens zu schaffen, die ebenso als „Verbreitungs-Zentren“ für die Wiederherstellung des entweihten Kosmos dienen können.

Schlußwort
Einer neuen Geomantie entgegen

Viele Jahrhunderte lang stand die gesamte Menschheit unter dem Eindruck des Aberglaubens. Obwohl es in allen Ländern und zu allen Zeiten große Denker gegeben hat, die die universellen Wahrheiten ermittelten und sie für die einfachen Leute interpretierten, gab es keine objektiven Methoden, um diese Beobachtungen und Theorien zu überprüfen. Dann kam die Entwicklung der wissenschaftlichen Methoden, und man erkannte, daß viele der Vorstellungen, die die materielle Welt betreffen, Irrtümer oder auf falsche Interpretationen von unzureichenden Beweismitteln gegründet waren. Diese neue Methode führte zu großen Schritten in der menschlichen Entwicklung, die Erfindung und Anwendung moderner Technologie mit all den guten und schlechten Elementen, die darin enthalten sind.

Doch mit diesem Aufblühen rationalen Denkens ging auch eine Ablehnung und Verabschiedung aller Dinge einher, die nicht ohne weiteres mit Hilfe dieses modernen und grundlegenden materialistischen Weltbildes erfaßt werden konnten. Viele alte Künste und Wissenschaften wurden als altmodische und abergläubische Praktiken abgetan, ohne daß man ein Verständnis für den Kern anwendbaren Wissens, der darin enthalten war, aufbrachte. So wurden in den Tagen vor der Psychoanalyse einige religiöse Techniken mißverstanden, blieben ihre Wirkungen unerkannt und waren unerkennbar. Alte Verfahren wie Rutengehen, ebenso vollständig verwirrend in den Augen der Technologien des neunzehnten Jahrhunderts, wurden als unverständlich und daher nicht der Zeit und Aufmerksamkeit wissenschaftlich gebildeter Männer wert angesehen. Allzuoft kann man diese Einstellung noch heute beobachten.

Doch mit dem unaufhaltsamen Fortschritt der Wissenschaft und besonders der Entwicklung immer weiter verbesserter Geräte besitzen wir eine Grundlage, mit deren Hilfe wir ein neues Verständnis der alten Wissenschaften von der Manipulation feinstofflicher Energien gewinnen können. Am Rande der „offiziellen Wissenschaft“ haben viele Forscher danach gestrebt, das wahre Wesen dieser alten Techniken zu erfassen. Der Bereich des Rutengehens und sein verwandtes Gebiet des menschlichen Sinnes der magnetischen Sensitivität besitzen nun einen anwendbaren Grundstock wissenschaftlicher Erkenntnisse, obwohl natürlich noch ein gutes Stück Arbeit bevorsteht. In dieser Hinsicht stellt das Rutengehen ein ziemlich einfaches Phänomen für Untersuchungen dar, denn alles, was man braucht, ist eine Person mit der Fähigkeit und gewisse Instrumente. Mit der Geomantie jedoch verhält es sich nicht so einfach. Geomantische Verfahrensweisen sind kompliziert und variabel, und für die meisten Forscher nur mit größten Schwierigkeiten festzulegen. Und beim Studium der Geschichte der Geomantie haben wir im Westen das zusätzliche Problem, daß sie aus den verbliebenen Kunstwerken rekonstruiert werden muß, und nicht aus schriftlichen oder lebenden Qellen entnommen werden kann. Dies verhält sich im Orient etwas anders, doch begegnen wir wiederum dem Problem eines lebenden Mysteriums, dessen Praktizierende natürlich ihr geheimes Wissen für ihren eigenen Gebrauch behalten wollen. Zusätzlich glauben sie an die Perfektion ihres Systems und sind nicht gewillt, skeptischen Forschern zu gestatten, ihre Methoden und Ergebnisse zu untersuchen, und so verbleiben ihre Verfahren im Bereich des „Unerklärbaren“.

Es scheint eine gewisse Meinungstendenz dahin zu geben, daß die alten Wissenschaften wie die Geomantie in ihrer letzten Form belassen werden sollten, damit sie richtig funktionieren; dennoch ist in verschiedenen Bereichen der unorthodoxen oder (in Ermangelung eines besseren Wortes) „okkulten“ Wissenschaften altes Wissen mit modernen Gedanken und Techniken verbunden worden, um etwas gänzlich Neues und dem modernen Zeitalter Entsprechendes zu erschaffen. Viele Leute mit spirituellem und ökologischem Bewußtsein haben das Gefühl, daß die einzige Rettung für die Menschheit im Verzicht auf die Technologie läge. Doch dies ist zu vereinfachend und undurchführbar. Das Problem ist, daß die Technolgie schon zu weit fortgeschritten ist, als daß man sie jetzt einfach fallenlassen und ohne sie weitermachen könnte. Der Zusammenbruch selbst relativ unentwickelter Länder wie Kambodscha sind schlagende Beweise dafür. Doch ist in der Mehrzahl der Fälle auch offensichtlich, daß die Technologie das spirituelle Element außer acht gelassen hat und ohne Ethik, Würde, Schönheit oder Mitgefühl angewendet wird. Tatsächlich werden diese Konzepte von vielen als „unwissenschaftlich“ geleugnet. Die Wasserstoffbombe, ein Abbild des Todes und der Zerstörung, das potenter als der „Tanz des Todes“ des Mittelalters ist, schwebt über der Welt als ein *memento mori*, doch dies ist umso schrecklicher, als sie nicht nur ein Mittel der Zerstörung des Lebens einzelner Menschen, sondern des Auslöschens der gesamten Menschheit darstellt. Hier, in einem einzigen Produkt der Technologie, ist das ganze Dilemma inbegriffen. Doch davor wegzurennen und sich in einem historischen Mystizismus oder hedonistischer Flucht vor der Realität zu vergraben, bietet keinen wahren Ausweg, denn sollte der Holocaust einmal entfesselt sein, gibt es kein Entrinnen mehr. Anders als bei Fausts Handel mit Mephisto jedoch muß diese Schuld nicht eingetrieben werden, es muß nicht soweit kommen.

Unsere technische Zivilisation basiert auf der Ausbeute oder Umwandlung physikalischer Energien, die in verschiedenen natürlichen Quellen enthalten sind: die Gewinnung fossiler Brennstoffe, die Umsetzung mechanischer Energien aus Wind oder Wasser und die Umwandlung radioaktiver Materialien in Kernreaktoren. Die Nebenprodukte dieser Methoden mit ihren jeweiligen industriellen Prozessen sind allzugut bekannt, um hier noch aufgezählt zu werden. Verschmutzungen verschiedener Arten: thermal, chemisch und radioaktiv; die Zerstörung der Landschaft und der unsichtbare Angriff auf das ökologische Gleichgewicht des Lebens. Diese technologischen Nebenprodukte verbinden sich zu einer Apokalypse von noch nie dagewesenen Ausmaßen: ein durch nichts zu rechtfertigender Lebensstil, der dem Planeten nicht wiedergutzumachende Schäden beschert und viele Arten von Lebewesen, einschließlich der Menschen, mit der vollständigen Auslöschung bedroht.

In unserem Umgang mit dem heutigen entweihten Zustand der Welt jedoch müssen wir nicht den Fehler begehen, uns eine Rückkehr zu einem eingebildeten Goldenen Zeitalter der Menschheit zu wünschen. Dies ist aus vielen Gründen nicht möglich, und selbst wenn ein Goldenes Zeitalter je existiert hätte, was sehr unwahrscheinlich ist, wäre dies nicht wünschenswert. Wenn wir ehrlich mit uns selbst sein sollen, müssen wir feststellen, daß selbst die glühendsten Verfechter einer Rückkehr zur ursprünglichen Einfachheit der primitiven Welt die Technolgie benutzen, um ihre Botschaft zu verbreiten: Vortraghaltende über das „einfache Leben" kommen mit dem Auto an, tragen Brillengläser, besuchen den Zahnarzt, wenn sie mit ihren Zähnen Schwierigkeiten haben, und benutzen elektrisches Licht in ihren Häusern. Der Grund liegt darin, daß viele der Entdeckungen und Erfindungen der Wissenschaft segensreich sind. Nur wenn der ungezügelte Wunsch nach Profit oder Macht um jeden Preis sich skrupellos über die Berücksichtigung der ökonomischen Zweckmäßigkeit oder sozialen Anwendbarkeit hinwegsetzt, wirkt sich technologischer Fortschritt nachteilig aus. Um es nochmal zu betonen, zitieren wir hier wieder das fundamentale Konzept des Gleichgewichtes, das der geomantischen Praxis zugrundeliegt. Gleichgewicht zwischen Extremen ungezügelter Technologie um ihrer selbst Willen, oder der Rückkehr zu einem Leben des Unvermögens im Angesicht natürlicher Katastrophen.

Die Geomantie als eine Methode der Rückkehr zum „Goldenen Zeitalter" der ursprünglichen Einfachheit zu sehen, heißt sie mißzuverstehen. Geomantie war eine lebendige Kraft in der Vergangenheit und hat einen Platz in der Gegenwart, doch nicht als ein Spektakel oder eine Ausflucht. Als die Geomantie im Altertum entwickelt wurde, war sie für ihr Zeitalter eine moderne Wissenschaft. Sie wurde als ein durch und durch praktischer Weg zum Umgang mit dem Ungleichgewicht in der Welt gesehen, das durch die menschliche Einmischung in die natürliche Ordnung der Dinge entstanden war. Doch die Zeiten haben sich geändert, und menschliche Institutionen, die nicht mit der Zeit gehen, sind zum Untergang verurteilt. Im Westen ist genau dies mit der Geomantie passiert. Sie hat ihr Ethos verloren und ist in einer geschrumpften Form mit leeren Ritualen und Bräuchen verblieben, ihrem früheren Wert entkleidet. Als „Aberglaube" verunglimpft, siechte sie dahin, um nur in den ländlichen Riten der Ungebildeten oder den unverständlichen Traditionen der Religion weiterzuleben. Selbst an Orten, wo sie sehr viel länger als im Westen überlebt hat, ist die Geomantie schließlich von einer ursprünglichen Betrachtungsweise der Dinge zu einer heilenden Kunst reduziert worden, die nur gebraucht wird, um die schädlichen Wirkungen moderner Bauweisen abzuschwächen.

Mit dieser Degeneration der Kunst konfrontiert und dem Fehlen eines authentischen Wunsches modern denkender Menschen, den Gebrauch der Geomantie wieder aufzunehmen, befinden wir uns im Angesicht einer schier unlösbar scheinenden Aufgabe. Viele Leute, die an die Wirkung der Geomantie glauben, stehen dem modernen Zeitalter feindlich gegenüber und betrachten sie als einen Weg der Rückkehr zur Vergangenheit. Doch dies ist unmöglich. Die Effekte der modernen Welt, wie sie in den vorausgegangenen Seiten dargestellt wurden, sind von zu ernsthafter Art, als daß sie noch ignoriert werden könnten, und unterscheiden sich in ihren Eigenschaften von den Kräften, mit denen unsere Vorfahren zu tun hatten. Wenn die Geomantie wieder ihren Platz als eine der nutzbringenden Wissenschaften einnehmen soll, dann muß sie von unnötigen und abergläubischen Praktiken gereinigt und den Notwendigkeiten der Gegenwart angepaßt werden.

Diese Erkenntnis muß aus einer Verbindung des Materiellen und des Spirituellen entstehen. Die physikalischen Auswirkungen ungezügelten Fortschrittglaubens auf unseren empfindlichen Planeten sind für alle sichtbar; nicht so sichtbar dagegen sind die spirituellen Auswirkungen. Dennoch stammt das Materielle aus dem Spirituellen. Wenn das Spirituelle fehlt, dann entsteht Ungleichgewicht, eine Abkehr von der rechten Ordnung. Diese Abkehr ist nur zu offensichtlich für alle, die das erkennen können. Die alte Ehrerbietung für die Welt, eine Erkenntnis, daß die rechte Ordnung aus der Harmonie entsteht und nicht aus äußerer Herrschaft, muß wiedergewonnen werden, wenn die Menschheit überleben soll. Wir sind ein Teil der natürlichen Ordnung. Wir müssen die natürlichen Gesetze beachten, wenn wir dies bleiben wollen.

Quellennachweise

Kapitel 1

1. Yves Rocard: *Le Signal du Sourcier.* La Recherche No. 124, 1981
2. Dudley D'Auverne Wright: *The Cause of the Phenomena of Dowsing.* in: *Journal of the British Society of Dowsers,* Vol. 1, Nr. 1
3. *Guy's Hospital Gazette,* London, 24. 6. 33
4. Persönliche Mitteilung von Mike Burgess, *Borderline Science Investigation Group,* Lowestoft, England
5. Richard Warner: *A Tour through Cornwall in the Year 1808,* London, 1809
6. Ibid.
7. H. Gutteridge: *Very Practical Dowsing,* in: *Journal of the British Society of Dowers,* Vol. 21, Nr. 147
8. Louis Merle: *Radiestésie et Préhistoire,* Paris, 1933
9. Carles Diot: *Les Sourciers et les Monuments Megalithiques,* Paris, 1935
10. verschiedene Ausgaben des *Journal of the British Society of Dowsers*
11. Ibid.
12. Guy Underwood: *The Pattern of the Past,* London, 1969
13. Ibid.
14. verschiedene Ausgaben des *Journal of Geomancy* und *Quicksilver Messenger*
15. Tom Graves: *Needles of Stone,* Wellingborough, 1978
16. Thomas Lennox: *The Double Choir of Glasgow Cathedral* Warson, Glasgow, 1916
17. *The Destruction (or Wasting) of the Land of Logres,* in: *The Elucidation*
18. *Sir Gawain and the Green Knight*
19. *Le Signal du Sourcier,* op. cit.

Kapitel 2

1. C. P. S. Menon: *Early Astronomy and Cosmology,* London, 1932
2. Ibid.
3. Hamza-al-Isfahani, islamischer Historiker, 912 nach Christus
4. Mustawfi, islamischer Geograph, 1340 nach Christus
5. Burnouf: *Lotus de la Bonne Loi*, Paris 1854
6. Nigel Pennick: *Madagascar Divination*, Bar Hill, 1978

7. Nigel Pennick: *Die Alte Wissenschaft der Geomantie*, München, 1982
8. E. O. McMahon: *Christian Missions in Madagascar*, London, 1914
9. R. C. Bell: *Discovering Old Board Games*, Aylesbury, 1973
10. *The Life and Prophecies of . . . Mother Shipton*, Leeds, 1916

Kapitel 3

1. Nigel Pennick: *Sacred Geometry*, Wellingborough, 1980
2. Plato, 427-347 vor Christus, Athen
3. Evelyn Lip Mong Har: *Chinese Geomancy*, Singapur, 1979
4. Otto Sigfrid Reuter: *Germanische Himmelskunde*, München, 1934
5. Sanchoniathon, griechischer Berichterstatter
6. Pausanias: *Perihegesis tes Hellados*, 2. Jh. nach Christus
7. Nigel Pennick: *Die Alte Wissenschaft der Geomantie* (op. cit.)
8. Dr. Daniel Wilson: *Encyclopedia Britannica*
9. Westropp: *Prehistoric Phases*
10. James Fergusson: *Rude Stone Monuments*
11. J. Walther Fewkes: *Smithsonian,* Washington, 1913
12. John Michell: *A Little History of Astro-Archaeology*, London, 1974
13. Sir Noman Lockyer: *Stonehenge and Other British Stone Monuments Astronomically Considered*, 1906
14. Wilhelm Teudt: *Germanische Heiligtümer*, Jena, 1929
15. Haye Hamkens: *Der Externstein, Seine Geschichte und seine Bedeutung*, Tübingen 1971

Kapitel 4

1. *British Geomantic Pioneers,* Institute of Geomantic Research, 1982
2. Professor Alexander Thom: *Megalithic Sites in Britain,* London, 1967
3. Cousto: *Farbton — Tonfarbe und die Kosmische Oktave,* München, 1979
4. Sir Norman Lockyer: *The Dawn of Astronomy,* London, 1983
5. Marcus Vitruvius Pollo: *The Ten Books on Architecture,* verschiedene Ausgaben
6. Josef Heinsch: *Der Grafschafter,* 1933
7. W. Johnson: *Byways in Archaeology,* Cambridge, 1910
8. W. A. Laurie: *The History of Free Masonry and the Grand Lodge of Scotland,* Edinburgh, 1959
9. Colin Bloy: *Proceedings of the 2nd National Congress of Radiestesia,* Barcelona, 1979
10. Evelyn Lip Mong Har: *Chinese Geomancy,* Singapur, 1979

11. Karl Wiemann: *Die Geomantie in der Kapelle Drueggelte,* in: *Wetter, Boden, Mensch,* 1981
12. Nigel Pennick und Michael Behrend: *The Cambridge 7-church Ley,* Cambridge 1980
13. Nigel Pennick: *The Geomancy of Ely Cathedral,* unveröffentlichtes Manuskript, 1977

Kapitel 5

1. Josef Heinsch: *Grundsätze vorzeitlicher Kultgeographie,* in: *Comptes Rendus du Congres International de Geographie,* Amsterdam, 1938, Sektion V
2. *The Life of St. Collen,* Hafod Manuscript 19 (1536), Y Greal, London, 1807
3. Irene Nicholson: *Mexican and Central American Mythology,* London, 1967
4. W. H. Matthews: *Mazes and Labyrinths,* London, 1922
5. E. Trollops: *Notices of Ancient and Medieval Labyrinths* (1858), Benfleet, 1981
6. Geoffrey Russell: *Glastonbury, a Study in Patterns,* London, 1969
7. Herbert Thurston: *The Station of the Cross,* London, 1914
8. J. B. Le Febvre: *La Devotion au Calvaire,* Douay, 1739
9. John R. Porter und Leopold Desy: *Calvaires et Croix des chemins du Quebec,* Montreal, 1973
10. Louis Franquet: *Voyages et Memoires sur le Canada* (3/8/1752), Quebec, 1889
11. Titus Burckhardt: *Art of Islam,* London 1976

Kapitel 6

1. *Defence of the Realm Act,* London, 1916
2. Rupert Pennick und Nigel Pennick: *Regent's Park: Town Planning or Geomancy?* Bar Hill, 1976
3. William Lambarde: *The Perambulation of Kent,* London, 1570
4. Kurt Gerlach: *Frühdeutsche Landmessungen, Germanien,* Leipzig, 1940
5. William Henry Black: *Pioneer Geomantic Researcher* (gesammelte Werke) Bar Hill, 1976
6. Edward Duke: *The Druidical Temples of Wilts,* London, 1846
7. Bericht in der *Hereford Times,* Hereford, England, 10. September 1870
8. Alfred Watkins: *Early British Trackways,* Hereford 1921

9. John Michell: *The View over Atlantis,* London 1969
10. Otto Sigfrid Reuter: *Der Himmel über den Germanen,* Nationalsozialistische Monatshefte, Juni/Juli 1936
11. Bericht an den *Privy Council,* 1570
12. Wolfgang Viktor von Hagen: *Highway of the Sun,* London, nicht datiert
13. Bernabe Cobo: *Historia del Noevo Mundo,* Madrid, 1653
14. R. Tom Zuidema: *The Inca Calendar,* in: *Native American Astonomy,* herausgegeben von A. Aveni, Austin, Texas, 1977
15. Nigel Pennick: *Die Alte Wissenschaft der Geomantie,* München 1982, und Wilhelm Teudt: *Germanische Heiligtümer,* Jena, 1929
16. Fernando Benitez: *In the Magic Land of Peyote,* Texas, 1975

Kapitel 7

1. Colin Bloy: *Journal of Geomancy,* verschiedene Ausgaben 1978-79
2. *Quicksilver Messenger* Nr. 4, Brighton, 1982
3. Hildegard Binder Johnson: *Order Upon the Land,* London, 1976
4. Bernhard E. Jones: *The Freemason's Guide and Compendium,* London 1950
5. Lewis Carroll: *Through the Looking Glass,* London, 1871
6. Lewis Carroll: *Sylvie and Bruno,* London, 1876
7. Sinclair Lewis: *Main Street,* New York, nicht datiert

Kapitel 8

1. E. N. Parker: *American Scientist,* 59, S. 578-585, 1971
2. R. R. Baker: *Human navigation and the sixth sense,* London, 1981
3. *Nature,* Jahrg. 301, S. 78-80, London, 6. Januar 1983
4. G. C. Park, R. A. Helliwell, in : *Science* 4343, S. 727-730, 1978
5. *Journal of Geophysical Research,* 80, S. 4249
6. K. Bullough, A.R.L. Tatnall, & M. Denby, in: *Nature* 260, S. 401, 1976
7. *Laboratory New,* 254, S. 1, 1982
8. Paul Devereux: *Earth Lights,* Wellingborough, 1982

Kapitel 9

1. Paul Devereux: *Earth Lights,* Wellingborough, 1982
2. Aimé Michel: *Flying Saucers and the Straight Line Mystery,* New York, 1958
3. Tony Wedd: *Skyways and Landmarks,* Kingston-upon-Hull, 1961
4. Alfred Watkins: *The Old Straight Track,* London, 1925

5. E. J. Eitel: *Feng-Schui, Die Rudimente der Naturwissenschaft in China,* Waldeck, 1983
6. H. Winzer & W. Melzer: *Cancer in the Light of Geophysical Radiation,* New York 1927
7. Freiherr Gustav von Pohl: *Erdstrahlen als Krankheitserreger,* München 1932
8. Pierre Cody: *Etude Experimentale de L'Ionization de l'Air par une Certaine Radioactivité du Sol,* International Congress on Biophysics, New York, 1939
9. Johannes Walther: *Das Rätsel der Wünschelrute,* Leipzig, 1933
10. Christopher Bird: *The Divining Hand,* London 1980
11. Captain F. L. M. Boothby: *The Religion of the Stone Age,* London, 1935
12. Tom Graves: *Needles of Stone,* Wellingborough, 1978
13. Récéjac: *Essai sur les Fondements de la Connaissance Mystique*

Kapitel 10

1. Gregory Nazianzen: *The Life of St. Basil*
2. Nigel Pennick: *Die Alte Wissenschaft der Geomantie,* München, 1982
3. Bericht des Komitees des Bischofs von Exeter über *Exorzismus,* London, 1972
4. Dom Petitpierre: *Exorcising Devils,* 1976
5. Bericht des Komitees des Bischofs von Exeter, op. cit.
6. John Richards: *Deliver us from Evil,* 1974
7. Dion Fortune: *The Goat-Foot God*
8. Zom Lethbridge: *Ghost and Ghoul,* 1961; *Ghost and Divining Rod,* 1963; *A Step in the Dark,* 1967